甘肃中国传统文化研究会
兰州大学哲学社会学院　主办

国学论衡

（第十辑）

陈声柏　主编

社会科学文献出版社
SOCIAL SCIENCES ACADEMIC PRESS (CHINA)

编辑委员会

目 录

圆桌会谈

哲思论道

经史考辨

文化视点

当代思潮

学人访谈

学界动态

圆桌会谈

先秦哲学的隐喻世界与道家之思[*]

（署名按发言先后顺序）
匡　钊　　中国社会科学院哲学研究所副研究员
景海峰　　深圳大学国学院教授
李大华　　深圳大学哲学系教授
贡华南　　华东师范大学中国智慧研究院、哲学系教授
李庭绵　　澳门大学哲学与宗教学系助理教授
戴兆国　　安徽师范大学政法学院教授
邓联合　　中山大学哲学系教授
朱　承　　华东师范大学哲学系教授
李畅然　　北京大学儒藏编纂与研究中心副教授
魏宏远　　兰州大学文学院教授
姜宗强　　西北师范大学哲学学院教授
李　巍　　武汉大学哲学学院教授
任蜜林　　中国社会科学院哲学研究所研究员
王顺然　　深圳大学饶宗颐研究院助理教授

主持人匡钊：各位老师，经过一天半紧张而富有成效的讨论，终于到了我们工作坊的最后一个环节。本来我们工作坊的原始设计，最后一个环节是最重要的环节，前面一切论文的发表都是为这个环节作铺垫，但可惜已经有同志离会了，不能再把前文的一些话题继续发展下去。不过不要紧，

---

[*]　2020 年 5 月 15～16 日，由中华孔子学会、兰州大学哲学社会学院、深圳大学社会科学部、深圳大学国学院联合主办的第三届"预流"的中国哲学研究工作坊于深圳召开，本文是就本次工作坊主题"先秦哲学的隐喻世界与道家之思"举行圆桌会谈的录音整理文字。

相信我们接下来还可以进行一个很有成效的探讨。利用这个机会，我想首先请尊敬的景海峰老师对我们会议的主题进行阐发。

景海峰：这次会议的主题是所谓"隐喻和道家之思"，这个话题应该说是非常有意义，也是有前瞻性的，对当前的中国哲学研究也构成一个新的致思的方式。"隐喻"这个概念在20世纪80年代算是比较流行，也比较热，尤其是在外语界、中文语言界和文学批评这些领域谈得非常多，出版物也很多，哲学界像西哲对"隐喻"也有一些研究，尤其是一些翻译著作。它和道家思想的关系或者跟整个先秦诸子或者中国传统思想的起源关系，确实是非常重要的一个话题，可能过去对这个关注不多。

因为从19世纪初的中国哲学的建构来讲，它基本上是按照逻辑的思维方式来架构哲学体系。像"隐喻"，它是修辞的问题。在古希腊，"三科四学"中包括语法逻辑修辞，亚里士多德以后，尤其是希腊化时期和中世纪的经院哲学，基本是走"逻辑"这条路，修辞慢慢被边缘化，成为一个跟哲学思考有一定距离的方式。大概到维科的新科学之后，修辞慢慢才开始又和哲学有所关联，但是主导整个20世纪西方哲学的还是一个逻辑的或者是所谓抽象的理性思考的方式，而对"修辞"这种不太严谨或者不太纯粹的思辨方式实际上是比较排斥的。可能从诠释学兴起之后，修辞慢慢又受到了格外的关注。西方哲学的理论，它有它的过程，但是从我们中国传统来讲，因为20世纪中国哲学建构基本上受西方哲学的理性化方式的影响，所以对修辞的东西实际上也是关注不够，基本上是被文学有限地包揽，而且文学一般讲"比喻"，跟所谓的"隐喻"也有距离。所以在今天我们重新来思考这个所谓"隐喻"的问题，把它引入当代哲学思考和话语里面，我觉得是一个非常重要的致思去向。

另外，我们看"喻"这个字在汉字里面是"口"字旁（亦有"谕"字），是所谓"宣喻"或者是"喻示"，实际上是一个口头、口传的问题，它跟文字产生之后的表达方式是很不一样的。在先秦时期的很多文本，不管是道家的，还是儒家的"六经"，实际上最早都是口头或者是口传的形式，所以和"喻"这种以口来表意的方式应该是有关联的。从所谓的"喻示"或者是口传到后来的书写文字，这个转换过程中的很多思想问题实际上过去没有得到太多关注，研究得也比较少，因为我们一般都是从文字书写之后，而且是一个定本的文本形式来入手、来讲这些哲学话语，而在这之前的很多跟书写表达的关联性不大的东西，可能就没有太多的去关注，所以从口传或者口耳相传到著之竹帛的过程，这中间很多的线索和资料是非常值得去关注和挖掘的，这对于开拓中国哲学的视野，对研究中国哲学的一些特殊性都有意义。因为我们整个思想的源头，它实际上还是处在一个很模糊的状态。包括今天考古学大热，很多新的发现让大家欣喜若狂，但是很多的迷雾还是处处可见，实际上有很多东西我们现在还是很模糊的认识。这种研究范式和视域如果没有大的开拓、没有一些新的思路的话，仅限于现在有限的出土文本，补足传世文本之不足，实际上作用是很有限的。所以还是要在一些方法上或思路上能够有一些新的视角。我认为我们这次的话题非常有意义，包括像《庄子》里面很多东西实际上它是一个口传或者是口头表达的形式，里面所谓"隐喻"的方式不是从文字的书写表达来讲，而是在漫长的历史中，很多口头记忆东西的一些表现。所以对这些问题的一个深入发掘和展开，对于我们研究中国哲学应该是大有意义的。

因为和书写的形式相比，口语它实际上有先天优势，除了简易、方便、不受约束之外，在传统理解和内在性上，口头表达也有一种无间距感，是书写这种方式所望尘莫及的。所以亚里士多德就重视口语，他在《解释篇》里面说"口语是内心经验的符号，文字是口语的符号"[①]。所以虽然人们在说话时的声音有所区别，但是它所标志的一些东西，经过一种记载或者是临场的方式，让人所感受到的内容和我们阅读以及和我们面对文字时所形成的意象是很不一样的。所以这种口语的意象，它实际上有它自己的逻辑，这个逻辑在 20 世纪 80 年代之后，把所谓"隐喻"从修辞学中解放出来，和认知科学、很多哲学的本体论以及思考联系起来考察之后，已经有了一些丰富的成果。

因为这种口语的场景，包括说和听之间所构成的一种辩证的关系，实际上所谓"听"不是随意的被攀谈，"心听"它和"说"来讲有一个从属的关系，所以构成了一个必然的直接联系。所以我们一般说的"教化""教导""教育"往往都是口授的，都是以面谈的方式来进行的，所谓晓之以理，动之以情，或者是苦口婆心或者是声色俱厉，都是在"说"和"听"的场景之下的一种具体的交流的活动。所以口语的优势实际上附带了各种权力，形成了话语的力量，也构成了流传物的普遍价值，尤其是在意义的

---

① 〔古希腊〕亚里士多德：《工具论·解释篇》，苗力田主编《亚里士多德全集》第 1 卷，人民大学出版社，1990，第 49 页。

原初性上，表达了什么内容，由谁来讲，都显得十分的重要。所以如果是传达或者是记录转述的文字，可能就没有了"听"和"说"的特定辩证法的形态，它的即刻易生成过程的形式就已经消失了，所以在口传或者是口语的背景之下所形成的很多观念，它和所谓意象化的思考方式有着紧密的关系。这种促进化的意义所呈现的方式可能在文字书写或者是文本的形式里往往是缺位的，大家不太去考虑这方面的问题，所以利科说，在口头话语里面的交谈者有着共同的处境，话语以直接的方式指示对象，所以在口头话语里面，话语向说话主体的指向表现出一种直接性的特征。我想，像这些在今天的西方哲学研究里面的很多关注点，对于我们扩展当代中国哲学的视野、改善中国哲学的研究方法都应该是有着积极的意义。所以我们这次的话题，尽管是从道家入手，但是实际上牵涉整个中国思想的源头，也牵涉"六经系统"，这些文本在最早它那种所谓的口语、口传的场景，对于我们研究一些词语、一些概念、一些问题的来由可能都是一个非常重要的入路。谢谢大家。

匡钊：感谢景老师第一时间就把我们带到一个非常丰富的有思想张力的学术讨论环境中去，我觉得景老师对这次会议主题做的这个开释，丰富了我们对于本次会议主题的理解，对我们所有人都应该会有一个极大的启发。景老师把隐喻这个问题置于三重张力之间，置于中国的古代和希腊的传统之间，置于传统的文学学科和哲学学科的学科张力之间，也同样置于口头的传统和文本的经典文献的不同的传统之间，我觉得这个对于我们怎么样进一步发展这个话题在中国哲学当代研究中的价值和意义，都会有非常大的启示意义。

李大华：会议的题目，我比较感兴趣，所以我也从大老远赶回来。不跟风，不合作，只谈学术的事情，这是比较好的。但我看见还是有论文集子，我就有点惶恐，因为我没有写什么文章。我就随便说，然后你们随便批评。

道家表达一种方式的主体是隐喻式的，《老子》通篇都是打比方，那些比方也都很有深意，《庄子》是通过说故事、讲故事。我最近看到一个说法是我们要从故事中学着古人讲故事的方式来讲哲学，但这个不容易学，很难，能讲故事的人一定是很厉害的人。刚才海峰说了，西方不太像中国那样注重修辞学。其实西方的修辞学倒是说得很多，从古到今都有修辞学，他们可能是在哲学意义上讲，而我们中国人也讲修辞的，但是把它归到文学里面去了，这是很有意思的事情。

我想今天谈老、庄的时候，他们言语的方式，首先是一种打比方，有一些甚至是用很隐讳的方式，这就形成了一种表达，说西指东，说南指的是北。这就有很多问题，比如"含德之厚，比于赤子""专气致柔，能婴儿乎"的婴儿喻，再如"上善若水"之水德喻，表面上说的是"水"，其实说的还是"人"，水德喻柔弱，亦即"婴儿"的存在方式。很多人想，婴儿有什么德性，这"婴儿"的德性恰恰是修得像一个婴儿，这就是一种典型的隐喻的方式。这种方式有什么样的意义呢？我们现在在反思它的时候，我也说说自己的一个想法。

第一个，这种方式是双面性的，它有一个指向是明确化的，但是它的表述又不是精确化的，就是说用打比方、讲故事的方式把一个深邃的东西讲得浅显，大家一听就能明白，这是它的典型的方式。但是它这种方式又是不可以问到底的，它不像西方柏拉图、亚里士多德以及莱布尼茨、康德他们这些人，能说清楚的尽量把它说清楚，说不清楚的就是不可知。这是划界思维。亚里士多德的分开说，而老、庄的东西没有分开，所以他的表达用一种浅显明白的、有一点文化修养的都能听懂的方式，但是它又不是一种精确的表达，因为"隐喻"的方式它本身不是一种精确的表达。这是它的双面性。

另外，因为"隐喻"经常是一语双关，甚至是一语三关，这样具有很强的涵盖性，老子经常讲"长生久视之道"，又说"吾之所以有大患者，为吾有身，及吾无身，吾有何患？"，但是下面转身接着就说了一句很有意思的话，"贵以身为天下，若可寄天下；爱以身为天下，若可托天下"，这两句话给很多后来的人在解释时带来很大的困惑，前面一句话意思是不要看重身体，看重身体是有问题的，后面说你要看重身体，连自己的身体都不爱，你怎么样爱天下呢？当然把它弄得通透了意思也明白，就是你要爱身体，不能过分爱，你爱得过头了，害了自己、害了天下，简单说就是奉养不可过厚的道理。他的这种"一语三关"的意思的表达是比较多的，使得后人在理解上有一些歧义性，这种歧义性，从身体修炼的角度、从生命哲学的角度可以去解释和表达，另外从纯粹的一种宇宙论或者是本体论的角度也可以解答，尤其像本体论和宇宙论问题在《老子》的书里面是交织着的。说它主体是宇宙论，有没有本体论呢？它也有，但是它本体论的表达不是那么明白，所以这给中国的语言也带来一些困惑。

　　再就是为什么老子要用这种"隐喻"的方式来表达？我们先不说庄子，就说老子为什么要用这种"隐喻"的方式来表达？我想大概是由于他所论述的对象的关系，如果这个对象是一种伦理学的，或者是教育学的，或者是政治哲学问题，他可能能说得明白一点，但是他说的对象主要是"道"的问题。这个"道"本来是不可以说的，但是老子要说，不说不行，必须拿出来说，整本书大半是谈道的政治哲学问题，这样，要说一个不可说的，他就用了这种方式，只能去打比方，而不去定义"道"是什么。这个分寸把握得很好，就是对"道"，"我"不能说它是什么，"我"只能说它不是什么，这种方式如后来葛瑞汉讲的，可以说是一种"无穷后退证明"，就是"不断地排除，排除得无可排除的时候，道就是不是那个的那个"。① 这种方式的指向是很准确的，只是"道"是什么他也不可说。

　　这种方式论述道是没有问题的，也给后来的解释带来无穷宽阔的话语和语境，从哪个角度切入都是可以的。但是延伸下来的问题，它可能在涉及一些具体的问题或是对象时，也用了这种"隐喻"的方式，比如说"上德"与"下德"的问题，还有老子讲的"天地不仁，以万物为刍狗，圣人不仁，以百姓为刍狗"。古往今来的很多人解释，说老子是愚民论，老子不把人当回事，这个是有很大的歧义的，所以《道德经》注定是需要解释的，而且解释者也是需要解释的，就是解释解释的，这就给中国哲学、给我们后代的子孙带来了很多的饭碗，比如我们现在做这个事经常要解释它，这也是它的魅力所在。但是引来的问题是，它论述一般问题的时候，也会用一种隐讳的方式，所以就有很多什么微民、希民等等，谈到手段的时候，就是国之利器不可示人。很多人在问国之利器是什么，不就是类似我们现在的核潜艇吗？但是你仔细想想，这个"国之利器"哪是那个玩意儿？它就是语言给了你比较宽阔的想象空间，但是也容易让你走岔。这是和它的论述对象有关系的，就是论述道的时候用的这种方式。我们读《道德经》的时候，老子论述"道"大多是用了人称上的"他"，他不说是"你"和"我"，我们是没有资格面对"道"的，你可能只有与它相遇了，你才可能去悟到它，领会它。这是一个问题。

　　再者，老子这种表述方式，也给中国带来了一个科技上的知识问题。

① 参见〔英〕葛瑞汉《论道者：中国古代哲学论辩》，张海晏译，中国社会科学出版社，2003，第 211～212 页。

因为"道"是非知识化的，也就是说，道以下的问题是知识化的问题，是可以说的，但是这些知识就没有像古希腊那样，被看作是比现实更本源、更根本的东西。因为上升到那个地步，知识具有崇高的地位，而道家这种表达方式基本上是说，知识是隐藏在隐喻和体验中的，这是中国的一个问题。所以如果读《道德经》，找科学是很难的，只找哲学，这个和西方的路子不一样，西方是我能说清楚的尽量说清楚，我不能说就不说了，不可知。中国这种哲学与科学的关系，是道家留下来的东西，当然这不仅仅是道家，也是中国文化留下来的问题。为什么没有发展出科学来？就像从阴阳五行里要找科学，那是很难的。这个表达方式的中西差异，有点类似于法律系统。一个是案例法，英美的海洋法系案例法，另一个是大陆法系。中国哲学中"隐喻"的方式有点类似于海洋法系，就是案例法。我就举这个例子。谢谢。

匡钊：感谢大华老师！回来再稍微啰唆一下为什么会设计这个环节。因为每次我们在讨论的时候，都觉得有一些意犹未尽之处，有很多的疑难点和一些基本的立场需要再次澄清，否则的话，可能我们不知道为什么要坐在一起，大家前面留下的疑惑也难以再有一个有效的机会追问下去。所以我想这个环节还是很重要、很有意义的，实际上我们每次都在讨论当中对这个环节寄予厚望。比较遗憾的是，由于这次会议安排上的小小不周，这个圆桌讨论的时间被迫压缩了。既然由我来主持这个小环节，利用主持这个小环节的机会我也就先说几句。这次很惭愧，我也没有写出什么东西来供大家批评，所以只能在这儿借最后主持的机会随便说说自己的想法。

我想从两个点开始破题，昨天许多学者在这里都提到了"隐喻"，（隐喻）到底是什么意思？到底什么是"隐喻"？至今为止所有提交的文章里面都没有正面谈过，大家到底在什么意义上用"隐喻"这个词，可能每篇文章的预设都是不一样的。但是我在写这次会议邀请函的时候，拟定那个被某些人忽视的副标题的时候，"隐喻"这个词的用法，在我当时的想法中有一个很清晰的地位。隐喻有一个对应物，它作为修辞方式和转喻构成一种对应关系，而其核心并不在于"明"或"不明"。所谓"隐喻"，把它挑明了就出现了"是""像"两个词，但是否出现这两个标志词，并不影响隐喻本身的功能。可以举一个例子，"毛主席是我们心中最红的红太阳"，"……是……红太阳"，这个"红太阳"和"毛主席"之间构成一个隐喻的关系；"东方红、太阳升"，没有"是"，这个隐喻关系仍然存在。只不过前面一种隐喻往往被表述为"明喻"，而后面一种是"暗喻"。我所谓"隐喻"跟明不明没有关系，它不是指"暗喻"。和它形成强的差异与对照的是转喻，比如我们说"锅开了"，实际上我们是说锅里面烧的水开了，"锅"在这个句子里面是一个转喻的用法。再举一个例子，比如说"那个光头，你过来"，实际上我们叫的是某一个特定的同志，这也出现了一个转喻的用法。对于隐喻，我关心的是前一种用法，也就是不同于转喻的那种语言修辞机制，所以这有一个小小的澄清。这是我对隐喻的一个基本的看法。

这个基本的看法还和现代语言学有一定的关系。我们知道，现代语言学对语言的结构有一个看法，在一个句子的线性展开意义上，其中所有的词之间是一种组合关系。而在线性展开意义上的组合关系之外，出现在句子里的每一个词它还有一系列的联想关系或者是叫作聚合关系，而隐喻恰恰是对词的联想关系或者说词在一个聚合轴上的关系给出的说明，没有这个东西的提示，我们不可能知道哪些词会出现在一个连续的聚合轴上，这正是"隐喻"告诉我们的一个内容。

那我们讨论这个问题的期待在哪里？讨论"隐喻"的真实的期待，实际上我觉得是两个方面，一个方面毫无疑问和文本处理有关系。在座的各位包括我本人主要的工作都是处理古代文本，给它一个解释，解释文本中为什么某一个说理的形态是以这种而不是那种方式出现，我们以前对于说理形态的解释，往往是运用逻辑分析的方式进行。比如我们会去寻找一些概念或者是一些范畴之间的逻辑联系。但我们后来会发现，往往找不到逻辑联系，在中国的很多的文本里面找不到逻辑联系，像道和朴、自然、一、素、弱、虚这些概念之间的逻辑联系是什么？这个不是显而易见的。我们之所以觉得我们知道这个逻辑联系，是反复训练的结果，或是别人告诉我们的。我们觉得这里面有一个逻辑联系，但是实际上它不是逻辑联系，道和一系列常用来描述它的词里面没有一个导出的关系，不能从朴里面导出道来，也不能从道里面一定导出朴来，它们没有一个相互的逻辑联系，这是一个处理中国古代文本时的特点。

这意味着，也许我们理解和处理文本的时候不能去仅仅考虑所谓的演绎性的逻辑联系，就像所谓的"道生这个、道生那个"的轴线，文本展开的线性发展的轴线。可能我们还需要去考虑组构文本的那些关键概念在聚合轴上的一些具有相似性的观念之间的相互关系，这个恰恰是隐喻能够告诉我们的最重要的东西，就包括这次我们会议中有很多和道有关的论文，在谈论"隐喻"价值的时候都是在这个轴线上，我们需要一些跟它具有隐喻或者是联想关系的相关的概念和术语，来丰富或者是理解、充实我们对这个概念本身的了解，而这个充实的工作是早期的文本就奠定下来的，我们做的事情只不过是把早期文本中的关系以一个现代的形式化的、具有可公度性的知识的形式重新呈现出来。这是对于概念间"隐喻"关系的一个呈现，实际是对于"隐喻"在文本的理解当中的一个呈现和运用的关注，这一点是和我们处理和重新解读古代文本的任务相互关联的。有很多老师这次阐释"道"的概念，道的许许多多相关的意象，这些相关的意象它们之间的关系显然不是逻辑关系，而是隐喻性的关系，是一种连续的在聚合轴上的呈现关系。这是一方面。

但是在这方面，我觉得有一个小小的陷阱，这个陷阱刚才在之斌的文章中出现了。以前大家处理"隐喻"这个话题的时候，会和文学品性联系起来，我们的这个话题在哲学特别是中国哲学研究里好像是冷门一点，但实际上在整个人文研究界是一个非常热的话题，早就谈了很多很多，文学品性和以前的国际神话学研究，包括国内搞神话学研究的一些人都对此多有关注。但是他们在做相关研究的时候往往会有一个巨大的误区，就是他们老是在试图找一个所谓的"本喻"，比如前面讨论中提到的艾兰的研究最大的毛病就是在这儿，她老想找一个道的本喻。你能说水是道的本喻吗？不能。古代文本的作者只是利用了水这个喻象给道注入一些他想注入的信息，比如《老子》文本的写作者，他利用水的意象把某些信息注入道里面。"道"到底是什么东西呢？它其实是一个隐讳的东西，我们不知道它是什么，可能它有无限的可能，无限的知识点，但是我们只能猜到一点，并通过隐喻一点点地去揭示它。水是揭示它的一个方式，可能出现得比较早，但不是所谓"本喻"。就此而言，我们会想象有一个本根、有一个原型，而对道的别的解释都是根据原型来的，但这是不对的，在隐喻这根轴线上没有一个这样的中心，只有一系列的关系。如果有一个那样的中心，就又把隐喻的讨论重新纳入带有演绎性色彩的讨论道路上去了，所以在谈隐喻的时候，看重对于原型的一个探讨，也许不是一个很好的方式。

再举一个例子，我们说"天无二日，民无二主"，但实际上我们也不能说"日"是主的一个原型，还有别的可能，（如"一山不容二虎"中）"虎"这样的隐喻，只不过"日"是比较早的而已，但是我们不能说它是原型。"虎"和"日"这两个隐喻又可以发生什么关联呢？显然不能那么看，所以我觉得这是文本处理方面所希望追求的一个方向，也就是为什么会把隐喻这个问题拿出来谈（的原因）。还有另外一个方面，对"隐喻"本身价值的讨论不仅仅是存在于对现成文本的解释和处理之上，我们会对"隐喻"本身的发生机制感兴趣，也就是这些"隐喻"在中国早期的语言环境里、早期的文本环境里是怎么样发生作用的机制。这个机制简单讲是一个联想关系，但实际上有很多很多的细节可以去探讨。为什么会以这种方式来发生一种关联性，这一点恰恰和许许多多的学者讨论了很多年的中国哲学和西方哲学的不同有关。这也许能够上升到一个论证模式的差异层面，也就是我们在这里有可能找到我们之所以不同于西方的一些特性，并且对这些特性加以总体性的论证。这个时候我们不仅仅把"隐喻"作为一个接近文本的工具，而是把它作为研究对象来看，作为解释中西之间哲学论证的差异的关键来看。这两方面意思不太一样，我觉得后一方面可能是一个更远期的目标，而且还是值得大家共同努力下去的。

我就简单说说我在设计会议时、在提到这些关键词的时候的原始的考虑，后面的时间开放给在座的各位学者，我想经过了一天半的讨论，都有一些话可能想要再说说。

贡华南：我没有研究过"隐喻"，但我感觉用这个词来解释中国传统经典会有问题。比如，中国古典对《诗经》的解释时常用"赋比兴"三种方式，但对"兴"理解却充满歧义。比如朱熹说："先言他物，以引起所咏之词。"[1] 把起兴之物理解为"他物"，这样起兴之物就变得可有可无了。后来很多人批评朱熹，就基于此顾虑。

在道家经典中，人们通常将婴儿、水等词理解为"象"。通过"立象"，以个别物来表达一般原理。个别物对于一般原理之间绝对不是外在关系，婴儿、水和道之间是内在的、有机的关联。就表达方式而言，"兴"和"象"是一致的。比如"关关雎鸠，在河之洲"，首先关关雎鸠不是一个他物，而是一个基调，一个新世界的基调。它为新世界先行提供了一种氛围、一种基调、一个开端。在这个意义上，它绝不是一个他物。在《老子》中，水、婴儿对于道来说绝不是他物。二者之间不是外在关系，而是千丝万缕的内在关系。"隐喻"中的两个物之间似乎只有外在关系。以隐喻解释道家，我担心的是将原本的内在关系置换为外在关系。

---

① （南宋）朱熹注《诗集传》，中华书局，2011，第2页。

《荀子》用辩说来象道和喻道，我很认同。参会的这篇论文也是朝这个方向努力，只不过把"名"的范围扩大一些，从"形名"扩大到"声名""触名""味名"。"形名"当然是一个很强大的传统，但是如果仅仅限于"形名"，比如现在我们常常限于逻辑的说，其带来的问题同样也是非常大。我把"形名""声名""触名""味名"都当作"正言"，尽量不用"隐喻"，其用心在此。

李庭绵：我的会议论文，严格来说，谈的不是"隐喻"而是"比喻"。为了能顺利参加这个会议，我偷换了概念，写了篇关于"比喻"的文章。其实我原先计划写一篇关于"隐喻"的论文，讨论"隐喻"如何作为一种说服技巧，以及当我们理解了它如何作为一种说服技巧后，我们如何利用它来诠释古代文献。我原本要写的是这个题目，但最后卡在一个问题上而写不出来。我今天把这个问题提出来，也许在场学者能提供一些想法来帮助我厘清这个问题。

让我卡住的问题是"用隐语"与"说假话"之间的关系。在我的理解（也许我的理解是错的，还请大家指正），比喻和隐喻的差别在于，比喻往往是真话，而隐喻往往是假话。我举个例子。"上善若水"是个比喻，因为它有一个"若"字。有"像""如""若"这些字词的，在我的理解中属于比喻。比喻的句子总能解释成是真的，因为世界上什么东西都会在某种意义上像另外一个东西。我可以说我既"像"大象又"像"风扇。因为我像大象一样有眼睛，有时也像风扇一样兜来转去。而"隐喻"则是把"如""像""若"这类字词都去掉，而成为假的句子。例如"我家里那位是个母狮子"，这话在我的理解中就属于隐喻了。为什么呢？因为它明显是一句假话。国家法律并不允许人与狮子结婚。这是我理解的"隐喻"和"比喻"的差别。

回到令我感到困惑的问题上。假使我对于隐喻和比喻的差别的理解是正确的，隐喻作为一个说服技巧，就意味着是某种透过说假话来说服他人的技巧。这会是一个什么样的概念呢？这是我原先想要探讨的问题。但我只有非常初步的想法，没有最终能够让我写成文章的答案。我的初步构想是，说假话确实有修辞学上的效果。例如，有些笑话就是靠着说假话来成为笑话的。比方我说"匡钊兄，外面风雨很大，我走在前面替你挡吧，因为你比我瘦弱"。不管你们觉得好不好笑，你们大概都会觉得我有讲笑话的意图。你们对于我这个意图的判断，是来自你们意识到我说的这句话明显是假的（当然，也许你们觉得我说的是真的，这又是另外一个问题了）。回到隐喻上，隐喻也往往是明显的假话，这让我怀疑隐喻的背后是否存在某种特殊的修辞意图。而我最终无法回答的问题正是先秦诸子为何试图运用隐喻来说服其听众。他们何以认为明显为假话的隐喻能作为一种说服技巧，其说服效力又何在？这个问题是我回答不了的。也许在场的学者们对于这个问题有一些见解。感谢大家的宝贵意见与提点。

戴兆国：感谢匡钊兄引出的话题，我简单说一些我的想法。研究中国哲学，对于先秦的文献，我们一直是有很多的纠结。当然从语言的角度来说，搞清楚"语言"和"象"的关系，就需要对"象"所表达的意义以及意义中所释的"理"进行解释。从今天的立场理解先秦的文本有一个内在的序列，这就是"知其言，明其象，得其意，明其理"。这个过程，我觉得从哲学，特别是从教学或者是从理解的角度来说，我们总是想把很多东西说清楚。我在大学讲授"中国哲学"的课程也快二十年了。现在发现自己越来越不敢讲中国哲学了。比如在讲《道德经》的时候，我们就会遇到很多的难题。如"道生一，一生二，二生三，三生万物"，这里面的一、二、三就很难说指代什么对象，任何解释都难以得到公认。

我个人有一个想法，写了一篇文章，发表在《管子学刊》今年的第1期。我个人认为，我们对《道德经》的文本要保持一种敬畏或者是一种谨慎，不要轻易下判断。我的一个基本的观点就是，《道德经》这个文本不是出自一个作者或者是一个时期，它形成的时代可能非常的复杂。由于缺少更多的地下文献的证据，我们现在也没有办法说清楚它。

从理解的角度看，《道德经》文本的确有太多的隐喻。根据匡钊兄的说法，"隐喻"不同于比喻或转喻。"隐喻"是借助一个概念来表达更多的其他的概念。如刚才说的一、二、三，可能就是一个隐喻，是隐喻着作者想要表达的某种东西。作者并没有明白地表达出来。这一点对于讨论和研究先秦的哲学非常重要，可以说是一个很重要的进路和方法吧。为此，我们就需要对先秦文献中存在的言、象、义、理之间的关系认真梳理，以求得更为清晰的解释。这一点就说这么多吧。

我曾在出版社做编辑，我举一个小例子，大家看看是不是一种隐喻。有一个语文老师写了一本书，书名叫作《笔牧校园》。我当时看到这个名字就有些疑惑，教学生怎么去写文章，为什么就是笔牧校园呢？在《管子》里面有《牧民篇》，我看到这个"牧"字就觉得心里很不舒服。牧民就是把老百姓当作牛羊一样来管理，这种思想带有很强的等级观念。老师教会孩子写好文章，孩子就能够"牧"校园了吗？所以这里面可能也是一个隐喻，这是一个语文老师的作品，我用这个例子来说明隐喻的作用。

从哲学的角度，我再讲另外一个点，为什么有隐喻。宋明理学家经常讲的一个话题就是"语"和"默"。"语"是言语和表达的过程，不用语言表达的时候就是一种"默"。实际上我们不是一般的沉默，也不是一般的静默，我们往往在沉默和静默的过程中，可能用各种"象"来表达我们的思想。沉默和静默有时候也是一种独语。思考的过程往往是离不开言语的。没有掌握语言的儿童，大部分时间可能就处在一种单纯的沉默或静默状态中。他们也许有思想流动、变化、迁转的过程，但是对于理性未启的儿童，他们的默就仅仅是默，而不可能都有太多的思想内容。在理性开动的成人那里，也并不是所有人都会在默中有思考的内容。一些以世俗生活为主要经历的人，他们的默可能就没有太多的内容。一个坐在街角的老人，他们茫然的眼神，暴露了他们对未来的某种担忧，甚至恐惧。他们的默就是多年生活轮回的简单重复，不会再生波澜。犹如静水流淌，他们的默是一种静止的思。人在生命终结的一刹那，语默是同时终止的。哲学之思，哲学之作，就是在语默之间的一种无尽的追寻。

我们总是试图想说，但是又说不清楚，那该怎么办？我要借助方法，要找到一个工具，找到一个桥，这个桥有可能是隐喻。"默"可能多于"语"，至少我们休息的时间、我们不说话的时间可能是占多数。当然有的人特别爱说，像这种人可能就是"语"多而"默"少。我们学哲学的人可能就是要把握语、默之间的张力和分寸，我们懂得用"语"去表达，但是我们更懂得在"默"中去调整和组织我们的语言，使之获得一种明确的表达。隐喻不是为了不说，而是为了更好地说。"默""沉默"也是为了更好的言语和表达。言语和表达也是为沉默和静默提供一个前提。我就讲这两个小点，可能想得不太成熟。谢谢各位。

邓联合：这次我也没有拿文章来，我觉得华南刚才的发言说他不同意"隐喻"的说法，是不是这个意思？他说他搞不懂。搞不懂不能是理由，没有你搞不懂的问题，只不过你不想搞或者是你不想懂。我觉得"隐喻"倒是一个有意思的哲学问题。记得王树人以前写过一本书，叫作《回归原创之思："象思维"视野下的中国智慧》。大家知道，中国古代哲学是非常重视"象"的，常讨论"言""意""象"的关系。"隐喻"与所谓"象思维"以及古代哲学中讨论的"象"有没有理论上的一些关联？我觉得这是可以探讨的一个方向。

刚才戴老师说为什么要用"隐喻"，就是感觉用"非隐喻"的方式说不清楚的时候，就必须用到"隐喻"。我有一个中学老同学，他说话最喜欢打比方，我就说你别打比方，直接把话说出来不行吗？他不行，他说话总是习惯说"比如说""比如说"的，特别是喝了一点酒，开口闭口全都是"比如说"，这成了他多年来的表达习惯。可能是他觉得不打比方，就说不清楚。

还有一个问题，我觉得"隐喻"可能跟所谓的"原始思维"有关。可以追问的是：隐喻何以可能？我觉得，隐喻的背后有一个本体论或者宇宙观的前提预设。我们为什么可以在水与道、水与婴儿之间建立起一种"隐喻"关系？根本原因在于，我们认为万物是一体相通的，物和物之间有共通的东西，所以我们才可以用这一物去隐喻另一物。如果两个东西之间完全没有相通之处，那就不可能建立起这种"隐喻"的关系，用一个东西去说另一个无关的东西，可以说是莫名其妙。所以说万物一体相通是"隐喻"的宇宙论或者原始思维的基础。

再者，我们这次会议的题目是"先秦哲学的隐喻世界与道家之思"，既然是"隐喻"世界，我想这里面就应当有很多"隐喻"。比如说就道家而言，我们经常提到的道家隐喻有水、混沌、婴儿、玄牝，还有庄子讲的天钧、环中、玄珠，等等。这些经典隐喻所蕴含的道家性，或者是说它的道家哲学的思想特质是什么？它们是怎么建构起一个独特的道家的隐喻世界的？相应的，我们可以进一步探讨一下，儒家有没有它的隐喻世界，如果有，儒家有哪些经典性的隐喻？这些经典性的隐喻，不光是先秦的儒家在用，后世的儒家也在用。这个我觉得是蛮有意思的一个问题。如果再把道家的隐喻世界、道家的经典性隐喻与儒家的隐喻世界、儒家的经典性隐喻作一个比较，那么儒道两家的思想差异性就可以从这个方面得到揭示。

昨天姜老师讲要建立"故事哲学"。我昨天就想，在座的都是搞哲学的，应该有人看过阿根廷作家博尔赫斯的小说，我觉得他的小说比我们搞哲学的人讲的哲学道理还要深邃，有时候让人看得迷迷糊糊。博尔赫斯搞的就是"故事哲学"，他是用小说去讲哲学。博尔赫斯深受道家的影响，特别是老庄的影响，他的小说里面经常出现圆形或环形的意象，比如一个一个房子、一个走廊，或者是广场，很多都是圆形的。另外还有梦或梦境，博尔赫斯写梦，深受庄子的影响。他有一本非常经典的小说，让人看了迷迷糊糊的，叫《环形废墟》，不太长，但非常难懂，我推荐各位看一下。我自己看了好几遍，很难说看懂了。他说的"环形"，让我想起庄子讲的"环中"。这个小说讲一个人划船从南边来了，来到一条河边，到了一个破庙里面躺下来，他需要做的就是一件事：睡觉做梦。通过做梦去生成一个人，在梦境中生成一个人，然后再派这个梦中生成的人去主持一个南方的寺庙。他在环形废墟躺下开始睡觉，做梦，最后果然生成了一个人，一个梦中人。但到了小说的最后，一道火光闪过，破庙遭遇火灾，他自己却没有被火吞噬。做梦的这个人突然意识到，他自己其实原来也是别人做梦生成的。这很像是庄子说的梦中做梦。这个小说写得非常有意思。有一个《博尔赫斯谈话录》，诗人西川翻译过来的，书中博尔赫斯就讲他对老庄的推崇，他承认自己深受老庄的影响，其中一点就是他借用了老庄的一些经典性的隐喻或一些喻象。这种讲故事或讲哲学的方式，我觉得是我们以后可以继续探讨的有趣问题。我就讲这么多。

朱承：我就随意谈一点感想，首先很抱歉，这次我也没有来得及写一篇论文，因此是完全抱着一个学习的态度来参加这个会议。通过一天半的讨论，受教、受启发很多，大家从不同的角度、不同的领域对"隐喻"这个问题展开了很多的思考和讨论。

学习了以后的一些想法，我讲两点感想，可能说得不对，大家可以批评。首先，我想到的是，我们的论文集，还有我们这一天半的讨论。还是昨天我向德刚兄提出的那个问题，你说"新的空间徐徐展开"，但是"新的空间"它实质的、具体的内容，我想好像就是我们这个会议通过了一天半的讨论，当然是打开了一些新的空间，但是好像比起20世纪到现在的"隐喻"的研究，那种革命性的突破好像还有待我们去努力。革命性的突破可能就是有待努力的，目前我们可能还没有很完美地达到。我想有一个可能的原因，就是我们对"隐喻"作为一种方法、作为一种视域本身，我们对它的理解是不是还是停留在艾兰他们所代表的水平当中。也就是说，我们是不是好像对现在学界尤其是西方学界对"隐喻"的那种前沿性的研究，现在好像跟进得不够。

因为我们现在做中国哲学很容易受汉学家影响，汉学家往往比较敏感，他们将捕捉到的西方哲学中某一些比较新颖的东西带到中国哲学，然后我们国内的人再受到汉学家的影响。"隐喻"在这一点上是一个比较典型的流动的过程。我们现在对"隐喻"的理解和把握基本上是停留在20世纪以来艾兰所代表和所引进的视角，在那个水平上。所以我想如果真的要打开一个革命性的新的空间，是不是我们对最前沿的关于"隐喻"的研究要有一个追踪、跟进、消化过程？这是第一点小感想。

第二点，如果我们未来再继续开展、推进"隐喻"的研究，是不是还可以考虑多学科的交叉？我们目前除了中哲，当然还有历史，但是文学院的，尤其是外文系的作外国语言研究的，如果说多学科的开展，他们能够参与进来，我想可能在思维和视野上也会带来一点小刺激。就谈这么一点小想法。

李畅然：我觉得通过这次（会议），学到了非常多的东西，尤其是我那篇文章也还没写完，这两天受到大家非常多的启发。

我回应一下李庭绵老师的为什么说假话可以被接受的疑问。因为我觉得隐喻的目的是"喻"，就是让你懂。就是通过各种手段通过已知的去了解未知的东西。我觉得包括隐喻以及更宽泛的类比的整个的这样一套机制都是在围绕这个目的来进行的。

像我的话，关于这个问题，我还是强调我们在词汇方面就已经跳不开"隐喻"这个范畴了，所以《道德经》里面"字之曰道，强为之名曰大"，这个"道"其实我们起别的名字也可以，甚至叫"溲溺"也可以，这就是一个符号。但是就是在固定这个名称的时候，它是当时的人觉得比较好的这么一个词，另外一个概念来作为这个概念的隐喻，这是使用任何抽象的词也包括更虚的虚词，甚至是任何新生事物的时候，我们经常用的一个手段。在这个问题上是不分文化，不分东西的。

魏宏远：非常感谢有这样一个学习机会，我是学古代文学的，"隐喻"这个话题本来是我们专业的一个熟题，但是之前在讲相关问题的时候，我们往往没有思考这么多，所以今天非常认同刚才老师说的学科交叉。

我非常认真地聆听了这两天大家的发言，我觉得学科交叉的力度可能还不仅仅限于哲学跟文学，与出土文献或者是考古学，还有西哲，甚至是马哲，最好都要交叉。如果咱们参会者的学科知识更加多元，咱们的会议就可能避免"同质化"倾向。我之前也参加过很多会议，感觉参会者的知识结构、思维方式较为一致，大家的思考方向也比较趋同，这样会议的启发性就很有限，但是到了咱们这个会场，我觉得比我参加其他文学会所获得的启发要大很多。这是我的第一点感想。

第二个我想说的，刚才我们谈"隐喻"问题，在文学的话题里它是一个永恒的问题，我们在讲古代文论时，很多都与这个问题有关。我们用一个什么词语呢？一般是什么什么说，比方李贽提出的"童心说"，后来又有"格调说""神韵说""肌理说""性灵说"，如此等等。在这儿讲这些内容的时候，其实用的就是这种"隐喻"的思维方式。我们把诗学上升到一个生命文学的高度，或者是生命诗学，运用"远取诸物，近取诸身"方式，先从身体角度着眼，用心、神、气、态等类比，"神韵"讲求人之风貌、精神，"格调"讲求体格生气、声韵之美，"性灵"讲才情之美，"肌理说"则是将诗歌当成一个活生生的生命体来看待，是从杜甫"态浓意远淑且真，肌理细腻骨肉匀"的诗里化出来的，其实是讲"诗理"，可是翁方纲却偏偏用"肌理"一词，就是要把诗歌当成一个生命体。好多古代文论诗论其实和咱们今天谈的"隐喻"是有很大关联性的，所以我觉得参加咱们会议受到很大的启发，但是我对"隐喻"真的是没有深入思考，刚才几位老师的发言拓展了我的思考空间。

另外，我还有一个建议，张之洞《书目答问》里有这样一个说法，他说"从小学入经学，经学可信；从经学入史学，史学可信"。今天李庭绵老师讲的这个话题，我觉得也特别有启发，他是从文献学切入，因为我本人也是做文献学的，我的意思是先秦这块领域的研究，文献确实是非常重要的内容，在文献考据基础上再深入义理，就是有根之学，如果我们脱离了文献的基础，有好多说法就显得比较空疏，就让人感觉不是很踏实。所以我的建议是：咱们以后再开这个会，是不是也可以请一些搞文献学的、语言学的、古文字学的学者，他们也同样读咱们的文本，但是他们读的方式可能和咱们还是有很大不同，面对同样一个文本，他们可能更多的是从文献、字词或者是从文本角度来说。

最后，姜宗强老师的评点我也特别受启发，他说到文本的三种视角、作者意愿或者作者意图。罗兰·巴特讲作者已死，强调作品中心，文本中心引发了文本社会学理论。如果以文本为中心改变为以读者为中心，又引发出阐释学。文学研究中西方文论在这方面已经有很多成果，所以我最后一句话是期待咱们的工作坊是一个开放性的，具有包容性的，我们不同学科背景的人都能够加入。好，谢谢大家！我就说这些。

姜宗强：我参加这个会议学到了很多，在听大家发言的时候，包括在一开始看到邀请函的时候，我是看到了邀请函之后特别有兴趣，觉得特别好，所以我就跟声柏说我一定要来参加这个会。

简单说，我认为"隐喻"是一个工具，这个隐喻"隐"出来的是什么呢？就是我们在思考中国哲学的独特性到底是什么？是逻辑吗？我们读《易经》的时候，问兄讲的《易经》有很多它没有逻辑，它有的可能是象，我觉得它更能代表我们中国哲学思考方式特点的，可能是"感通"，并非逻辑。

以前有一个人来找我算卦，让我算这个事情到底是什么事情，他要考我。我们说中国哲学的特点之一，是"天人合一"，这个"天人合一"合在什么地方？这里我理解合在卦象上。算出这个卦的大概意思是说这个人，在古代术的刑法上，在脸上刺字或者把脸上的器官给割掉了，所以我说你问的事情可能是跟人体器官有关的事情。他说你说对了，他说他有一个亲戚，他是男性，他想变成女性，他们家人都反对，所以他来问这个事情，这是《易经》的一个思考方式，就是"感通"，不是"逻辑"。

为啥叫"感通"的方式呢？他一听你讲卦象，他会直觉地感到你说得对或者不对，你算出卦象也不是靠逻辑，用的也不是逻辑论证的方式。感通的好处在哪里呢？有些事情的逻辑很重要，就是你要不断地在论证；有些东西则感通很重要，你要根据直觉"直指人心"。例如你一直在论证糖的甜蜜到底是什么。你论证了一堆，你不知道糖的甜蜜是什么，感通就可以直接知道糖的甜蜜到底是什么。我觉得"感通"是我们中国的思维方式非常独特的一个地方，我们不管是用隐喻、故事还是什么，我们要探讨的根本问题就是中国哲学的哲学性、独特性到底是什么，而不是削足适履地去生搬硬套西方哲学的逻辑。

刚才邓联合老师说的我也非常有感触，就是"梦"，明显的周公解梦和弗洛伊德的解梦是两个系统，就像我们的中医和西医是两个不同的系统，不能混为一谈，更不能完全用西医观念系统造中医，那样中医将不复存在，我们中医的独特性是讲经络系统的。"梦"也是一种很好的感通方式，我们下次会议能不能把"梦"作为一个主题，比方说"梦"的象征、隐喻、意义等。为什么"感通"这种思维非常重要呢？刚才戴老师说的"言"和"默"，这个"默"就非常好。杨国荣老师讲以"事"建构中国哲学，[1] 世界上好多事情不是都符合逻辑的，也不是所有的事情都能够用线性因果关

---

[1] 参见杨国荣、贡华南、郭美华《杨国荣：从"道"到"事"——中国哲学可以为世界哲学提供资源》，《船山学刊》2018 年第 6 期；杨国荣、刘梁剑：《人与世界：以事观之——杨国荣教授访谈》，《现代哲学》2020 年第 3 期。

系来解释的，有些事情是没有逻辑的，比如这个人一出门就让车给撞死，哪有逻辑？那是一个意外，一个偶然性，一个不确定性。这种"不确定性"也是哲学的研究对象，也有可能通过变爻，通过一个卦象的多种可能性表达出来。所以，我们这个世界上的"事"、我们的生活是无限丰富、存在很多种可能性的，《周易》的卦象以及感通的方式，可以表达这种无限可能性的存在，我认为是中国哲学里面最独特的东西。

就刚才匡钊兄说的那点我非常赞成，我们解释中国这些东西，不一定要用一个线性的、逻辑的体系去解释它，恰恰是非线性的、感通的、非逻辑的，这可能是我们传统思维方式里面和西方哲学很不一样的地方。另外，我也非常赞赏我们开放中西，放到一个很宽广的视野去讨论我们中国哲学的特点，就像中医和西医放在一起，你就知道中医的特色，中药可以下到汤里面喝，西药你敢下吗？谢谢。

李巍：我觉得这个题目挺好玩的，挺有意思。举刚才一个例子，我觉得我们可能在处理中国思想中抽象概念的时候，我们更多地关心隐喻，其实更有意思，比方今天晓姣老师的"抱一"问题，那个"一"是什么？要说非得用抽象的语言来解释"一"是什么，是根据、是原理或者是法则，讲完以后，大家也不能够理解得更多，而且觉得很枯燥。但是中国人理解"一"，"一"是有形象的，"一"的意思讲的是终始如一。"终始如一"是指圆环，终始皆通的，所以"一"是圆的才能抱起来，我觉得这很有意思。我就讲这一点。

任蜜林：针对"隐喻"，我也没有专门研究过，不过我这两天听了大家的发言，确实有一些想法。其实从比喻的方式出发，大家以前讲比喻，其中涵盖隐喻。包括中国先秦道家，中国古代哲学家讲的不一定是"隐喻"，也有明喻。而且"隐喻"怎么界定，好像从先秦的诸子中确实道家谈得比较多，比方说老子，他谈的是一个简单的词，比如水、婴儿、玄牝、江河、山谷等都是这种比喻。但是到《庄子》里面它就是一个比较长的故事，像"庄周梦蝶"等都是通过一个比较完整的故事来说明他要表达的意思，《老子》比较简单，《庄子》的文风可能是比较特殊的。

但是，儒家一个比较例外的就是《周易》，刚才几位老师也讲了，它是通过一种"象"的方式来表达它背后卦爻辞所表达的道理以及它的义理思想，它是一个独特的结构，包括后来易学派的图书派，通过图形、图像来表达它背后的一些道理或者是背后的哲学含义。图书派到了后期是一个比较重要的学派，不光是有《周易》，还包括有《仪礼》，包括"仪礼学"后面也有图书学。我想为什么要进行比喻和图像，他是为了要说明他要讲的道理。但是像《老子》讲的，"道可道，非常道"，老子虽然说"不可道"，但是他也写了五千言，而且里面有很多的比喻，这些比喻虽然在一定程度上表达"道"的一定的特性，但是它不能完整地或者是完全地表达道的全部性征，它还是有局限性的。所以这个"比喻"只是一种方式，不能把它当成一个最终的目的，它只是一种工具。就像《周易》讲的，"得意忘象，得象忘言"，所以卦爻、言都是达到《周易》之"易"的桥梁和工具，它不能当作最终的目的。所以我想"隐喻"也是起到这样一个桥梁的作用，我们不能把"隐喻"当成一个目的，通过"隐喻"讨论的还是背后更深层的东西。"比喻"只是一个形象或者是通过形象的说法，让你认识到他要表达的一个更深层次的东西。比如老子通过这些比喻让你领悟到他所说的"道"或者是"德"等。

西方哲学著作或者作品中应该也有类似的表达，尤其是像意象或者是美学里面是比较多的。关于中国古代，像去年赵汀阳写的《历史·山水·渔樵》，他们作过一种讨论，中、西思想家对于意象的理解不同，像中国，尤其是山水画，偏重于通过意象表达一套类似的历史哲学。我觉得"隐喻"，不光是先秦，到后面魏晋南北朝时候的艺术发达了，其实也有很多。古代的山水画也是有表达道家或者儒家理念的东西，包括后来的宋明理学，包括朱熹他们常常比喻理一分殊的关系，以海水的颜色不同、碗的颜色不同，但都属于海水、都属于碗，比喻"理一分殊"的道理。"隐喻"当然是可以讨论的，但是仅仅讨论"隐喻"还是不够的，最终是要指向它的哲学道理，它只是中国言说的一种表现方式而已，不是它最终的目的。我就说这么多。

王顺然：两天会议收获很多，无论是"预流"还是"隐喻"，对我而言都加多了一层"在场"的领会。

受匡钊老师启发，我对"隐喻"有两点小想法，在这里向各位老师请教。前面，匡老师对艾兰追求"本喻"有一个批评，这个批评是有道理的。在一定程度上可以说，不断地探求"本喻"反映了一种线性的、科学主义的心态，这种心态会认为追本溯源、穷尽现象就代表着对"喻"的全面把握和领会。这种心态要分正反来看。正面看，它的价值在于形成规范，"喻"要成立必须有指称对象、标的，"规范"则代表着对象与标的的明晰。

我们能看到，有一些溯源可以建立一个新的认知，比如，文学界对哪吒形象做过溯源，那个印度传统中的哪吒是一个"顽劣"的形象，他无端杀死巨龙、重生后提刀弑父，前者是"顽"后者是"劣"。这个形象传入中国受儒家的再造，将"顽劣"转为一种"革命精神"，杀龙为了救百姓，弑父这段删除了。在这种溯源过程中，形象隐喻的标的有了更清楚的界限，切断了部分因相似而产生的衍生。但这种溯源的缺点也很明显，一方面溯源是无止境的，往往带来一笔"糊涂账"；另一方面，"喻"其实在意的是当下情景的表达，或者说"上下文"的表达，过多的枝节反而损害了"喻"的明晰性。

第二个小问题就和后面这一点，也就是"喻""隐喻"本身的表达效力、表达方式有关。就像前面邓联合老师说的那样，很多人在表达过程中喜欢使用"比如"，尤其"比如"之后还喜欢加一句讳莫如深的"你懂了吧？"配合着某种难以描摹的语气与神态，会让听者进退两难。这种表达方式和习惯值得反思，它能使表达更清楚吗？情感更强烈吗？还是目的在于强化模糊性、利用模糊性？如果是后者，那么直接针对的就是前面说的溯源考据。考据越清楚，"隐喻"越无效。这种模糊性带来了意义的丰富，给听者制造一种摆脱局限的场域，帮助你完成跳跃。所以禅宗公案就不能溯源考据，考据越清，离禅越远。还有一点值得注意，就是"隐喻"这种表达方式本身有一种俯视的心态，或者说是"指教"的心态，或者温和一点说是遮盖（遮诠）的心态。讲者要觉得听者能理解这种表达才会使用，而讲述本身也在激发听者曾经历的某种思维过程，直白地说，就是讲者觉得听者如此这般想过、经历过，而此时或许忘记了这种过程，需要再次激发一下。我激进地用"俯视心态"来表述，就是这种"觉得"代表着讲者此时"看全、看透、看穿了"听者，这种"觉得"其实与"隐喻"的表达效力与效果直接相关，甚至有一种决定的作用。不严格地说了些感想，供大家批评。

主持人匡钊：感谢各位的精彩言说。因为时间有限，后面的讨论我觉得时间永远是不够的，下次我们作为办会的必须要反省，需要在这个环节留出更多的时间，比如留出半天来让更多的人参与我们的话题，我觉得应该还有很多的学者有想法的。不过也好，我们可以把这些想法留下，因为我们这个会议一定还会办下去，所以我们可能把一些想法留到未来再来继续交流。谢谢大家。

哲思论道

"卦－气"含义与卦气思想发源考[*]

刘春雷^{**}

摘　要　汉易卦气说在孟喜之前的思想脉络大多隐匿于历史地表之下，晦暗不彰。基于对卦气说的广义理解，"卦气"之"气"既包括阴阳五行的气机变化，也包括时令年月节气物候之表征；以汉易诸家卦气说为根据，追溯孟喜之前卦气思想发源情形，就大大拓展了卦气说的研究范围和研究深度。通过对"气"的词源学追溯及其与乾卦三爻卦体的关系考察可以看到，二者在造字、画卦之初就有相通的取象机制和义理根源。此外，甲骨卜辞保存"天气"四方风与"地气"四方土的材料，可见孟喜四正卦的雏形；《坤》《复》《临》《蛊》等卦经文保留了早期卦气说的线索，在广义卦气说的视域中意义更加凸显。

关键词　汉易　卦气说　《周易》　孟喜　四正卦

汉易卦气说既是汉代学者诠易解经的易学体例，也是继董仲舒《春秋》"公羊学"后主导汉代思想界的重要理论。与其重要学术意义相较，卦气说的学脉传承却明灭起伏、或隐或现。从孟喜、京房、焦赣到《易纬》《参同契》，卦气理论各有一家之说，其间学术嬗变和卦气体系整体面貌并不明显。以孟喜为发端的西汉易学卦气说，自登上历史舞台便体系成熟，此前

---

* ［基金项目］教育部人文社科规划项目"东汉易学卦气说的主要问题及诠释旨趣研究"（18YJA720005）；国家社科基金后期资助项目"两汉易学卦气说诠释研究"（20FZXB046）；山东省社科一般项目"汉易卦气说的哲学蕴涵与现代诠释"（18CZXJ09）；烟台大学人文社科项目"汉易卦气说的哲学诠释"（XB17834）。

** 刘春雷，山东泰安人，哲学博士，烟台大学学报编辑部副审，主要从事易学与中国哲学研究。

思想发展脉络大多隐匿于历史地表之下。① 然而，哲理性诠解与历史性溯源皆为汉易卦气说研究所必需，这决定有必要一方面辨析"卦－气"的思想结构，另一方面追溯孟喜卦气说之前的思想形态，尤其是考察易卦起源与早期气论的微妙关联。

一 "卦－气"含义与卦气说的"起源"问题

关于"卦气"的明确说法，首现于《易纬·稽览图》："甲子卦气起《中孚》……六日八十分之七，而从四时卦，十一辰余而从，《坎》常以冬至日始效，《复》生坎七日。消息及杂卦传，相去各如《中孚》。"② 清人复兴汉学，整理汉易，惠栋详备梳理孟喜易学，首先列出"卦气图说"，与"消息""四正""十二消息""辟卦杂卦""推卦用事日"等体例并列。惠栋在"卦气图说"列出关于孟喜卦气说的"卦气七十二候图"和"六日七分图"，并且指出："《孟氏卦气图》以坎、离、震、兑为四正卦，余六十卦卦主六日七分，合周天之数。内辟卦十二谓之消息卦，乾益为息，坤虚为消，其实《乾》《坤》十二卦也。""汉儒皆用卦气为占验。宋、元以来，汉学日就灭亡，几不知卦气为何物矣。"③ 李道平（《周易集解纂疏》）介绍汉儒诸家说易体例部分，列出"卦气""消息""爻辰""升降""纳甲""纳十二支""六亲""八宫卦"等十一种说法而"卦气"居首："卦气之说，出于《易纬·稽览图》。……考其法，以坎、离、震、兑四正卦为四时方伯之卦。余六十卦，分布十二月，主六日七分。又以自复至坤十二卦为消息。余杂卦主公、卿、大夫、侯。风雨寒温以为征应。盖孟喜、京房之学所自出也。汉世大儒言易者，多宗之。今列图于左，俾读者有所考焉。"④ 此外，蒋湘南《卦气表》《卦气证》⑤，俞樾《卦气直日考》⑥ 亦是关于卦气的专题专论。

当然，卦气说并非限于"卦气"二字之名，而在于"以气说《易》

---

① 刘大钧教授对此著有《"卦气"溯源》一文，见《中国社会科学》2000年第5期。
② 〔日〕安居香山、中村璋八：《纬书集成》（上），河北人民出版社，1994，第122~129页。
③ （清）惠栋：《周易述 附易汉学易例》（下册），郑万耕点校，中华书局，2007，第515~521页。
④ （清）李道平：《周易集解纂疏》，潘雨廷点校，中华书局，1994，第12页。
⑤ （清）蒋湘南：《卦气表》《卦气证》，《续修四库全书》编委会编《续修四库全书》第32册，上海古籍出版社，2002，第441~452页。
⑥ （清）俞樾：《卦气直日考》，《续修四库全书》第34册，上海古籍出版社，2002。

（卦）"之实。《新唐书·历志》所载唐僧一行《卦候议》《卦议》与卦气说关系密切，前者考溯七十二物候，后者比较详细记述孟喜四正卦、十二辟卦、六日七分说等内容，明确指出"十二月卦出于《孟氏章句》，其说《易》本于气，而后以人事明之"①。学界判断西汉孟喜为彰显卦气说第一人，此为重要依据之一，"其说《易》本于气"应是判断卦气说的根本标准。另外，作为汉易各家注《易》汇集，唐中后期李鼎祚《周易集解》"刊辅嗣之野文，补康成之逸象"，是汉代象数易学仅存的传世文献，"隋、唐以前《易》家诸书逸不传者，赖此书犹见其一二"（《经义考》卷十四引陈振孙）。其中《略例》《索隐》，"各列名义，共契玄宗。先儒有所未详，然后则加添削"②。可惜这部分略例内容失传，其中有"卦气"词条，也未可知。

卦气说"以气说《易》（卦）"，那么对"卦气"的理解关键就在于如何理解"卦气"之"卦"与"卦气"之"气"。学界对"卦气"之"卦"的理解比较广泛。所谓广泛，"卦气"之"卦"包括四正卦、十二辟卦、八卦、六十四卦、六子卦、六十卦等各种易卦形式，大体以八卦和六十四卦为基本模式而不拘泥于某一种或几种易卦形式。需要说明的是，对于"卦气"之"卦"是否为世传《周易》的易卦系统，大家态度有所不同。根据传世文献关于三坟易的记载，传世《周易》易卦体系只是历史上易卦形式的一种，与夏之《连山》、商之《归藏》相并列，尤其是新近解读的清华简，其中数字卦形式更证明易卦系统的多元。"卦气"之"卦"的早期形态比较复杂，很多情形难以想见，本文所讨论"卦气"之"卦"基本以《周易》易卦系统为依据。

对"卦气"之"气"的理解则不然，这也是关于卦气说存在诸多争议的思想根源，直接影响到卦气说的性质理解、起源考溯甚至价值评判。主流观点认为，"卦气"之"气"既包括有明晰时间界定的四时、十二月、二十四节气、七十二物候乃至三百六十（六日七分说），也包括在此背后无形消息、流动不居的阴阳二气；这是卦气说在学界占主流地位的广义理解，杭辛斋、黄寿祺、刘大钧、王新春等学者虽表述各异，但基本观点相同。冯友兰、朱伯崑、刘玉建等教授从现代哲学的立场出发，认为卦气是汉代象数易学的"世界图式""先验图式"。③梁韦弦教授主张卦气说的狭义理

---

① （北宋）宋祁、欧阳修等撰《新唐书》，中华书局，1975，第598页。

② （清）李道平：《周易集解纂疏》，第8~9页。

③ 冯友兰：《中国哲学史》，中华书局，2014；朱伯崑：《易学哲学史》，昆仑出版社，2009；刘玉建：《汉代易学通论》，齐鲁书社，2012。

解，认为"卦气"之"气"特指二十四节气，不能包括阴阳二气；从性质上卦气说与汉易占筮、谶纬连接一体，在时间上也仅能以西汉孟喜为上限而不能追溯至此前乃至先秦。① 梁教授的卦气狭义说虽然不是主流，却因其立论鲜明且成果集中构成重要一说。

然而，即使在孟喜卦气说中，"卦气"之"气"也不独独单指二十四节气。确切地说，孟喜卦气说包括四正卦、十二辟卦、七十二物候和六日七分说；其中除七十二物候以二十四节气为主体外，其他四正卦为四时方伯卦，以坎震离兑符示冬春夏秋四时，十二辟卦以坤复临泰等十二君卦符示十二月，以四十八杂卦符示三百六十日。这些内容固然与二十四节气相关，却不能和二十四节气等同。至于焦延寿、京房、《易纬》之卦气说愈加复杂，更非二十四节气所能概括。梁教授为了将"卦气"之"气"狭义地限定为二十四节气，却将二十四节气无原则地予以泛化了。此其一也。从历史上看，二十四节气的形成经历了漫长过程，据学者考证，完备的二十四节气理论形成于秦汉之际，这也是梁教授认为卦气说以西汉孟喜为上限的重要依据之一。问题是，易卦配二十四节气是卦气说内容，此前的某个历史时期易卦配四时、易卦配十二月等内容就不是卦气说吗？首先，此前的某个历史时期易卦配四时、易卦配十二月等内容必然是存在的；其次，因为易卦配四时、易卦配十二月等内容已经存在于现有的孟喜卦气说，不论梁教授如何回答都是自相矛盾的。此其二也。从理论角度审视，将一年划分为二十四个节气，既有自然天道的运行依据，也是一种主观划分的人文结果；从一定意义上说，无论是将一年之间天地运行的周期变化划分为二十四个节点还是划分为四十八、九十六甚至九百六十个节点，都没有绝对的必然性。换言之，一年周期的二十四节气可以作为理解卦气说的重要参照而非绝对标志。学界研读卦气说，"卦气"之"卦"不限于六十四卦，"卦气"之"气"又怎能执着拘泥于二十四节气呢？此其三也。

故而，对卦气说的理解需立足于广阔的语义空间，庶几揭示卦气说的文化内涵。"卦气"之"气"不但包括有明晰时间界定的四时、十二月、二十四节气、七十二物候乃至三百六十日（六日七分说），更包括在此背后无形消息、流动不居的阴阳二气。可以说，无形消息、流动不居的阴阳二气构成有明晰时间界定的四时、十二月、二十四节气、七十二物候乃至三百

---

① 梁韦弦：《汉易卦气学研究》，齐鲁书社，2007。

六十日的实质，脱离阴阳二气，就不可能理解四时、十二月、二十四节气、七十二物候乃至三百六十日的变迁，亦不可能理解卦气世界的消息流转、生生不息。换言之，卦气说的基本内容如四正卦、十二辟卦、六日七分等内容都不是二十四节气所能涵盖的，遑论焦延寿与京房易学中的卦气说。由此可见，对卦气说的性质理解构成卦气说研究的逻辑起点，卦气说的"起源"既是历史问题也是理论问题。

学界探讨卦气说"起源"的研究依据来源于传世文献和出土文献两方面材料。由于古书散佚毁灭，传世文献中卦气说的材料不多，其早期历史更是渺然难闻，由此引发对卦气说及其历史渊源的质疑、争论和否定从汉代孟喜将卦气说揭露于世至今层出不穷。在这些有限的传世文献里面，除了《周易》古经与大传、《尚书》关于五行的论述，秦汉之时的主要著作涉及卦气说者主要有《淮南子》《吕氏春秋》《鹖冠子》《管子·五行》《孔子家语》《子夏易传》，《史记》《汉书》关于汉初易学变迁也有只言片语谈及卦气说之渊源授受；唐代李鼎祚《周易集解》是汉易材料的汇总，陆德明《经典释文》《新唐书》介绍僧一行时转载了孟喜卦气说。

地下文献的出土为了解早期思想状况和易学面貌提供新颖而宝贵的材料，从近世甲骨卜辞和部分金文关于早期卜辞和占筮的记录，到现代甘肃天水放马滩秦简、上海博物馆收藏的楚地竹简，尤其是 1973 年出土的长沙马王堆帛书《要》篇以及 2008 年入藏的清华简中的《筮法》篇，都在传世文献之外提供新的文献佐证和研究视野，是理解早期易学思想面貌和卦气说的宝贵资料。今天学界对卦气说尤其是卦气说渊源的探讨，都是在传世文献和出土简帛基础上将两者互相参照，进行辨析，探讨卦气说的早期面貌，本文的梳理亦是坚持这一思路。

二 "气"的词源学考溯及其 与"乾"（☰）的关系

从甲骨文和金文的字形上看，"气"为云气蒸腾上升之形象；所以《说文》释"气"曰："气，云气也。"① 可见，"气"首先是作为人们视觉感官可以直接把握的"云气"乃至云气之变（"风"）。在此基础上，"气"的意

---

① （东汉）许慎撰，（清）段玉裁注《说文解字注》，浙江古籍出版社，2006，第 20 页。

义又延伸到感性形象之外的更广泛的气息，如天地之气。《礼记·月令》云："孟春之月，天气下降，地气上腾。"① 《考工记·总目》云："地有气。"天地之气的升腾下降超乎人的感官把握范围，而天地之间万物的存在都与"气"发生关联，是"天气下降，地气上腾"的气化结果。"气"具有了生发万物的神秘力量，故而《礼记·月令》"祭义"云："气也者，神之盛也。"② 日本学者平冈祯吉综合考察"气"的甲骨文字形和殷人的鬼神观念，认为"这个字形是帝命降下的表象"③，这就是基于"气"字意义演化历史的非常睿智的洞见。殷商崇尚鬼神，其思想的时代特征即将自然现象人格化为神灵，如风、雨、雷、电、日、月、山、川等均有神灵主宰，诸种神灵的总和即为"帝"，从这个意义上说，殷商之"帝"即是将天道神化、人格化，而平冈祯吉所谓"气"为"帝命降下"，显然是具有殷商时代色彩的天道运行，亦是较早形态的气化流行思想。在此背景下，审视《易传》所谓"帝出乎震，齐乎巽……"中的"帝"，与天地之气有深刻的思想渊源。

另外，《乾卦》卦符与"氣"的字符在词源上有相同的基础。马王堆帛书《周易》与清华简《筮法》中，《乾》卦经卦都写作三等横的三个阳爻符号（☰），这种写法类似于早期的"氣"字。甲骨文中出现"☰"符号，于省吾认为即是"氣"之声部"气"，只不过尚没有"云气""气体"之意，而是作为其他意思；如"庚申卜今日气雨"（《殷契粹篇》七七一）之"气"为"乞求"之"乞"，"王占曰，有祟，其来有艰。气至五日丁酉，允有来艰"（《殷墟书契菁华》一）之"气"为"迄至"之"迄"，而"之日气有来艰"之"气"为"讫终"之"讫"。于省吾先生的解读只能备为一说而难成定论，"气"有"乞求"之"乞"的意思，并不意味着就否定"云气"含义的可能性。金文"☰"字出现在西周初期至春秋中期的器物上，如制造于春秋中期的齐侯壶分甲、乙两器，两者铭文都有"用气嘉命"的字样，但其中"气"字大多不是在云气等意义上使用，④ 但在战国初期的一个齐国剑柲上出现"気"字，意义与"氣"相类似。按照陈梦家的诠读，

---

① 《礼记正义》，《十三经注疏》（上），中华书局，1980，第 1356 页。
② 《礼记正义》，《十三经注疏》（下），第 1595 页。
③ 〔日〕平冈祯吉：《在淮南子中出现的气之研究》，转引自〔日〕小野泽精一等编《气的思想：中国自然观与人的观念的发展》，李庆译，上海人民出版社，2007，第 14 页。
④ 〔日〕小野泽精一等编《气的思想：中国自然观与人的观念的发展》，第 15 页。

剑柲铭文中的"行気"即"行气"，[①] 铭文主张通过修身、"行气"，把天地自然之气引导蓄积于身体之内，人则身心固定，神、明、长、大。人生在天地之间，"行气"贯通天地大宇宙和人身小宇宙，而天地之气的顺逆甚至决定人之生死。战国剑柲的"行気"记述可以说是比较成熟的气论思想，我们固然难以还原之前"气"字演化的复杂历史，但放在甲骨文、金文体系的文化背景下，我们仍然可以遥想其间的粗略脉络。

如果说，"〓"作为"气"的字符及其体现天道运行这一意义演化的过程晦暗不彰的话，那么"〓"作为《乾卦》经卦中具有相同的思想因素，其历史脉络则比较明朗一些——尽管很多历史环节缺乏明确实证且现存文献记述驳杂。《易纬》认为八经卦为天、地、风、雷、水、火、山、泽的古字，"〓"即为"天"的古字，这种说法应当并非空穴来风，而是有其历史根据。对在天地之间的人而言，天道运行浩荡无亲，具有不可遏止的无限能量和势力。对"天"的这种正大刚健性质，后世《象传》称为"天行健"，《说卦传》则曰"乾，健也"；孔颖达《周易正义》则曰"天者，定体之名；乾者，体用之称"[②]，从体用的哲学高度指出天、乾的关系以及《周易》以"乾"而非"天"为名的用意。马王堆帛书本《周易》中《乾卦》之"乾"写作"键"[③]，也间接证明了乾天与刚健的内在关联。

在此基础上，"消息"作为易学与卦气说的基本内容之一，与气论中的天地之气也有关联。"息"的本义为人之气息，《说文》云："息，喘也"，《礼记·祭义》注亦云："气谓嘘吸出入者也"。人之气息与天地之气息是一体相通的，《庄子·逍遥游》描摹天地之气息升腾之壮阔："《谐》之言曰：'鹏之徙于南冥也，水击三千里，抟扶摇而上者九万里，去以六月息者也。'野马也，尘埃也，生物之以息相吹。""生物之以息相吹也"，世间万物生机勃勃全部根源于天地之气息的鼓荡。《易传》以"消息"指代自然天道运行："君子尚消息盈虚，天行也。"[④] "日中则昃，月盈则食，天地盈虚，与

---

① 陈梦家释文："行气立则畜，畜则神，神则下，下则定，定则固，固则明，明则长，长则衰，衰则大；天其柱在上，地其柱在下，顺则生，逆则死。"陈梦家：《五行之起源》，《燕京学报》1938 年第 24 期。

② 《周易正义》，《十三经注疏》（上），第 13 页。

③ 丁四新：《楚竹书与汉帛书〈周易〉校注》，上海世纪出版股份有限公司、上海古籍出版社，2011，第 187 页。

④ （清）李道平：《周易集解纂疏》，第 254 页。

时消息。"①《史记》"消息"思想与《易传》基本一致，《史记·历书》云："黄帝考定星历，建立五行，起消息。"皇侃注曰："乾者阳生为息，坤者阴死为消。"②《易纬》记载"伏羲作十言之教"，谓"乾、坤、坎、离、震、艮、兑、巽、消、息"。《易传》云："天地盈虚，与时消息"，"君子尚消息盈虚"，这已经是以"消息"二字表达的卦气说内容了。

综上，作为八经卦之一的《乾》与甲骨文"气"具有相同的符号形态，由此我们不妨推测，乾卦三爻符本身就蕴含"气"的思想，蕴含帝命下施、天道运行和气化其中的思想基因。正是在此基础上（乾为气），从气分阴阳的角度看，则乾因具刚健动的性质而为阳气，从宇宙创生的角度看，则乾天因具根源性的创造力而为元气。总之，从乾天之阳气息长，到坤地之阴气消死，到乾坤阴阳二气旁通为十二消息卦，这应该既是一种思想的逻辑发展，也是思想的历史演进。

三　四正卦的雏形："天气"四方风
与"地气"四方土

四正卦是西汉易学卦气说中的一个基础内容，以坎、震、离、兑四卦涵摄北、东、南、西四方和冬、春、夏、秋四时。《孟氏章句》载孟喜卦气说的主要内容之一云："坎、震、离、兑，二十四气，次主一爻；其初，则二至、二分也。"③殷商甲骨文中出现关于四方风、四方土的卜辞，虽不如孟喜四正卦说明确为四卦，细化为二十四气，并具有整饬的卦爻形式，但它们既与早期"气"论密切相关，又与后来的四方卦内容一致，是理解卦气说渊源与"卦－气"关系的重要文献。

（一）"天气"四方风

作为肉身性的存在，人对身外自然世界的感触觉知，最直接又密切者莫过于其来去无踪又无处不在的风。它周游浩荡于天地之间，往来出没于浩渺天际，其随四季变化伴随着自然界草木的生长衰亡，其节律性变化如人之呼吸，所以对古人而言风就是与生命现象息息相关的天之"气"。许慎

---

① （清）李道平：《周易集解纂疏》，第481页。
② （西汉）司马迁：《史记》卷二十六《历书》，中华书局，1975，第1256页。
③ （北宋）宋祁、欧阳修等撰《新唐书》，第599页。

《说文解字》直接诠释"气，云气"①，即是以风为天之气的意思。许慎的诠释带有后来者的痕迹，在甲骨卜辞中存在更朴素也更本源的关于风和四方风的记载。

据《甲骨文合集》所收刻于武丁时的一块牛胛骨文辞（14294 版）："东方曰析，风曰劦；南方曰因，风曰微；西方曰夷，风曰彝；北方曰宛，风曰役。"另有数条卜辞刻于一大龟腹甲，是四方风的占卜之应用，胡厚宣先生释读如下："辛亥卜，内，贞帝（禘）于北方曰勹，风曰殴，黍年。""辛亥卜，内，贞帝（禘）于南方曰岂，风（曰）夷，黍年。一月。""贞帝（禘）于东方曰析，风曰王，黍年。""贞帝（禘）于西方曰彝，风曰委，黍年。"② 前者清晰列出四方之风，风有东、南、西、北四方之别，名有"析、因（微）、彝、伏（役）"不同称谓，这意味着四方风具有不同的来源和性质。后者是占卜之辞，记录四方风在占卜实例中的应用。四方风明确提到四方却没有明确提出四时，并不意味着没有四时观念。对中原地区的先民而言，四方来风并非无规律的偶发现象，而是因季节而异的有序现象，带有温热凉寒的不同性质。后世《礼记·月令》记载，在孟冬之月"东风解冻"，孟秋之月"凉风至"，应当是描述同一现象，只是在文字记述上更加明晰而已。至于甲骨所载四方风在卜辞中的实际应用，应当是卜者观察四方来风不同的方位、所处季节和温寒性质，预测未来的天象和人事。所以，甲骨卜辞记载的四方风并非仅仅是四方观念，其四面来"风"蕴含早期春夏秋冬的四时思想，四方风同时承载了空间上的四方和时间上的四时，结合时空于一体。如李学勤先生所指出："四方风刻辞的存在，正是商代有四时的最好证据。析、因、彝、伏（役）四名本身，便蕴涵着四时的观念。"③ 这一点在学界基本形成共识。

殷商之际遍信鬼神，与日月山川等其他自然崇拜一样，风作为天地之气并非纯粹的自然现象，而是具有灵性和超自然力量的"风神"，作为崇拜对象来被祭祀，甲骨文中的四方风亦是作为祭祀、祈求的灵性之物存在。如另一卜辞记载求风致雨事件："韦桑风惠豚，有大雨?"（《殷墟书契前编》

---

① （东汉）许慎撰，（清）段玉裁注《说文解字注》，第 20 页。
② 胡厚宣：《释殷代求年于四方和四方风的祭祀》，《复旦学报》（人文科学版）1956 年第 1 期。
③ 李学勤：《商代的四风与四时》，《中州学刊》1985 年第 5 期。

四·四二·六），以牺牲供奉𩘍（韋枾）风，祈求天降大雨，𩘍（韋枾）风即西风。[1] 殷商时代"风神"的形象残存于《山海经》，其《大荒东经》曰："（有神）名曰折丹，东方曰折，来风曰俊，处东极，以出入风。"（《山海经·大荒东经》）从人现实生活的需求而言，自然的风雨对生活的影响有利有弊，顺应生活需求则是"风调雨顺"，否则就成为破坏性力量；前者祈祷上天因风致雨，后者则希望风雨止息。在甲骨卜辞中，除了上述因风求雨记载外，更多是关于宁（止）风的内容，如"甲戌卜，其宁风，三羊、三犬、三豕？"（《殷墟书契续编》二·一五·三）、"癸酉卜，巫，宁风"（《殷墟书契后编》下四二·四）、"宁风，巫九犬"（《库方二氏藏甲骨卜辞》九九二）、"庚戌卜，其四方宁，其五犬"（《殷墟卜辞后编》二四五五）。据日本学者前川捷三考察，殷墟记载的宁风祭祀，由作为各方位神的巫（东巫、南巫、西巫、北巫）主持，"与四方风分别对应"。[2] 另据小野泽精一考察，"根据甲骨卜辞的记载，风是神，与方位观相联系，……如要在殷代探求遍满于天地之间，变化着，起着作用，与生命现象有关的气概念的原型，可以认为，那就是风"[3]。这一判断颇中关键。

综上关于甲骨卜辞所载四方风，可以得出下面结论：第一，甲骨卜辞所载的四方风，融合东南西北四方和春夏秋冬四时于一体，是运行于天地之间的天之"气"，四方风即四方气、四时气；第二，四方风（四方气、四时气）随四时更迭，与自然界草木荣枯等生命周期和生命现象息息相关，四方风（气）具有生命性；第三，风（四方风）具有灵性和神性，人可以通过祭祀感通天之四气，以求趋吉避凶。四方风的上述特征，同样体现在甲骨卜辞所载关于四方土的文献里，四方风是天之气的运行，四方土则是地之气的变化，两者共同构成甲骨卜辞中关于气的早期文献，均与四方卦有密切的渊源关系。

（二）"地气"四方土

大地崇拜是各个文明早期普遍存在的现象，从自然崇拜到殷商时代的

---

① 严一萍：《卜辞四方风新义》，《甲骨文字研究》第一辑。

② 参阅〔日〕小野泽精一等编《气的思想：中国自然观与人的观念的发展》，第23页。此外，宁风祭祀的牺牲动物多用犬类，甚至形成了以犬宁风的传统。犬与宁风之间是否有特别的缘由，是否含有以戌土克巽风的生克思想？这都耐人寻味。

③ 〔日〕小野泽精一等编《气的思想：中国自然观与人的观念的发展》，第22～23页。

鬼神信仰，对大地的崇拜信仰已经比较成熟。与日月星辰等天象相对，殷商甲骨卜辞也出现众多关于大地的神祇，涉及河流、山岳等，其中最重要者莫过于对大地神的祭祀。殷墟甲骨文中，"土"字写作"Ω""Ω̇"。王国维判断，"土，系社之假借，祭土即祭社"（王国维：《殷礼征文》）。陈梦家依据王国维判断又做了补充，认为在甲骨土字（"Ω""Ω̇"），下面一线象征大地，上面部分为土块的象形，"土"字以象形的方式象征祭祀土地的含义，祭土即是祭祀大地的神祇"社"。（陈梦家：《殷墟卜辞综述》）日本学者前川捷三比较前辈学者研究，认为"土，是殷王朝为了招徕诸神而设立的祭坛。它在后世发展成为社，是比社更原始的形态"[1]。

如果我们具体考察殷商卜辞会发现，殷商时代祭祀大地已经并非笼统地祭祀，而是体现出清晰的层次和秩序。首先，祭土即祭社，是在王朝所在地即空间方位之中间位置祭祀土地。如"己未卜，土宁雨"（《殷墟书契后编》上一九·七）、"贞，燎于土，（三）小宰，卯二牛，（沉）十牛"（《殷墟书契前编》一·二四·三）、"戊辰卜，争（贞），土燎宰，方禘"（《殷墟文字丙编》二〇一）。殷商之际，王朝所在之所即大地的中央既是核心权力所在，也有大地之中央所专有的神祇——社神，此即王国维所判断"土"的甲骨文含义。祭土即祭社，只不过这里的"土"为专门的"中土"，"社"为专门的"中土"之神祇，是"殷商时代象征大地的大邑商的社神"[2]。另外，与天下之中相对照并由天下之中而生出的四方观念，也鲜明地体现在大地祭祀之中，这就是与四方风相类似的四方土，如"甲辰卜，永贞，西土其由降暵"（《甲骨续存》下一五五），"丁未卜，㱿贞，西土受年"（《殷墟文字丙编》三三二），"己巳王卜，贞，（今）岁，商受（年），王占曰，吉"、"东土受年"、"南土受年"、"西土受年，吉"、"北土受年，吉"（《殷契萃编》九〇七）。可见，作为祭祀对象，殷商甲骨的"土"字有两层含义，一是土即社，即中间土（祭土所在），二是四方土。"土"（大地）之所以成为被祭祀的对象，在于世界千姿百态的生命现象无不生发孕育于其中并生活游走于其上，贯穿包括谷物在内一切动植生命体的神秘力量似乎都发源于广袤无垠的大地。"这种土的神灵的性质，和风无形、无声、无臭，在天地间变化流行，对谷物的生育起作用的特性几乎是相同的。

---

① 转引自〔日〕小野泽精一等编《气的思想：中国自然观与人的观念的发展》，第25页。
② 连劭名：《甲骨文"玉"及相关问题》，《出土文献研究》，文物出版社，1985，第242页。

可以认为，土的精灵，也是气概念的原型之一。"① 而四方土的观念，与四方风的观念一样，都蕴含着气化流行、周游四方的思想。

甲骨卜辞所涉及的四方风、四方土，以及其所代表的天之气、地之气，已经体现了殷商之际人们心目中"神秘力量的秩序化"②。那么，作为"天气"的四方风和作为"地气"的四方土，与后世卦气说究竟有何内在关系？由于历史久远和文献缺失，今天已经不可能进行历史主义的史实考证；但如果超越"卦气"二字的名相而遵从其实质精神，我们会领略其中的脉络。许慎在解释"气"时说"气，云气也，象形。"③ 而"云"为"山川气也"，如《礼记》所谓"天降时雨，山川出云"④。这里由"气"追溯天地山川，以人身所处的山川间云雾物象来说明流行不息的天地之气，无形之"气"源于有形之物，而气之流行，则源于天地的运行。大量殷商甲骨卜辞所载的四方风、四方土，都为某时某地的相对具体之"气"，以相对具体的形式展现天地的变化运行，及其对人事生活带来的吉凶影响。尽管没有明确的四卦之名，但其主体内容与实质精神，与后世卦气尤其四正卦说如出一辙。

四 《周易》古经中的卦气说痕迹

卦气说思想的最初萌芽有非常久远的历史，从历史考证的角度追溯卦气说的最早起源注定是一件不可能的事情，在《周易》古经中就保存有卦气说的诸多痕迹。《坤卦》卦辞云："元亨，利牝马之贞。君子有攸往，先迷后得主，利；西南得朋，东北丧朋，安贞吉。"⑤ 其中"西南得朋，东北丧朋"提到西南、东北两个方位，蕴含四正、四隅八个方位，并以"得""失"其"朋"象征阴阳气化，汉儒解易即是依据卦气说进行。今人梁韦弦教授认为"卦气说中卦气运行的位序与这两句卦辞是不能相容的"，所以汉儒以卦气说释读为谬。⑥ 在笔者看来，以四正卦、十二月卦、六日七分说为

① 〔日〕小野泽精一等编《气的思想：中国自然观与人的观念的发展》，第26页。
② 葛兆光：《中国思想史》，复旦大学出版社，2013，第20页。
③ （东汉）许慎撰，（清）段玉裁注《说文解字注》，第20页。
④ 《礼记正义》，《十三经注疏》（下），第1617页。
⑤ （清）李道平：《周易集解纂疏》，第69~70页。
⑥ 梁韦弦：《"卦气"解易匡谬》，《古籍整理研究学刊》2006年第6期。

主要内容的卦气说，气之流行、卦之更替具有一定的秩序，四方与四时是相匹配的，这一切，都是揭示人生存于其中的"时"之世界，展现人生所处、天地之间的大境遇。卦气说所揭示的人之所处的卦气之秩序是天地之"经常"，不可以发生变乱，否则就是天道之非常，天道人事的灾异。而《坤卦》"西南得朋，东北丧朋"又如何理解？八卦卦气说，西南为坤养，六月之卦，气之同者盛，故曰"得朋"；东北为艮止，十二月之卦，气之交，阴气盛极而衰，阳气衰极而生，气之阴阳更迭，即气之异者盛，故曰"丧朋"。据此梁教授以顺序不一致批驳汉儒并不合适，亦不可以此偏见否定《坤卦》"西南得朋，东北丧朋"蕴含的卦气说内容。与之相应，《坤卦》初六曰："履霜，坚冰至。"《周易集解》引干宝解说云："阴气在初，五月之时，自姤来也，阴气始动乎三泉之下，言阴气动矣，则必至于履霜，履霜则必至于坚冰，言有渐也。"[①] 干宝以卦气说诠读《坤卦》初爻，可谓其来有自。此外干宝又引《九家易》释初六《象传》语曰："初六始姤，姤为五月盛夏而言坚冰，五月阴气生地中，言始于微霜，终至坚冰，以明渐顺至也。"

《临卦》卦辞曰："元亨，利贞；至于八月有凶。"[②] 汉儒多以卦气说诠之，如荀爽以兑卦为八月，虞翻以六月遁卦为"八月"，郑玄则认为"临卦斗建丑而用事，殷之正月也"。诸家对"八月"解释不一，但不能据此认为"按卦气解说临之卦辞于本经中是没有真正根据的"[③]。

《复卦》卦辞曰："复：亨。出入无疾，朋来无咎。反复其道，七日来复，利有攸往。"[④] 关于"反复其道，七日来复"，汉儒均以为是描述天道的卦气说内容，只是具体诠说有差别："案易轨一岁十二月三百六十五日四分之一，以坎、震、离、兑四方正卦，卦别六爻，爻主一气，其余六十卦三百六十爻，爻主一日，当周天之数，余五日四分日之一，以通闰余者也。剥卦阳气尽于九月之终，至十月末，纯坤用事坤卦将尽，则复阳来，隔坤之一卦，六爻为六日，复来成震，一阳爻生为七日，故言'反复其道，七日来复'，是其义也。"[⑤] 又引侯果云："五月天行至午，阳复而阴升也。十

① （清）李道平：《周易集解纂疏》，第76页。
② （清）李道平：《周易集解纂疏》，第222~223页。
③ 梁韦弦：《"卦气"解易匡谬》，《古籍整理研究学刊》2006年第6期。
④ （清）李道平：《周易集解纂疏》，第260~261页。
⑤ （清）李道平：《周易集解纂疏》，第261页。

一月天行至子，阴复而阳升也。天地运往，阴阳升复，凡历七月，故曰'七日来复'。此天之运行也。《豳诗》曰：一之日觱发，二之日栗烈。一之日，周之正月也，二之日，周之二月也，则古人呼月为日明矣。"① 梁韦弦教授根据诸家解释有别，认为"汉人卦气关于'七日来复'的解说，乃后人有意附会之制作"②。对此种现象，笔者认为汉儒在诠释经典中具有同时作为经典诠释者和文化建构者的双重身份，汉儒诠释经典与建构（学说）文化是一体的，卦气说的文化建构与古经诠释是一体的，其间关系需要仔细辨正。《复卦》"七日来复"与《临卦》"八月有凶"等多元的诠释相类似。卦气说有个共同的精神主题，即以易卦符号符示涵摄包括天道地道人道的宇宙气化，彰显《易》"时"的精神。在具体的后世诠经中，以卦气说为核心的多元诠释普遍存在，一是汉儒与前贤不尽相同，二是汉儒之间亦有区别，这体现其诠释的主体性，以及他们本人作为感通天地易道、重新诠读经典的主体性和创造性。如果以后世诠释的多元性否认卦气说的存在，在逻辑上是说不通的。

近人尚秉和先生曾考证《逸周书》之《时训》篇与易卦关系，他指出："时训为《逸周书》之专篇，书云周公所作。其气候皆以卦象为准。故卦气图与时训不能相离，其所准易象，与易经所关最巨。如于屯曰雁北乡，以屯上互艮为雁，于巽曰鸿雁来，亦以巽为鸿雁，而渐之鸿象得解。"③ 世传卦气图与《时训》所记载的节候内容、物象一致，所在时间也相同，所以"卦气图与时训不能相离"；在时间和内容上卦气说与《周易》古经是一致的，这在外部佐证上述《坤》《复》《临》《蛊》④ 等卦蕴含的卦气说内容是有根据的。

结　论

综上考察，我们可以得出两个基本结论。第一，卦气说研究首先要立足于对"卦气"的恰当理解，这不仅涉及研究对象与研究范围之确定，更

---

① （清）李道平：《周易集解纂疏》，第263页。
② 梁韦弦：《"卦气"解易匡谬》，《古籍整理研究学刊》2006年第6期。
③ 尚秉和：《周易尚氏学·说例》，中华书局，1980，第3页。
④ 《蛊卦》："蛊：元亨，利涉大川。先甲三日，后甲三日。"参阅（清）李道平撰《周易集解纂疏》，第216～217页。

关乎对卦气性质、文化内涵的深度理解。基于对卦气说的广义理解，"卦气"之"气"首先是阴阳五行的气机变化，其次才是时令年月节气物候之表征。因此，卦气说研究就以汉易诸家卦气说为根据，研究范围和研究深度都将得以拓展。第二，孟喜之前卦气说思想资源丰富，卦气说思想发源较早。通过对"气"的词源学追溯及其与乾卦三爻卦体的关系考察可以看到，二者在造字、画卦之初就有相通的取象机制和义理根源；甲骨卜辞保存"天气"四方风与"地气"四方土的材料，可见孟喜四正卦的雏形；《坤》《复》《临》《蛊》等卦经文保留了早期卦气说的线索，在广义卦气说的视域中意义更加凸显。正是在上述学理和历史基础上，孟喜将卦气说揭示于世，随后焦赣创设《焦氏易林》，京房新构八宫六十四卦，卦气学说在汉代象数易学中蔚为大观。

On the Meaning and Origin of the Gua-qi Theory

Liu Chunlei

(Editorial Department of Journal of Yantai University,

Yantai 264005, China)

Abstract: Before the research of Meng Xi, the Guaqi theory of Yi-ology in Han Dynasty is obscure. Based on a broad understanding of the Guaqi theory, the "qi" includes not only the changes of the yin and yang and the five elements, but also the change of phenological characteristics of the time and seasons. Through the etymological tracing of "qi" and the investigation of its relationship with the three-gram hexagrams, it can be seen that both of them have the same image-taking mechanism and roots of meaning at the beginning of the creation of characters and drawing of hexagrams. In addition, the oracle bone inscriptions preserved the materials of the wind in all directions ("qi of heaven") and the earth in all directions ("qi of land"), showing the embryonic form of the Meng Xi's Four Standard Hexagrams. *Kun*, *Fu*, *Lin*, *Gu* and other hexagrams retain the clues of early hexagrams. They are more meaningful in the vision of the generalized Gua-qi theory.

Keywords: Yi-ology in Han Dynasty; The Gua-qi Theory; *The Book of Changes in Zhou Dynasty*; Meng Xi; Four Standard Hexagrams

论《周易》"太极"的空间属性

——以《庄子》与《太极图说》为理论参照

孙铁骑*

摘　要　《庄子》的"太极"是空间性概念,《太极图说》的"太极"是本体论概念。从思想史维度分析,《周易》的"太极"应当是与《庄子》相同的空间性概念,而不是与《太极图说》相同的本体论概念。更为重要的是,以空间性的"太极"内涵可以一以贯之地解读"易有太极,是生两仪,两仪生四象,四象生八卦"的空间演化逻辑,进而可以与六十四卦的卦爻系统在空间维度上一以贯之,从而可以证明《周易》"太极"本来就具有空间属性,而非本体论概念。

关键词　《周易》　太极　空间　本体

在中国思想史上,"太极"通常都被理解为本体论概念。王弼注解"易有太极"曰:"夫有必始于无,故太极生两仪也。太极者,无称之称,不可得而名,取有之所极,况之太极者也。"①"太极"被王弼解读为作为本体作用的"无",与其对老子"道生一"的注解一以贯之:"何由致一?由无乃一。"②而对"太极"的本体论内涵作出系统论述的代表人物是北宋周敦颐,其《太极图说》以"太极"为核心构建起一套完整的宇宙创生理论,被后儒广泛接受和传播,影响深远,直至当代。而在周敦颐的理论自觉中,其自认为《太极图说》是对《周易》义理之发挥,故而在文末叹曰:"大哉易

---

* 孙铁骑,辽宁铁岭人,吉林师范大学马克思主义学院副教授,主要从事儒家哲学研究。
① （魏）王弼:《周易注》,楼宇烈校释,中华书局,2011,第357页。
② （魏）王弼注,楼宇烈校释《老子道德经注校释》,中华书局,2008,第117页。

也，斯其至矣！"① 而在思想史的理论定位之中，已经公认《太极图说》并不是在《周易》系统之内的思想解读，而是借用《周易》的个别概念与理念，它综合了五行学说与道家思想于一体的思想阐述，属于周敦颐的理论创新。而在对"太极"概念的思想史溯源中，还有一个久被忽视的思想参照系，那就是庄子所言之"太极"："在太极之先而不为高，在六极之下而不为深。"（《庄子·大宗师》）这显然是一个空间性的"太极"概念，那么此空间性的"太极"概念可不可以用来解读《周易》的"太极"呢？站在当代《周易》研究的理论地平之上，已经有理由对《周易》"太极"的本体论内涵予以质疑，而以《庄子》的空间性"太极"内涵取而代之，不但可以一以贯之地解读"易有太极，是生两仪，两仪生四象，四象生八卦"的空间演化逻辑，而且可以与六十四卦的卦爻系统在空间维度上一以贯之，从而可以证明《周易》"太极"本来就具有空间属性，而非本体论概念，本文试析之。

一　对《周易》"太极"属性的思想史分析

从中国思想的发展源流看，先秦时期的诸子百家都以"道"作为共同尊奉的本体论概念，而"太极"在百家之学的公共话语中并不具有与"道"同等的本体论地位，所以庄子会在本体论的意义上说"道术将为天下裂"（《庄子·天下》），却在空间性的意义上说"在太极之先而不为高，在六极之下而不为深"（《庄子·大宗师》）。既然以"太极"言高，以"六级"言深，可见《庄子》之"太极"与"六级"皆为空间性概念，且"太极"只是与"六极"相对而立的平行概念，不具有为其他概念奠基的本体论意义，也没有创生宇宙万物的本体论意蕴。除《庄子》言"太极""六极"之外，老子话语中还有"无极"概念，原文为"知其白，守其黑，为天下式。为天下式，常德不忒，复归于无极"（《道德经·二十八章》）。王弼注"无极"为"不可穷也"，"式，模则也"。② "无极"是与"模则"相对之"不可穷也"，可知"无极"也是一个无边界的空间性概念。可见老子之"无极"与庄子之"太极""六极"同类，都是表达空间性内涵的概念，可推知

---

① （北宋）周敦颐：《周敦颐集》，中华书局，2009，第 8 页。
② （魏）王弼注，楼宇烈校释《老子道德经注校释》，第 74 页。

"极"字本身并无本体之义，而前加"太""六""无"等限制词只是对不同空间性质之意指。

周敦颐《太极图说》所言之"无极而太极"却与老子之"无极"和庄子之"太极"完全不同，其已经不是对空间之言说，而是对本体之揭示了。《太极图说》首段言："无极而太极。太极动而生阳，动极而静，静而生阴。静极复动。一动一静，互为其根；分阴分阳，两仪立焉。阳变阴合，而生水、火、木、金、土。五气顺布，四时行焉。五行，一阴阳也；阴阳，一太极也；太极，本无极也。"① 这已经是将"无极而太极"设定为创生宇宙万事万物的本体，将老子、庄子的空间性概念转换成《太极图说》的本体论概念了。这种转换的合法性对于宋儒自己的思想系统而言没有问题，因为宋明理学已经是有别于先秦思想的儒学发展第二期，诸多理念与概念内涵已经独立于先秦思想之外而自成体系。但将之用来解读作为先秦思想的《周易》哲学，就可能完全背离了《周易》"太极"的本真义涵，因为此"太极"已非彼"太极"，不能简单等同。

首先，以《周易》"太极"为本体论概念不符合思想史的发展逻辑。《周易》与《庄子》同属于先秦著作，对于同一概念应当具有相同或相近的内涵定义，虽文本不同，但对同一概念的内涵理解不应有根本性差异。具体分析，《周易》包括经、传两部分，《易经》为上古文献，而《易传》公认为孔子所作，"易有太极"即出自《易传》。而孔子与老子同时，则孔子对老子之"无极"概念不能不知，《易传》虽言"太极"而非"无极"，但此"太极"之"极"与"无极"之"极"当为同义，即为空间节点之义，而非本体论概念之义。而庄子与孟子同时，其学在孔子之后，且《庄子·天下》篇对百家之学都作出了批评，却唯独表彰了"六经"，强调"《诗》以道志，《书》以道事，《礼》以道行，《乐》以道和，《易》以道阴阳，《春秋》以道名分。其数散于天下而设于中国者，百家之学时或称而道之"。由此可知，庄子本人对包括《周易》在内的"六经"必然非常熟悉，则其对《易传》的"太极"概念不能不知。如果"太极"在《周易》中为本体论概念，何以庄子会在自己的作品中不作任何解释，就直接将"太极"作为空间性概念来运用呢？故合乎逻辑的解释就是，庄子认为"易有太极"本来就是对空间的言说，而不是对本体的言说，从而庄子只是按着"易有

---

① （北宋）周敦颐：《周敦颐集》，第3~5页。

太极"的空间性内涵本义"照着讲",而言"在太极之先而不为高"。而周敦颐则是在"接着讲"①的意义上对《周易》的"太极"概念进行了本体论的意义转换,以建立起自己的思想体系。但如此解读的"太极"就不再是《周易》哲学的概念范畴,只属于周敦颐自己的思想系统了。

当然,也有人认为《易传》非孔子所作,而是比《庄子》更晚出的作品,②这样似乎可以避免上文的质疑,因为可以在时间序列上解释为《庄子》的空间性"太极"概念在先,然后才有《易传》对"太极"概念的本体论内涵转换。但这样解释还是会违背思想史发展的自在逻辑,虽然思想史中的许多概念内涵都在不断演化之中,但概念内涵的根本性转换却不会突然发生,更不会在短时期内迅速完成。思想的演化、概念内涵的转换,都要受到思想史自在发展逻辑的制约,无法人为设计,更不会突变或跳跃。作为先秦思想的《庄子》与作为宋明理学的《太极图说》之间可以由于长期的思想流变而发生"太极"概念内涵的根本性转换,尤其是宋明理学已经是继孔子儒学的第一期发展而来的儒学第二期(被称为"新儒学"),但在同是作为先秦思想的《庄子》与《易传》之间,无论谁先谁后,都不会发生对同一"太极"内涵理解的根本性突变或跳跃。

其次,将"太极"概念放在整个《周易》哲学体系中就会发现其根本不具有本体论地位。"太极"概念在整个《周易》经传系统中仅有"易有太极"一处,除此之外,通篇不再有"太极"二字,亦再无相关论述。孤证本来就不足为凭,而"太极生两仪,两仪生四象,四象生八卦"的所谓创生关系也只能局限在解释学的理论逻辑之中,并没有人的现实生命与世界图景中的存在论根据可为之证明。更为重要的是,作为本体的概念应当是整个哲学系统的根本依据,是为一切其他概念与思想理论奠基的最根本的概念,而不能只局限于某一特殊论述话语之中。而在《周易·系辞上》的这段论述之外,还有更本原的概念可以为"太极"奠基,从而直接否定"太极"概念的本体地位。

---

① "照着讲"与"接着讲"是冯友兰先生提出的研究中国哲学的两种方法,"照着讲"就是"历史的叙述","接着讲"则是"哲理的阐发"。参见朱伯崑《"照着讲"和"接着讲":芝生先生治学方法浅谈之一》,《冯友兰先生纪念文集》,北京大学出版社,1993。

② 钱穆先生的研究就认为《易传》与《老子》的文本都出在《庄子》之后。参见钱穆《中国思想史》,九州出版社,2002。

"易有太极"是说"易"道之中有"太极"，并不意味着"太极"就是本体。而《周易·系辞上》还有一句"生生之谓易"，即"生生"之中给出"易"，而易道之中有"太极"，则"太极"自然也是由"生生"给出，那显然"太极"就不是本体，"生生"比"太极"更为本原，"生生"是"易"的本体，也是"太极"的本体，而"两仪""四象""八卦"既然是从"太极"而来，则自然也是以"生生"为本体，而"太极"当另有其义。故在《周易》经传系统的文本表达之中，生生之义随处可见，"太极"却仅此一见。生生义理贯注于整个《周易》哲学体系之中，易学史中千家解《易》，纵使没有明确的生生本体意识，也都会在不同层面上表达出生生义理之自在。而且《周易》作为"群经之首"，其"生生"本体自然可以为其他儒家经典奠基，故罗汝芳曾言："孔门《学》《庸》，全从《周易》'生生'一语化出。"①可见"生生"在儒家经典中的本体论地位。唐君毅将儒家的形而上学定义为"生生的天道论"，并言"儒家之天道论，则初为直对当前之天地万物，而言其生生与变易"。②当代著名民间学者鞠曦先生的易学研究更是完全自觉而明确地以"生生"本体论为基础展开系统的思想建构。

至此可以得出结论，"太极"在《周易》哲学中没有本体论内涵，周敦颐的《太极图说》则是在《周易》哲学体系之外建立的独立思想体系，其"太极"概念与《周易》中的"太极"概念不同，已经转换成了本体论概念。但据此还不能断言《周易》的"太极"概念就一定与《庄子》的"太极"概念一样具有空间性内涵，必须将此空间性的"太极"概念纳入《周易》原文，将"易有太极，是生两仪，两仪生四象，四象生八卦，八卦定吉凶，吉凶生大业"进行一以贯之的空间性解读，并进而与整个《周易》的六十四卦系统相贯通，才可以充分证明"太极"的空间性内涵属于《周易》的义理自在，而非主观的臆断与强加。而这就意味着要打破传统易学对"太极""两仪""四象""八卦"等概念内涵与理论进路的通常理解，完全重新对之进行空间化的内涵定义与理路分析。如此的解读或许过于"叛逆"，但真理的魅力正在于此。

---

① 侯外庐、邱汉生、张岂之主编《宋明理学史》（下），人民出版社，1987，第61页。
② 唐君毅：《哲学概论》（下），中国社会科学出版社，2005，第482页。

二　《周易》"太极"的空间属性解读

将"太极"概念确定为空间属性，那就意味着其为认识论概念，而非本体论概念。与"太极"相应的"两仪""四象""八卦"都应当是对空间划分的不同方式，而不是由本体创生的实体存在。"易有太极，是生两仪，两仪生四象，四象生八卦，八卦定吉凶，吉凶生大业"（《周易·系辞上》）就是易道认识论的生成过程，而不是前者创生后者的过程。我们可以将"太极—两仪—四象—八卦"作为易道展开认知世界过程的四个阶段，分别进行分析，以更有利于理解。而"易"有"变易"之义，"变易"表达的是事物存在与变化的时间性维度，也就是说，"易"字直接呈现为时间性内涵，而"太极"呈现为空间性内涵，那"易有太极"就是要揭示出"易"不只具有时间性内涵，同时还具有空间性内涵，而此空间性内涵的认知始点就是"太极"，这是尚未进入空间划分阶段的大全存在。而此空间未分之"太极"状态亦是"易"的时间性尚未展开之时，只有当"太极"在空间上分判为"两仪"之时，才是"易"展开其时间性划分与流行之时。故"易有太极"就是在认识论上还没有展开时间与空间分判之时的认知原点，即时间与空间融合为一的状态。从"是生两仪"开始，方有认识中的时空分判，即"易"以时间性展开运动流行之过程，而"易"所内含之"太极"则展开空间性分判。

人类进行空间划分的基本几何原理是由原点到直线，由直线到平面，再由平面到立体的形成过程。"太极—两仪—四象—八卦"的空间认知过程可以大致类比于"点—线—面—体"的形成过程，但二者性质并不相同，"点—线—面—体"只是抽象的空间认知形式，而"太极—两仪—四象—八卦"则是"易"道独有的取象思维过程，也就是人在现实生存之中对万事万物的存在形态展开具体观察的过程。在《庄子》的话语中，"太极"似乎是一个标示空间高度的概念，"在太极之先而不为高"，但此高度显然没有一个固定的极点，故言"太极"。"太极"实为一个没有边界的空间概念，在空间中，"极"是一个始点或终点，而"太极"则是超出此始点或终点限制的无限存在。故在存在论上，"太极"就是万物未分的抽象大全，是思维中的纯粹"存在"自身；在认识论上，"太极"就是还没有进行任何空间分判的纯粹的"空"，就是尚未被具体认知的"浑沌"。

　　"易有太极，是生两仪"。既然"太极"是空间性的认识论概念，那"两仪"也就是在"太极"基础之上，由于认识进一步深入而生成的认识论概念。"两"对应于"太"，由"太"而生"两"，就是将无分判的空间整体分而为二。"仪"对应于"极"，"极"为认识的始点，"仪"为认识的准则，由"太极"而生"两仪"，就是由尚无空间分判之"太极"开启认知过程，进而生出最基本的空间分判之两条准则，即"两仪"。那么，"两仪"具体何指呢？这就需要将此认识论的"两仪"纳入存在论的认知实践来考查。"太极"为空间未分之"浑沌"与"大全"，欲于此"浑沌"与"大全"中划分出空间性存在，首先就要划一空间始点，其次要划一空间终点，始点与终点之间形成一个空间距离。而"极"字本身就有"极点"之义，而空间中任何一个"极点"都是由之而起的线性分割中的始点，也是至此而终的线性分割的终点。也就是说，"极"字本身就内涵"始点"与"终点"二义，而"太极"则强调了超越始点与终点限制的大全之义与认识论发生之时的起始之义。故知"太极"之中已经内含了始与终这"两仪"，即空间"大全"的整体存在之中已经内含了具体事物空间的起点与终点。"是生两仪"就是将具体空间的终始局限在认识论中明示出来，在存在论中就是具体划分出空间事物的起点与终点。而由始至终，不只是一个空间展开之过程，亦是一个时间流变之过程，故此"两仪"实乃是时间维度中展开之空间存在，故言"易有太极，是生两仪"，以明"太极生两仪"是在"易"之时间性中展开之空间性表达。故《周易·系辞下》言："易之为书也，原始要终以为质也。""原始要终"既是时间性考查，也是空间性考查，从而才能产生对变化中的"质"的实体性认知。

　　"两仪生四象"，此"四象"在空间认知中何指呢？还是要将此认识论过程纳入存在论的认知实践来考查，在以"两仪"（始与终）作为空间划分之基本方式的基础上，人的认知方向会在哪些向度上继续展开呢？在现实中，当人正身而立，其目光所及之处，可以从空间意义上看到在上之青天、在下之大地、在己之一身、在前（远方）之万物。《周易·系辞下》言："古者包羲氏之王天下也，仰则观象于天，俯则观法于地，观鸟兽之文，与地之宜，近取诸身，远取诸物，于是始作八卦，以通神明之德，以类万物之情。"故以"两仪"（始与终）分判为基础，可得空间划分之"四象"，即：仰观于天而得天之象，俯察于地而得地之象，近取诸身而得身之象，远取诸物而得物之象，故可推知"四象"应为"天""地""身""物"，这是面向身前一个方位的立体式观察。

"四象生八卦",此"八卦"在空间认知中何指呢?前文已述,由"两仪"所生之"四象"只是人正身而立,目光所及之处可得之"天""地""身""物"四种认知图像。而人之所立不只有一个方向,周身三百六十度,每一度皆为一个观察方向,皆可生成空间"四象",只是现实生存认知不必如此周密,亦无法如此周密。故我们常以"四面八方"以代周遭,以"八方"转换即可完成对周身三百六十度空间之全面观察。故"四象生八卦"就是立定己身,以向前一个方向的"四象"观察为基础,向周身"八方"进行视野转换,最后通过"八卦"立象,形成对周身三百六十度的全方位、立体式观察模式。故"八卦"在空间中就是内含着"四象"与"两仪"的"八方",从而以"八卦"配"八方",每一卦对应着"一方"。故《说卦传》言:

> 万物出乎震,震东方也。齐乎巽,巽东南也。齐也者,言万物之絜齐也。离也者,明也,万物皆相见,南方之卦也。圣人南面而听天下,向明而治,盖取诸此也。坤也者,地也,万物皆致养焉,故曰致役乎坤。兑,正秋也,万物之所说也,故曰说言乎兑。战乎乾,乾,西北之卦也,言阴阳相薄也。坎者,水也,正北方之卦也,劳卦也,万物之所归也,故曰劳乎坎。艮,东北之卦也,万物之所成终而所成始也,故曰成言乎艮。

这段论述清楚表明"八卦"取象于"八方"的对应关系:"震——东方""巽——东南方""离——南方""坤——西南方""兑——西方""乾——西北方""坎——北方""艮——东北方"。原文中虽然没有明示"坤""兑"二卦之方向,但由其余六卦所明确对应之方向可知,"坤"卦对应于西南方,"兑"卦对应于西方。此"八卦"配"八方"的立体空间境遇形成围绕于主体周身的具体生存境遇,此具体的生存境遇就是在"太极"这一无限的空间背景之下展开的。

"八卦定吉凶,吉凶生大业。"何为吉凶?又何为大业?此吉凶已非空间性认知,而是价值论判断,即判定此"八卦"配"八方"的空间境遇是否有利于人的现实生命存在,有利则为吉,有害则为凶。何为"大业"?孟子言:"可欲之谓善,有诸己之谓信,充实之谓美,充实而有光辉之谓大,大而化之之谓圣，圣而不可知之之谓神。"（《孟子·尽心下》）可知生命之"充实而有光辉"才可称"大"，故"大业"不是"事业"，而是生命本身，"事业"与"大业"相比只是生命之附属。《周易·系辞上》又言"富有之谓大业"，"之谓"不是"谓之"，不是命名之义，而是"内含"或"给出"之义。"富有之谓大业"，即意为"富有"之中包含"大业"，即包含生命自身，但其没有明示出来的语义就是"富有"还包含着附属于生命的"事业"。而"吉凶生大业"则表明，"吉凶"所生者为"大业"，而非"事业"，即吉凶是对生命而言，而非对生命外在之事功而言。故在对易理进行解读时，只能对生命之损益而言吉凶，如果对事业之成败而言吉凶，则失"易"远矣！

这样，由"太极—两仪—四象—八卦"的空间性表达，就明确揭示出"易"这一时间性变化之中内含着对人周身空间境遇的全方位观察，形成《周易》哲学特有的融时间性与空间性于一体的对周身世界的全方位立体观察，从而能更好地评判当下境遇对生命之吉凶，预测未来发展的可能，以作出最好的人生选择。此为《周易》哲学给予现实人生的最完备的认识论方法与最实用的存在论指导，为中国传统哲学之大智慧，完全超越于仅仅局限于理性逻辑思维之中的西方哲学。

三　从"太极"的空间属性看卦爻的时空系统

前文已述，由"太极"的空间属性可推知"两仪""四象""八卦"的空间性内涵。"八卦"是包括观察者于其中的，环绕观察者周身三百六十度生存境遇的整体存在图像，无论面对哪个方向，都可以用一卦来描画此方向之立体世界图像（内含四象）。而每一卦都连接着其他七卦，闭合成"八方"一体之现实生存境遇，其中心即为进行此空间立体分判的主体之人，主体面向每一个方向的选择与运动都牵连着其他方向，"八方"空间要素的综合才造成最后选择之结果。故面向任何一方而动，实则是"八方"皆动，以卦言之，就是一卦变则八卦皆变，终成六十四卦之变化，故言"吉凶悔吝者，生乎动者也"（《周易·系辞上》）。就是将主体之人置于具体的空间境遇之中，不仅要有面向前方的具体思考，还要有旋转周身的整体性思考，通过八卦取象的整体性思维，才能作出最准确的吉凶判断，作出最好的行为选择，以达趋吉避凶之目的。

　　既然"八卦"是八个空间方位的立体呈现，那么由八卦互错而得之六十四卦也必然是由八个空间方位的交错转换而得之六十四种空间境遇，此空间境遇之转换是如何展开的呢？又得将之纳入生命现实的存在论认知实践进行解读。由"八卦"定"八方"可知，主体之人必须在八方之中作出境遇选择；虽八方一体，但主体之人在当下时间点上只能面向一个空间方位作出选择，这样在一个时间点上主体就有八种空间境遇可供选择，每一种空间境遇之选择都会产生"吉凶悔吝"的不同结果，故不得不慎。而无论如何选择，只要主体现实进入某一方向的空间境遇之中，且当此境遇作为一个局部的空间整体尚未被更细致地进行空间划分之时，此局部境遇也就相当于一个局部的空间统一之"太极"，主体于此境遇中正身而立，又要以目光巡视，进行空间始点与终点之划界而"生两仪"，仰观、俯察、近取、远取而生"四象"，旋转"八方"而生"八卦"。如此在"八卦定吉凶"的每一个方向上都能生成一个局部的"八卦"空间境遇，八个方向就生成八个局部的"八卦配八方"的空间境遇，最终形成了六十四卦，即六十四种更加具体的空间境遇。

　　六十四卦的空间性构成了现实人生的具体生存境遇，而人在此具体空间境遇中的生存活动必然要经历一个时间性历程，所以一卦六爻就是对此时间性历程的演示，故言"爻也者，效天下之动者也"（《周易·系辞下》）。但此时间性历程又局限于一卦的具体空间境遇，所以一卦六爻的变化就演示了现实生命于某种具体空间境遇之中所经历的时间性历程，构成了一个具体时空境遇之中的时间与空间的融合与统一，生成现实生命的具体存在样态。所以一卦六爻从下向上排列，第一爻称为初爻，"初"为时间性概念，以示为时间性展开之始，第六爻称为上爻，"上"为空间性概念，以示为空间性存在之局限。在一卦六爻的时空境遇中，卦之空间局限无疑是对主体之人的生命制约，而"爻也者，效天下之动者也"，主体之人通过爻的时间性变动来应对卦之空间性局限，也就是通过爻之变动，演示主体生命可能遭遇的具体而现实的空间性局限，从而自觉而能动地选择最佳的应对策略，以谋求在具体的时空境遇中获得最有利的存在位置。具体到一卦六爻的时空交错，《周易》有一段经典论述：

　　　　易之为书也，原始要终以为质也。六爻相杂，唯其时物也。其初难知，其上易知，本末也。初辞拟之，卒成之终。若夫杂物撰德，辨是与非，则非其中爻不备。噫！亦要存亡吉凶，则居可知矣！知者观其彖辞，则思过半矣！二与四同功而异位，其善不同；二多誉，四多惧，近也。柔之为道，不利远者，其要无咎，其用柔中也。三与五同功而异位，三多凶，五多功，贵贱之等也。其柔危，其刚胜邪？（《周易·系辞下》）

"易之为书也，原始要终以为质也。"前文已经论述，"易"为时间性变化，而此时间性变化必然在"太极"的空间性中展开，"始"与"终"为由"太极"的空间性分判而出的"两仪"，形成有"形质"的万物存在，故为"原始要终以为质也"。

"六爻相杂，唯其时物也。""时"表达爻之时间性；"物"是此时间节点所面对的空间境遇。故"六爻相杂"，就是时空交错的现实生存境遇。卦为空间性立体结构，爻为时间性位置变动，一卦六爻，相错相杂，就是主体之人在由卦所代表之空间境遇中，通过时间性的运动和变化来寻找时空交错之中最有利的生存位置，以实现"趋吉避凶"，安顿现实生命之目的。

"其初难知，其上易知，本末也。初辞拟之，卒成之终。"在一卦锁定的具体空间境遇中，初爻之动开启了主体于此空间境遇中新一轮的空间性划分，"两仪"（始、终）分判，"四象"（天、地、身、物）成形，"八卦"（八方）定位。也就是说，"初爻"是人在一卦所设定的具体空间境遇中发起行动的时间性起点，而行动所面对的却是新的空间性选择。时间虽一维，空间却有八方，初爻一动，就意味着已经确定了行动的方向，而任何一个方向都含有"吉、凶、悔、吝"的不同可能，老子所谓"祸兮福之所倚，福兮祸之所伏"（《道德经·五十八章》），其结果难以预料，故为"其初难知"。而"上"为空间性概念，上爻即为一卦空间性局限之终极，而人身处于一卦所限定的具体空间性境遇之中，对于终极局限是很容易认知和预见的，故为"其上易知"。

"初辞拟之，卒成之终。若夫杂物撰德，辨是与非，则非其中爻不备。"在初爻之始动与上爻的空间极限之间，就是二爻至五爻的时空交错所生成之具体的生存境遇，故为"初辞拟之，卒成之终"。而主体之人就是要于一卦六爻演示的时空交错的变化之中找到最利于现实生命的时空位置，以作出趋吉避凶的最佳选择，是为"杂物撰德，辨是与非"。正是在这一选择过程中，才突显出爻之"时位"的重要性。"时"就是爻在"效天下之动"

中显现的时间性，"位"就是爻在当下时间节点上的空间位置，"时"与"位"的统一描摹出主体之人的具体生存境遇。"时"与"位"之完美结合即为"中"，"中"就是当下之"时"正"位"于一个有利于现实生命的时空境遇之中，失此处"中"之"时位"则意味着当下之"时"正"位"于一个不利于现实生命的时空境遇之中，故言"非其中爻不备"。明白了这个道理，对于判断生存境遇之中的存亡得失就很容易了，故后文叹曰："噫！亦要存亡吉凶，则居可知矣！"《象辞》就是根据此卦爻系统的时空关系原理对每一卦的时空境遇展开的具体判断，故言"知者观其象辞，则思过半矣！"

二爻与四爻同属于"用柔之道"，故为"同功"，但二爻处于有利的时空节点上（下卦之中），而四爻处于不利的时空节点上，故言"二与四同功而异位，其善不同"。而二爻之时空节点何以为有利，四爻之时空节点又何以为不利呢？就现实人生而言，"用柔之道"往往随顺自然，不立坚强之志意，不设必为之追求，不谋深远之思虑，不求宏大之事功。故对于性柔之人而言，最有利的时空境遇就是行而不远，随遇而安；内而修身养性，独善其身；外而不求有功，但求无过。故由初爻之动而至二爻之时空节点，行而不远，于"用柔之道"而言就是最有利之时空境遇，而四爻之时空境遇则行而太远，而非"用柔之道"所能应对，故言"二多誉，四多惧，近也。柔之为道，不利远者，其要无咎，其用柔中也"。

三爻与五爻同属于"用刚之道"，故为"同功"，但五爻处于有利的时空节点上（上卦之中），而三爻处在不利的时空节点上，故言"三与五同功而异位"。而五爻之时空节点何以为有利，三爻之时空节点又何以为不利呢？就现实人生而言，"用刚之道"往往志向远大，强力而为，锐意进取，不畏艰难。故对于性刚之人而言，最有利的时空境遇就是有德能者得其位，时势配英雄，使其能发挥才能，行其志意。故五爻之尊位就是最有利于"用刚之道"的时空境遇，而三爻之时位则没有给予"用刚之道"发挥能力与志意的空间，如果秉其性情而强行，必然受制于外而有凶险，故言"三多凶，五多功，贵贱之等也"。

由此可见，刚柔之道各有其利弊得失。用柔之道更有利于安身立命，修身养性，独善其身，却不利于求事功，做大事，谋远虑。用刚之道则有利于深谋远虑，行其志意，兼善天下，却可能面临强求失己，时不我与，急功近利，功败垂成等凶险。关键看刚柔之道是否处于与其适合的时空节点上，时空节点恰当，柔道就不会有危机，时空节点不恰当，刚道也无法最终取胜，故反问曰："其柔危，其刚胜邪？"柔就一定危险，刚就一定能胜利吗？不一定，要看其是否处于恰当的时空境遇之中。

结　语

千载以来，本体论的"太极"概念已经深入中国人的思想观念，太极、阴阳、五行等概念和观念已经是中国文化的经典话语与思考模式。对《周易》"太极"内涵的空间性解读并不否定这种以"太极"为本体建立起来的宇宙论与世界观的思想史意义，也不影响中国人继续以"太极"为本体展开对世界的思考与理解。只是当面对《周易》文本之时，要想进入《周易》的义理世界，就必须回到思想史的本然逻辑，将"太极"概念纳入《周易》哲学的整体思想逻辑，使"太极"概念发挥其应有的内涵意指作用与对《周易》哲学理论体系的支撑作用。否则，对《周易》哲学的理解必然是片面的、不完备的，从而不可能真正将《周易》哲学的精深义理完全揭示出来。故从空间性维度解读《周易》的"太极"内涵不是人为的理论创新，而是对《周易》哲学的自在逻辑与思想体系的尊重与回归。

On the Spatial Attribute of Tai Chi in *Zhouyi*: Taking *Zhuangzi* and *Introduction of Tai Chi Chart* as Theoretical Reference

Sun Tieqi

(School of Marxism, Jilin Normal University, Siping 136000, China)

Abstract: "Tai Chi" in *Zhuangzi* is a spatial concept, and "Tai Chi" in *Introduction of Tai Chi Chart* is an ontological concept. From the perspective of ideological history, "Tai Chi" in *Zhouyi* should be the same spatial concept as *Zhuangzi*, not the same ontological concept as *Introduction of Tai Chi Chart*. What's more, the spatial evolution logic of "Yi has Tai Chi, is to produce Liangyi, Liangyi to produce Four-images, and Four-images to produce Eight-trigrams" can be interpreted and interpreted consistently with the spatial connotation of "Tai Chi", and then it can be consistent with the hexagram system of 64 trigrams in the spatial dimension, so it can be proved that "Tai Chi" in *Zhouyi* originally has the spatial attribute, not the ontological concept.

Keywords: *Zhouyi*; Tai Chi; Space; Noumenon

孟子对《五行》天人之际思想的
继承与超越[*]

孟子对《五行》天人之际思想的
继承与超越[*]

唐东辉[**]

摘　要　孟子对子思《五行》天人之际的思想既有继承，也有超越，具体表现在三方面。人道方面，《五行》以不形于内的"四行和"作为人道之善，孟子则将其发展为"根于心"的人性善。此外，孟子继承了四行之间主次单向相生的逻辑关系。天道方面，《五行》以形于内的五种"德之行"之和作为天道，纯为一义理之天，孟子也将仁义忠信作为义理之天，并以人伦之至的圣人取代"圣"这一"德之行"。此外，孟子扭转了《五行》重圣、智的蹈空之弊，而注重日用常行的仁、义。天人贯通方面，二者都强调要志于天道，主张忧患成德，并且要"进之""扩充"；《五行》以心为身之主，孟子进而探析了心之官能，发展出大体小体说；《五行》以形于内与发而皆中节贯通天人，孟子则在人性内在的基础上，发展出尽心知性、存心养性、修身以俟的天人贯通之道。

关键词　孟子　《五行》　天人之际　人道　天道　天人贯通

荀子在《非十二子》篇中曾激烈批判思孟五行说："案往旧造说，谓之五行，甚僻违而无类，幽隐而无说，闭约而无解。案饰其辞而祗敬之曰：

---

[*] 竹简《五行》有经无说，帛书《五行》有经有说。本文所指《五行》，指经部的竹简《五行》，不包括帛书《五行》中的说部。

[**] 唐东辉，广西全州人，哲学博士，广西民族大学政治与公共管理学院讲师，主要从事儒家哲学研究。

此真先君子之言也。子思唱之，孟轲和之。"（《荀子·非十二子》）就"五行"而言，由于典籍散亡，荀子当时不曾明言的思孟五行说，在后世却成了千古之谜，引起无数学人的种种猜测。① 直到1973年湖南长沙马王堆汉墓帛书《五行》出土，庞朴才率先撰文解开了这个千古之谜，所谓思孟五行说，"正是'仁、义、礼、智、圣'这'五行'"②。就"子思唱之"而言，1993年湖北荆门郭店楚简《五行》的出土，使人们对思孟五行说有了更深入的认识，其中之一便是确认《五行》为子思所作。③ 就"孟轲和之"而言，虽然陈来认定，在肯定子思作《五行》的基础上，"只有同时肯定《五行》的说文为孟子所作，才是对'孟轲和之'的最好证明"④。但问题在于，荀子明言，思孟五行"幽隐而无说，闭约而无解"，如果《五行》说部为孟子所作，则帛书《五行》有说有解，何以会遭荀子"无说""无解"之批判。故本文赞同庞朴的说法，帛书《五行》说部，很大可能是孟子弟子为回应荀子的批判而"奉命或主动缀上去的"⑤。因此，要探讨"孟轲和之"，在没有新的出土文物的情况下，最好以孟子留下的传世文献为依据进

① 庞朴在《马王堆帛书解开了思孟五行说古谜——帛书〈老子〉甲本卷后古佚书之一的初步研究》一文中，对从唐代杨倞开始，到现代章太炎、梁启超、范文澜和郭沫若的种种猜测，有非常具体的论述。参见庞朴《庞朴文集》第2卷《古墓新知》，山东大学出版社，2005，第176~190页。本文引用《五行》文句，皆据庞朴整理的《竹帛〈五行〉篇校注》，凡所订正之处，皆在文中注明。

② 庞朴：《庞朴文集》第2卷《古墓新知》，第188页。

③ 目前，学界已普遍认可《五行》（经部）为子思所作。这至少可从三个方面进行说明。一，从时间上看，一方面，竹简《五行》有经无说，说明其成书年代要早于帛书《五行》；另一方面，考古专家从墓葬形制和器物特征判断，该墓下葬年代当在公元前4世纪中期至前3世纪初。（参见王传富、汤学锋《荆门郭店一号楚墓》，《文物》1997年第7期）而要成为"东宫之师"（古墓出土漆耳杯刻铭"东宫之师"）的教授文本，则该文献从流传到成为权威，必已经过相当长一段时间，故其成书年代当更早。因此其成书年代可指向子思生活的时代。二，从竹简形制看，此处楚墓出土的竹简《五行》与《缁衣》形制相同，简长32.5厘米，编距约13厘米，简端呈梯形。这说明它们来源相同。而《缁衣》又系出自举世公认的子思所作的《子思子》，故《五行》为子思所作。三，最关键的是，该篇命名为《五行》，正好与荀子在《非十二子》中所批判的"子思唱之，孟轲和之"相吻合。当然，仍有少数学者认为，《五行》非子思所作，这与他们将五行的具体内容理解为金木水火土有关。如王葆玹认为："一旦辨明子思首唱五行说是根据《尚书》五行说而作发挥，则楚简《五行》未提'水火木金土'这一点便可引向一个结论：《五行》一篇并非子思首唱之际的作品，而是子思后学关于子思五行说的总结，撰作时间应与《孟子》相当。"（王葆玹：《郭店楚简的时代及其与子思学派的关系》，武汉大学中国文化研究院编《郭店楚简国际学术研讨会论文集》，湖北人民出版社，2000，第648页。）

④ 陈来：《竹帛〈五行〉与简帛研究》，生活·读书·新知三联书店，2009，第107页。

⑤ 庞朴：《庞朴文集》第2卷《古墓新知》，第159页。

行考察。本文即试图从《孟子》原文出发来探讨这一问题，考察"孟轲和之"的过程中，对子思《五行》"天人之际"思想的继承与超越，主要从人道、天道以及天人贯通之道三个方面展开论述。

一　人道

《五行》记载：

> 五行：仁形于内，谓之德之行，不形于内，谓之行。义形于内，谓之德之行；不形于内，谓之行。礼形于内，谓之德之行；不形于内，谓之行。智形于内，谓之德之行；不形于内，谓之行。圣形于内，谓之德之行；不形于内，谓之德之行。德之行五，和谓之德，四行和，谓之善。善，人道也；德，天道也。（经 1）[①]

据《五行》，人道即是善，善是"不形于内"的仁、义、礼、智的"四行和"。"内"即后文所说的"中心"，或者说内心，"不形于内"指人的行为虽符合外在的道德规范，但却不是从内心发出。不是从内心发出，则或者是"百姓日用而不知"（《周易·系辞上》），还没有进入自觉的道德践履状态；或者是"道之以政，齐之以刑，民免而无耻"（《论语·为政》），只是被迫去遵守一些不被自己认可的外在刑政规范；更有甚者，则如五霸一样，只是"行仁义"（《孟子·离娄下》），"假借仁义之名，以求济其贪欲之私耳"[②]，仁义不是他们行为的动机与目的，而是其达成私欲的工具与手段。

"四行和"，《五行》说部认为是"有犹五声之和也"（说 19）。据此，则"和"字显系协调和谐之意，"四行和"指四行能够协调和谐。当然，这是说部的思想。笔者以为，此处"和"字若取协调和谐之意，还不够得当，当取"发而皆中节"（《中庸》）之意，方为透辟。四行虽不形于内，但仅仅作为道德行为，也必须举措得宜，发而皆中节，才能称之为善。《五行》曰："不简（柬），不行；不匿，不辩（辨）于道。有大罪而大诛之，简

---

① 庞朴：《庞朴文集》第 2 卷《古墓新知》，第 118 页。
② （南宋）朱熹：《四书章句集注》，中华书局，1983，第 358 页。

（束）也；有小罪而赦之，匿也。有大罪而弗大诛也，不行也。有小罪而弗赦也，不辩（辨）于道也。"（经 20）该简则简，该匿则匿，强调的正是发而皆中节之意。此外，《五行》明言"五行皆形于厥内，而时行之"（经3），"时行"即以时而行，正是发而皆中节之意。虽然其论述的是五行，但也可作为此处"和"字释意的一个佐证。

孟子继承了《五行》仁、义、礼、智这四个德目，但有质的飞越，即将其由"不形于内"的人道善，发展为"根于心"的人性善。

首先，确认"君子所性"为仁义礼智。孟子曰："口之于味也，目之于色也，耳之于声也，鼻之于臭也，四肢之于安佚也，性也，有命焉，君子不谓性也。仁之于父子也，义之于君臣也，礼之于宾主也，智之于贤者也，圣人之于天道也，命也，有性焉，君子不谓命也。"（《孟子·尽心下》）在孟子看来，口、目、耳、鼻、四肢之所欲，虽然是人生而固有（此即告子所谓"生之谓性"，为人与动物所共有）的天性，但其能否得到满足却"求之有道，得之有命，是求无益于得也，求在外者也"（《孟子·尽心上》）。因此，君子不把这种有待于外的天性称为人性；与之相对，仁、义、礼、智、圣人，虽然其实现程度属之天命，但却是天性的必然，"求则得之，舍则失之，是求有益于得也，求在我者也"（《孟子·尽心上》）。因此，君子把这种无待外求的天性叫作人性。"君子所性，仁义礼智根于心。"（《孟子·尽心上》）仁义礼智才是君子所肯认的人性，"虽大行不加焉，虽穷居不损焉"（《孟子·尽心上》）。

其次，将"君子所性"的仁义礼智内置于人心。孟子曰："恻隐之心，人皆有之；羞恶之心，人皆有之；恭敬之心，人皆有之；是非之心，人皆有之。恻隐之心，仁也；羞恶之心，义也；恭敬之心，礼也；是非之心，智也。仁义礼智，非由外铄我也，我固有之也，弗思耳矣。"（《孟子·告子上》）在孟子看来，仁义礼智，人皆有之，且"非由外铄我也，我固有之也"。这就将《五行》篇"不形于内"的仁义礼智这四行的根据向内归结为人心。

最后，进一步论述"人性善"。孟子曰："所以谓人皆有不忍人之心者，今人乍见孺子将入于井，皆有怵惕恻隐之心。非所以内交于孺子之父母也，非所以要誉于乡党朋友也，非恶其声而然也。"（《孟子·公孙丑上》）孟子论证人性善的方式，并不取知识论的逻辑推理，而是揆诸普遍的人类情感——不忍人之心，通过孺子入井之际人所普遍表现出来的怵惕恻隐之心，证明人性皆善。今人多以孟子此处为经验的举例论证而对其多有指摘与质疑，实是不通义理之举。孟子此处所举"孺子入井"之例，正是义理学"即用见体"之法。"有诸内必形诸外"（《孟子·告子下》），只有人性本善，才能由体达用，发而为怵惕恻隐，否则，只能是偶发为善，可善可不善，不具必然性，此人可为善，彼人不可为善，不具普遍性。

就四行或仁义礼智各要素的关系而言，《五行》的人道善与四行之间不仅有主次之分，且颇有诸行相生的意味，但又是单向相生，而非循环相生。《五行》曰："见而知之，智也。知而安之，仁也。安而行之，义也。行而敬之，礼也。仁义，礼之所由生也。四行之所和也，和则同，同则善。"（经19）四行当中，智具有本源的生发性，其他诸行皆在其基础上得以生发。《五行》指出，"未尝见贤人，谓之不明。……见贤人而不知其有德也，谓之不智"（经17）。见是要见贤人，知是要知贤人之有德。见贤人且知其有德，就是智。只有"见而知之"（智）了，才能"知而安之"（仁）；只有知而安之了，才能"安而行之"（义）；只有安而行之了，才能"行而敬之"（礼）。从智到仁，从仁到义，再由义到礼，是一种不可逆的单向相生关系。此外，就仁、义、礼这三行而言，仁义又处于主要地位，"仁义，礼所由生也"。这对孟子以仁义为主，礼智为辅，具有直接的启发意义。

孟子显然继承了四行的这种主次相生的思维模式，故在其人性善中，仁义礼智也有这种主次相生的关系。孟子曰："仁之实，事亲是也；义之实，从兄是也。智之实，知斯二者弗去是也；礼之实，节文斯二者是也……"（《孟子·离娄上》）在孟子的人性善中，"事亲"之仁与"从兄"之义，才具有实质性的内容，处于主要地位。智是对事亲从兄知而弗去，礼是对事亲从兄进行节文，二者是在事亲与从兄的道德活动中所做的一种认知与文饰活动，因而只是一种辅助活动，处于次要地位。

二　天道

《五行》曰："仁形于内，谓之德之行……义形于内，谓之德之行……礼形于内，谓之德之行……智形于内，谓之德之行……圣形于内，谓之德之行……德之行五，和谓之德……德，天道也。"（经1）

　　据《五行》，仁、义、礼、智、圣这五行，只有当它们"形于内"时，才可以称为"德之行"，而天道即是德，德即是"形于内"的五种德之行之和，和即是前面所说的"发而皆中节"。

　　"德之行"的"形于内"，与"行"（四行）的"不行于内"相对而言，指五行形自于内，自内心而发，由内向外显发出来。对此，陈来已有深入的论述，他指出，"形"有两种用法，一种是向外发显的动向，形于某，即朝某方向的一种形著动向。因此，形于内，就是"向内"的一种动向，这虽然有将德行内化的含义，但却等于说德性是由外在行为向内化成，与《五行》本文意思正好相反。另一种是"形自于内"或"形动于内"，"形于"指向的不是形著的动向和结果，而是发动的场所和起点。《五行》当中的"形于内"，正是这种用法，形于内谓之德之行，指五行自内心发动而形于外，才是德之行。①

　　对陈来的论述，笔者深表赞同。因为如果"形"字取第一种用法，则一方面与《五行》篇试图将德性内化的整体意图相矛盾（内化不是简单的外铄，而是将行为的根据内化）。另一方面，正如陈来所指出的，也与《五行》本文的思想相矛盾。《五行》曰："仁之思也精，精则察，察则安，安则温，温则悦，悦则戚，戚则亲，亲则爱，爱则玉色，玉色则形，形则仁。"（经6）② 要实现"德之行"的仁，首先必须从内心精细体察对方的需要（精），然后经由安、温、悦、戚、亲、爱等环节，最后表现为温润如玉之色（玉色）。这是一个由内而外的形著过程。智与圣这两种"德之行"也是如此："智之思也长，长则得，得则不忘，不忘则明，明则见贤人，见贤人则玉色，玉色则形，形则智。"（经6）"圣之思也轻，轻则形，形则不忘，不忘则聪。聪则闻君子之道，闻君子道则玉音，玉音则形，形则圣。"（经6）智这一德之行，从最初的内心长久的思虑（长），到最后表现为玉色，圣之一德之行，从最初的内心对天道的向往（轻），到最后表现为玉音，都是自内而外的显发与形著的过程。可见《五行》的天道观，仁、义、礼、智、圣这五种形于内的德之行之和，已脱离了商周以来的人格神之天，主宰性之天，而纯为一种道德义理之天。

　　孟子的天道观中，最具理论与实践意义，且对后世影响最大的，就是

---

① 陈来：《竹帛〈五行〉与简帛研究》，第 121~122 页。
② 竹本作"仁之思也清"，帛本作"仁之思也精"，作"精"于义为长，据帛本改。

他所建构的道德义理之天。在《五行》出土以前，或许我们只能将孟子的这种建构归结于他的道德体证与理论创造。但《五行》的出土，使人们对孟子这一建构的理论渊源，有了更准确的认识。原来早在孟子之前，儒家学者就有明确建构道德义理之天的努力与尝试。《中庸》的"诚者，天之道也"暂且不论，《五行》篇就明确将形于内的仁、义、礼、智、圣这五种德之行之和规定为天道。而孟子在此基础上，将根于心的仁义礼智这四端确定为人性，并将其与天道相贯通，也就合情合理了。孟子曰："仁义忠信，乐善不倦，此天爵也。"（《孟子·告子上》）又曰："夫仁，天之尊爵也，人之安宅也。"（《孟子·公孙丑上》）之所以将仁义忠信称为"天爵"，并不是真有所谓主宰之天降此爵禄于人，只是表明这是人所本有的，天然本有，故曰"天爵"。"尊爵"则如"良贵"一样，表明此天然本有之爵禄，不像富贵一样，可以被人剥夺，而是任谁也改变不了，剥夺不去的，故是天然本有的尊贵的爵禄。可见，孟子所谓的天道，是仁义忠信之类的道德义理。

当然，孟子在继承《五行》天道观的同时也有对其的超越，即对圣这一德之行的消解与重构。《五行》曰："圣形于内，谓之德之行；不形于内，谓之德之行。"（经1）与仁、义、礼、智这四行相比，圣这一行地位比较特殊，不管它形不形于内，都是"德之行"。这种特殊待遇，似乎是突出了圣的优越性，但同时也消解了圣的区别意义。孟子则从根本上消解了圣这一德之行的存在，并以人伦之至的圣人取而代之。孟子曰："……仁之于父子也，义之于君臣也，礼之于宾主也，智之于贤者也，圣人之于天道也，命也，有性焉，君子不谓命也。"（《孟子·尽心下》）[1] 又曰："规矩，方圆之至也；圣人，人伦之至也。"（《孟子·离娄上》）在孟子看来，圣人就是在父子、君臣、宾主、贤者等人伦关系中将自己的本分做到极至的那种人。人伦关系中的这种本分，就是仁（父子）、义（君臣）、礼（君臣）、智（贤者）。圣人之为圣人，就在于其在人伦关系中将这种本分做得尽善尽美。

---

[1] 庞朴认为此处"人"字为衍文，正确的文句应为：圣之于天道也。这样一来，此段文字正好与《五行》篇中的仁、义、礼、智、圣这五行相照应。庞朴进而将此作为孟子与《五行》有思想上源流关系的证据。笔者以为，如此一来，则只见孟子对五行的继承，而不见其对五行的发展。故此处仍依《孟子》原文做"圣人"。庞文为《马王堆帛书解开了思孟五行说古谜——帛书〈老子〉甲本卷后古佚书之一的初步研究》，参见庞朴《庞朴文集》第2卷《古墓新知》，176~190页。

如此一来，每个人都可以在尽己之性的过程中，朝圣人靠拢，向天道趋进。

不仅如此，孟子还区分了圣人的不同面向。"伯夷，圣之清者也；伊尹，圣之任者也；柳下惠，圣之和者也；孔子，圣之时者也。孔子之谓集大成。"（《孟子·万章下》）所谓圣人者，"不勉而中，不思而得，从容中道"（《中庸》），但伯夷只能于清介上做到如此，伊尹只能于担当上做到如此，柳下惠只能于和群上做到如此，都偏于一曲；只有孔子，才是圣之时者，或清或任或和，随时而中，故孔子是集大成者。

就天道中各要素的关系而言，《五行》的天道以圣、智为主，仁、义、礼皆从圣、智而出。《五行》曰："闻君子道，聪也。闻而知之，圣也；圣人知天道也。知而行之，义也。行之而时，德也。""见贤人，明也。见而知之，智也，知而安之，仁也。安而敬之，礼也。"（经18）据《五行》，由聪而圣，圣可以生义；由明而智，智可以生仁、礼；故曰："圣智，礼乐之所由生也，五行之所和也。"（经18）之所以如此，盖源于圣、智二行均可直通天道（即德）。《五行》曰："未尝闻君子道，谓之不聪；未尝见贤人，谓之不明。闻君子道而不知其君子道也，谓之不圣；见贤人而不知其有德也，谓之不智。"（经17）转换成肯定语句就是：闻君子道，聪也；见贤人，明也。闻君子道而知其为君子道也，谓之圣；见贤人而知其有德也，谓之智。可见，由聪而圣，指向的是君子道（君子道即是天道的人格显现，《五行》曰："五行皆形于内而时行之，谓之君子。"）；由明而智，指向的是德（德即是天道，《五行》曰："德，天道也。"）。经由耳（聪）、目（明）的闻、见能力，达到圣、智的高级阶段，是可以直通天道的。

问题在于，虽然耳闻目视的能力人人具有，但能否闻君子道、见贤人，却不是必然的，更何况经由闻而知其为君子道，见而知其为贤人而达到圣、智，从而与天道相通。这对于人的道德修养而言，不免有凌空蹈虚之弊。或许孟子正是认识到了这一点，所以才扭转了《五行》重圣智的倾向，转而注重日用常行的仁、义。孟子曰："仁之实，事亲是也；义之实，从兄是也。"（《孟子·离娄上》）"孩提之童，无不知爱其亲者；及其长也，无不知敬其兄也。亲亲，仁也；敬长，义也。"（《孟子·尽心上》）事亲、亲亲，虽不就是仁之全体，却是仁的最初发用，从此培壅，自能使仁心不断扩充；从兄、敬长，虽不就是义之全体，却是义的最初呈现，依此长养，才能使义心不断充实。平治天下，也无非是此爱亲敬长的仁义之心。"无他，达之天下也。"（《孟子·尽心上》）

三　天人贯通之道

在儒家看来，天人之际从来都是贯通的，《中庸》所说的"天命之谓性，率性之谓道，修道之谓教"，就是天人合一思想的典型哲学表述。《五行》篇也提出了贯通天人的思想："金声，善也。玉音，圣也。善，人道也。德，天道也。唯有德者，然后能金声而玉振之。"（经9）① 金声指钟声，玉振指磬声，古乐以钟声始，以磬声终，这里用来比喻人道向天道的跃进，个人修养应以人道之善始，向天道之德跃进，最终实现天道之德。孟子对《五行》的天人贯通之道，有继承，也有发展。

（一）志于天道

子曰："志于道，据于德，依于仁，游于艺。"（《论语·述而》）朱子释"志"曰："志者，心之所之之谓。"② 志于善，则鸡鸣而起，孜孜为善；志于利，则鸡鸣而起，孜孜为利。故为学首在立志。立志者，志于道，期于圣人之谓也。《五行》也强调："德弗志不成"（经4）。"士有志于君子道，谓之志士。"（经3）君子道即是天道，即是德。只有对君子道心生向往，才能无所不用其极，从而跃进于君子道。

孟子继承了《五行》对志的重视，也强调立志在贯通天人中的重要作用。如《孟子》载"王子垫问曰：'士何事？'孟子曰：'尚志。'曰：'何谓尚志？'曰：'仁义而已矣。杀一无罪，非仁也；非其有而取之，非义也。居恶在？仁是也；路恶在？义是也。居仁由义，大人之事备矣'"（《孟子·尽心上》）。前面我们提到，孟子的天道，主要是仁义忠信的道德义理之天。而所谓尚志，即志于仁义，居仁由义，也就是志于天道。孟子又说："是故君子有终身之忧……舜，人也；我，亦人也。舜为法于天下，可传于后世，我由未免为乡人也，是则可忧也。忧之如何？如舜而已矣。"（《孟子·离娄

---

① 孟子也说金声玉振："伯夷，圣之清者也；伊尹，圣之任者也；柳下惠，圣之和者也；孔子，圣之时者也。孔子之谓集大成。集大成也者，金声而玉振之也。金声也者，始条理也；玉振之也者，终条理也。始条理者，智之事也；终条理者，圣之事也。智，譬则巧也；圣，譬则力也。由射于百步之外也，其至，尔力也；其中，非尔力也。"（《孟子·万章下》）与《五行》篇一样，孟子也将金声属之始，玉振属之终。但也有所区别，《五行》将金声之始比之人道之善，玉振之终比之天道之德，孟子则将金声之始属之智，而将玉振之终属之圣。

② （南宋）朱熹：《四书章句集注》，第95页。

下》）此即是要立志学圣人，以不如舜为己忧。而圣人即是天道的人格显现，实则还是志于天道之意。

（二）忧患成德

《五行》曰："君子亡中心之忧则亡中心之智，亡中心之智则亡中心之悦，亡中心之悦则不安。不安则不乐，不乐则无德。"（经2）"君子无中心之忧则无中心之圣，无中心之圣则无中心之悦，无中心之悦则不安。不安则不乐，不乐则无德。"①（经2）非常强调忧患在成德过程中的重要作用。中心之忧郁结于心，不得其通道，才促使君子穷则变，变则通，最终实现天道之德。

孟子继承了《五行》"忧患成德"的思想，指出："故天将降大任于斯人也，必先苦其心志，劳其筋骨，饿其体肤，空乏其身，行拂乱其所为，所以动心忍性，曾益其所不能。人恒过，然后能改，困于心，衡于虑，而后作；征于色，发于声，而后喻。入则无法家拂士，出则无敌国外患者，国恒亡。然后知生于忧患，而死于安乐也。"（《孟子·告子下》）又曰："人之有德慧术知者，恒存乎疢疾。独孤臣孽子，其操心也危，其虑患也深，故达。"（《孟子·尽心上》）人也好，国家也罢，只有经历种种忧患，才能动心忍性，长养德慧术知，增益其所不能。

（三）"进之"与"扩充"

《五行》指出："君子集大成。能进之，为君子。弗能进也，各止于其里。"（经21）除了天生的圣人是"天施诸其人"（经27）外，集大成之君子，都是通过"其人施诸人"（经27）的"进之"之道，不断修习而成；若不能"进之"，则只能安于现状，止于所习。"进之"之道有四种："目而知之，谓之进之"（经23）；"喻而知之，谓之进之"（经25）；"譬而知之，谓之进之"（经24）；"机而知之，天也"（经26）。一是通过看而知晓天道

---

① 竹简《五行》本无"君子无中心之忧则无中心之圣……不乐则无德"一句，据帛书本加。《五行》经文圣、智并重，早已为帛书《五行》作者洞察，现在也为学界所共识。魏启鹏甚至认为，《五行》经、说皆以"圣""智"对举，而此处只有"智"没有"圣"，故疑是抄写脱漏。实则抄写脱漏只是假设之一种。但帛书作者补此一句，不能不说是比柏拉图更了解柏拉图之举。故此处所引据《帛书》五行补上竹简所无之句。魏启鹏所说，见魏启鹏《简帛文献〈五行〉笺证》，北京：中华书局，2005年，第8页。

（目）；看了仍不能知晓的，就必须通过详细的说明（喻）；说明了仍不能知晓的，就必须通过生动的譬喻（譬）；而最难的，是通过只有圣人才能把握的"几"来知晓天道（祝）。

孟子继承了《五行》的"进之"① 思想，而发展出其独特的"扩充"工夫："恻隐之心，仁之端也；羞恶之心，义之端也；辞让之心，礼之端也；是非之心，智之端也。……凡有四端于我者，知皆扩而充之矣，若火之始然，泉之始达。苟能充之，足以保四海；苟不充之，不足以事父母。"（《孟子·公孙丑上》）在孟子看来，恻隐、羞恶、辞让、是非之四端，虽具于人心，人所固有，但他们就像一颗火苗，一眼泉水一样，需要我们去扩充。只有不自小其心，不断扩充心量，才能贯通天人，实现心与万物为一的境界。《五行》认为，"弗能进也，各止于其理"，而在孟子看来，"苟不充之，不足以事父母"，更突出了培壅善端的重要性。

（四）从"心曰唯"到"心之官"、大体小体

《五行》指出："耳目鼻口手足六者，心之役也。心曰唯，莫敢不唯；心曰诺，莫敢不诺；心曰进，莫敢不进；心曰后，莫敢不后；心曰深，莫敢不深；心曰浅，莫敢不浅。"（经 22）心为主，耳目鼻口手足六者是役。心出令，而六者受令。心处于绝对的权威地位。但《五行》并没有指出，心何以具有这种优越性。

孟子继承了《五行》所赋予心的优越性，并从官能的角度，解释了心何以有其优越性："耳目之官不思，而蔽于物，物交物，则引之而已矣。心之官则思，思则得之，不思则不得也。"（《孟子·告子上》）心具有思考的官能，故能不为外物所诱，耳目之官不具此能力，故为外物所诱。正因为心具有思考能力，所以才能役使"耳目鼻口手足六者"。

孟子由此发挥出一套大体小体之说："人之于身也，兼所爱。兼所爱，则兼所养也。……体有贵贱，有小大。无以小害大，无以贱害贵。养其小者为小人，养其大者为大人。"（《孟子·告子上》）耳目鼻口手足与心，都是人身所具有的，人对它们都是爱的，也都希望保养它们。但是，它们中又有大小贵贱之分，心之官则思，故为身之主，是大体、贵体，耳目鼻口

---

① 帛书《五行》（说 21）释"能进之，为君子，弗能进，各止于其里"曰："能进端，能充端，则为君子耳矣。弗能进，各各止于其里。""进端""充端"的"端"字显系孟子"四端"之"端"，"充"字也显系孟子"扩而充之"之"充"。《五行》说部显系孟子思想。

手足不能思，故为心之役，是小体、贱体。因此，不能以小害大，以贱害贵。如果只顾养其小体，而贼害其大体，就是小人，如果在养其小体的同时，以心率之，就是大人。孟子认为，"……先立乎其大者，则其小者弗能夺也。此为大人而已矣"（《孟子·告子上》）。

（五）从"德之行五，和谓之德"到"尽心知性、存心养性、修身以俟"

《五行》曰："德之行五，和谓之德。"（经1）要实现人道与天道的贯通，需要经过两个阶段：一是仁、义、礼、智、圣皆形于内而成为"德之行"。二是在此基础上做到"和"。所谓和，如前所述，指发而皆中节之意，即"五行皆形于内而时行之"。

孟子曰："尽其心者，知其性也。知其性，则知天矣。存其心，养其性，所以事天也。夭寿不贰，修身以俟之，所以立命也。"（《孟子·尽心下》）由于孟子已肯认仁、义、礼、智根于人心，故其天人贯通之道不存在"形于内"与否的问题，而是在此基础上进一步解决现实人性与天命之性相贯通的问题。孟子从两个方面进行了解答。积极地说，就是要"尽心"，扩充自己的善端，使其在现实生活中充量地表现出来，只有这样才能体证到自己的本性，就是那生生不已的仁义礼智之善性，而这乃是天命之性。消极地说，就是要"存心"，存养自己的善心本性，使其不为情欲所蔽，外物所诱，这就是事奉天命之性。而在这一过程中所遭遇的夭寿、贫富、贵贱等问题，属于命运而非人力所为，我们能做的就是素其位而行，修身以俟之，在现实境遇中挺立自己的天命之性。此处，孟子虽然没有正面回答《五行》天人贯通之道中"发而皆中节"的问题，实则已从侧面作出了积极有力的回应，只有做到尽心知性、存心养性、修身以俟，才能做到发而皆中节。

综上所述，以《孟子》原文为据，在天人之际方面，可以清晰地看出子思所唱，孟子所和。这不仅有利于我们理解荀子所说在五行方面"子思唱之，孟轲和之"一语的实际内容，而且也有利于我们把握孟子思想的来源，以及对其思想源头的承继与发展、超越。

Mencius' Inheritance and Transcendence of the Thought of the Relation Between Heaven and Man of *The Five Elements*

Tang Donghui

(School of Politics and Public Administration, Guangxi
University for Nationalities, Nanning 530006, China)

Abstract: Mencius inherited and transcended Zisi's thoughts on the occasion of heaven and human in *The Five Elements*. On the humanitarian side, In *The Five Elements*, the "four elements of harmony" is regarded as the goodness of humanity, while Mencius developed it as the goodness of humanity "rooted in the heart". In addition, Mencius inherited the logical relationship of primary and secondary unidirectional generation among the four elements. In the way of heaven, *The Five Elements* takes the sum of the five "virtues" as the heavenly way, Mencius also regarded benevolence, righteousness, loyalty and trustworthiness as the heaven of moral principles, and replace the "virtue" of "holiness" with the supreme saint of human ethics. In addition, Mencius paid attention to benevolence and righteousness, which were practiced in daily use. In the connection between heaven and humanity, both of them emphasize the need to aim at the way of heaven; Advocate adversity into virtue; And to "enter", "expand"; in *The Five Elements*, the mind is the master of the body, Mencius further explored the functions of the mind; *The Five Elements* connects the way of heaven and humanity by virtue formed in the heart and emotions are expressed justly, Mencius developed a way of connecting nature with man by cultivating nature and cultivating morality on the basis of the inherent human nature.

Keywords: Mencius; *The Five Elements*; The Relation Between Heaven and Man; Human Sympathy; Heavenly Way; Uniting the Heaven and Human

儒学之超越性

——任继愈"儒教是教"论再省察

尚文程[*]

摘 要 任继愈先生"儒教是教"论将整个传统儒学截断为先秦儒学和汉以后的儒教,并认为儒教自汉代董仲舒神学目的论改造至宋明理学而备成体系。这种说法片面地划分了传统儒学的历史分期,颠倒了儒学与宗教由朦胧相混到逐渐分离的历史过程,将儒学从汉代儒学至宋明理学的历时性阶段归结为宗教,不符合儒学发展的基本脉络,同时也忽视了宗教的一些基本特性。儒学与宗教神学皆有其终极关切和形上学的表达,两者的不同在于诉诸形式的差别,即理性形上学与神性形上学。儒学因其超越性诉求相应于现实主体的终极关切以解决现代个体性的问题,从而成就一种儒学式的形上学表达模式。

关键词 儒学 儒教 宗教 超越性 形上学本体论

引 言

在东西方文化交流冲突的背景下,中国传统儒学在现代社会的适应性,亦即儒学的现代性问题跃然纸上。传统儒学的现代性回应萌发于 20 世纪,其典型理论即是现代新儒家道德形上学的建构。而正是基于同一时代课题,任继愈先生提出"儒教是教"的观点,任先生的理论意图和新儒家一致,

* 尚文程,山东临沂人,华侨大学哲学与社会发展学院中国哲学专业研究生,主要从事儒家哲学研究。

他肯定了孔子的地位以及儒家内在的核心价值，为中国传统儒学文化在现代社会发展提供了合理性。但是他在将儒学比附于宗教的同时又主张废除"儒教"，这两者是矛盾的。本文从儒学之超越性出发，认为儒学与宗教乃形上学本体论的不同表达形式，但两者在超越性问题上却具有某种程度的一致性，以此试图解决任先生"儒教是教"的理论矛盾，以更明晰地展现儒学的现代性问题。

任继愈先生在南京召开的"中国无神论学会"成立大会上第一次提出"儒教是教"的说法。他本人对"儒家"与"儒教"也有一定的区分，认为在先秦时代，由孔子及其门人所形成的可以称之为"儒家"，其思想学说可以称之为"儒学"。至于"儒教"一词则是由"儒家"发展来的，从"儒家"到"儒教"的发展始于汉代董仲舒神学目的论改造，至宋明理学而备成体系。① 这里的"儒学"和"儒家"在任继愈先生笔下的运用我们可以称之为狭义的，或者是先秦儒家、儒学，而汉代以后的儒学任先生则称之为儒教，并对此儒教持否定态度。

"教"在此有两义，一是"教化"，二是"宗教"。因此，将"儒"与"教"连起来亦有两义，即儒之教化和儒之宗教。本文所讨论的儒教问题是从儒之宗教义上说的。有不少学者在探讨儒教问题的时候，将两种意义上的"儒教"混为一谈，不作分别，从而在探讨起来不免有偏离主题的倾向。笔者认为，在讨论之前需把概念厘清，下文所讲"儒教"二字均是讲"儒之宗教"。

关于宗教，宗教社会学、宗教人类学、宗教心理学都有不同的回答，因此就像缪勒在《宗教的起源与发展》中讲到的："各种宗教定义从其出现不久，立刻就会激起另一个断然否定它的定义。看来，世界上有多少宗教，就会有多少宗教的定义。"② 在此，吕大吉在分析宗教本质的基础上认为："宗教是把支配人们日常生活的异己力量幻想地反映为超人间、超自然力量的一种社会意识，以及因此而对之表示信仰和崇拜的行为，是综合这种意识和行为并使之规范化的社会文化体系。"③

---

① 任继愈：《论儒教的形成》，《中国社会科学》1980 年第 1 期。
② 〔英〕麦克斯·缪勒：《宗教的起源与发展》，金泽译、陈观胜校，上海人民出版社，1989，第 13 页。
③ 吕大吉：《关于宗教的本质、基本要素及其逻辑结构问题的思考》，中国统一战线理论研究会民族宗教理论甘肃研究基地秘书处编《当代中国民族宗教问题研究》（第三集），甘肃民族出版社，2009，第 22 页。

从以上的定义进一步分析，宗教之所以是宗教需具备以下四个特征，第一，具有超人间、超自然力的存在，即"神"的存在。作为信仰对象的"神"是绝对的、超绝的存在，它具有非实证性，如基督教之"上帝"。信仰者只能以一种非理性的神秘经验来体证它，经验和逻辑在此毫无作用。第二，宗教都有一种非理性预期，表现为追求来世或者否定现世，如基督教之人世间与"天国"。第三，人与神之互动，包括巫术、禁忌、祈祷等一系列宗教行为。第四，作为宗教观念信条化、宗教行为仪式化的宗教体制的存在，如教会、教团、教堂、教义系统、宗教仪式等。

一　"儒教是教"论的理论错置

任继愈先生在《论儒教的形成》一文中系统地阐述了由儒家发展为儒教的过程。在任先生看来先秦儒家与后来的儒教是两回事，应该分别剖判，而不应混为一谈。先秦"儒"是一种思想学说、理论派别，先秦的孔子是思想家、理论家、教育家；进入汉代的"儒"是宗教，是把政治、哲学和伦理三者融合为一体，形成了一个庞大的儒教体系，[①] 此时的孔子则是神圣而庄严的教主。

儒家之所以发展成儒教，在任先生看来是因为儒家本身就具有发展为宗教的可能性，即春秋时期孔子创立的儒家学说本来就是直接继承了殷周奴隶制时期的天命神学和祖宗崇拜的宗教思想发展而来的，[②] 这是儒家发展成为宗教的内在可能，其外在条件有二。第一，汉代董仲舒"罢黜百家，独尊儒术"的政治方针，这同时也是儒教化的第一个阶段。在董仲舒的神学目的论体系中强调"君权神授"这就是把儒家的伦理绝对化、神秘化为一客观存在，然后这一客观存在又保证了世间君主统治的合法性。此时儒家的纲常伦理被信奉为神圣不变的教义，孔子本人也被抬进"神域"，成为儒教之教主。正如 18 世纪的英国历史学家吉朋（Gibbon）所言："众人视各教皆真……官人视各教皆有用。"[③] 正是在这种"真"与"用"的双重需要下，汉代官方得以假借孔子教主之威严及其伦理学说之神圣来强化官方对百姓的实际控制，以更好地维护统治。第二，宋明理学的形成使儒家的

---

① 任继愈：《论儒教的形成》，《中国社会科学》1980 年第 1 期。
② 任继愈：《论儒教的形成》，《中国社会科学》1980 年第 1 期。
③ 钱锺书：《管锥编》第 1 册，生活·读书·新知三联书店，2019，第 19 页。

纲常伦理形上化，具有了本体论的意义，同时这也标志着儒教的最终完成。也正是在这时儒教具有了宗教的一系列特征，在此任先生对宋明理学进行了深刻分析，挖掘出了与宗教一一对应的一系列特征，如禁欲主义、僧侣主义、原罪说、偶像崇拜等。

如果说儒教在汉代便开始了比较勉强，那么到了宋明理学时代说儒教的成熟看起来好像更具有说服力。任继愈先生找到了理学与宗教相对应的一系列特征，他说：

> 从汉武帝独尊儒术起，儒家已具有宗教雏型。但是，宗教的某些特征，尚有待于完善。经历了隋唐佛教和道教的不断交融、互相影响，又加上封建帝王的有意识地推动，三教合一的条件已经成熟，以儒家封建伦理为中心，吸取了佛教、道教一些宗教修行方法，宋明理学的建立，标志着中国儒教的完成。①

这段话包含了以下三层意思。首先，任继愈先生把理学中摒弃不利于人格修养的欲望这一行为称之为禁欲主义，并把理学中内涵式的道德修养称之为宗教修养，并指出这种修养只重视自我的反省而不重视外在世界的探索，而这正契合了宗教中的僧侣主义。其次，宗教都承认神的存在。在任先生看来，儒教中亦有神的存在，即"天"，儒教强调"敬天"，"祭天"即是对神的信仰仪式。最后，宗教都讲究来世，不讲究现世，如基督教之"天国"，佛教之"极乐"。任先生亦承认儒教具有注重来世的品格，他把圣人所描绘的主观精神状态当作儒教的彼岸世界，认为主体修行之目的就是超脱现实，到理想的彼岸世界。在此，他还把理学中的"天命之性""气质之性"的区分附会于基督教之"原罪"，认为人生来就带有"罪恶"因此要以"天理"涤除之，此即是"赎罪"。

对于"儒教是教"这一观点，可以沿着两条路线进行批判，即"传统儒学"和"儒学传统"。② 传统儒学是对儒学的历时性表达，即儒学在各个时代发展所表现的具体形态；儒学传统是对儒学的共时性表达，即儒学一以贯之的基本原理。

---

① 任继愈：《论儒教的形成》，《中国社会科学》1980 年第 1 期。
② 参见杨虎《论"儒学传统"与"传统儒学"》，《宁夏社会科学》2018 年第 6 期。

　　任继愈先生正是基于"传统儒学"的角度从历史发展的逻辑过程对儒家演化为儒教进行说明。任先生高明之处就在于，他并没把整个儒学发展过程都归结为宗教历程，而是从汉代对儒学的改造言说宗教，依次对"儒学"（狭义）和"儒教"作出了区分，也正是基于这种区分才提出"儒教是教"的说法。后来很多学者无论是提倡"儒学""儒教"一体论还是分离论大都遵循着任先生的思路，因此许多学者对"儒教是教"的批判也都没从根本上超脱这种划分。从这种区分来看，任先生所秉持的是一种原教旨主义的态度，他否认了儒学后来发展阶段的历史意义，将之归结为"儒教"并主张废除之，对先秦儒学则采取保留、肯定的态度。这种儒家价值的简单性回归没有注意到儒学发展在各历史阶段的积极意义，同时也否定了儒学现代化的发展历程。

　　首先，"儒教是教"这种说法本身就颠倒了儒学与宗教由朦胧相混到逐渐分离的历史进程。自"绝地天通"始中国哲学开始了形而上学时代的建构，① 主体精神与神性观念常混杂在一起，即朦胧的理性形上学与神性形上学相混杂的情况。如果这种混杂的情况在汉代神学目的论的笼罩下还有所保留，那么到宋明理学时代道德形上学本体论的建构这种混杂则完全涤除，所以任继愈先生认为中国儒教到宋明理学终成体系恰恰是颠倒了这种历史过程。

　　其次，在任先生看来汉代的儒学改造从根本意义上讲是一次"宗教化改造"，这是错把手段当成了目的。儒学的汉代改造是为了适应统治的需要而进行的政治化改造，而正是为了论证政权的合法性以及巩固政治的现实需要才采取了"神秘主义"的手段，即披着"宗教"的外衣进行的儒学政治化的改革。所以儒学与统治者的相互关系中更多的是讲君是指具有世俗化政治权力的君主，师是指坚持儒家道统并以儒家理想人格为内在典范的儒者，所以君师关系在总体上可以说为儒家与世俗化政治或政权的关系，亦即势与道的关系。董仲舒的神学目的论改造可以理解为是儒学向统治者的妥协以保存儒学独立性，而不是所谓的儒学宗教化的历程，这既非儒者主观之愿望与儒者自觉进行宗教改造的意图，亦非儒学发展的客观事实。况且，董仲舒确实是采取了"神秘主义"的形式，但是"神秘主义"不一定导出宗教，例如孟子的修养方法也有一些神秘主义，但这种神秘主义区

---

① 黄玉顺：《绝地天通：从生活感悟到形上建构》，《湖南社会科学》2005 年第 2 期。

别于宗教式，是一种哲学式的。①

再次，到宋明理学时代，任先生以理学为思想资源，从中选取与宗教的相对应的特征过于牵强附会。理学强调"存天理，灭人欲"是要人灭掉有害于个体身心发展的私欲，此种私欲对主体而言是有害的，对主体的修养功夫来说是背离的，所以这并不是禁欲主义所讲的戒除世俗一切欢愉。在宗教之中必须具有一绝对性、无限性、超越性的存在，即神。任先生把儒学中的"天"的概念归结为神，其实这二者具有本质的不同。神，如基督教之上帝，在基督教教义中是一种绝对性的存在，是宇宙万物存在的依据，既创生万物，又具有万物之本体的意义。信徒信仰的确立、人神之间的互动与感召都需要这个神的存在，简言之没有了神就没有了宗教的一切。且观理学之"天"，"天"在这里只是"义理之天"并非"宗教之天"。"天"不具有创生宇宙万物之功能，"天"的本体义也只是伦理之本体，只具有形上的道德意义。人既不能从"天"那里获取宗教式的信仰，也不能实现基督徒与上帝那种互动。儒家心性之天作为儒家伦理的价值之源，已然不是外在的宗教之天，而是一种价值之天。价值之天所代表的正是儒家所标榜的理想人格，天与人的关系是一种"天人合一"的内在式超越，而非绝对外在（神）的超越。因此，儒家对"天"的崇拜实际是圣贤崇拜而不是宗教之神灵崇拜。而且，"事实上中国文化中所谓受命于天的'天'也不是、至少不完全是超越性的宗教概念，而带有浓厚的世俗色彩"②。

要言之，儒家之"天"不具有基督教之上帝的属性，因此上帝与"天"是形上学两种不同的表达形式。儒家精神修养的理想境界亦不同于宗教之彼岸世界。"孔颜乐处"是理学家乃至儒者穷极一生所要达到的至高修养的精神境界，这种境界是现实的、可达的，它是立于此岸世界基础上的超越，而非由此岸世界超越到彼岸世界，因此宗教之彼岸与儒家圣人所追求的理想道德境界根本上是两个"世界"的东西。

由上可知，任先生所谓儒学宗教化的过程实际上是儒学政治化的过程，儒学之政治化始于汉代董仲舒的"罢黜百家，独尊儒术"最终成熟于宋明理学时代。这是从"传统儒学"的进路去言说儒学的宗教问题，但是这种言说只是一种历时性表达，因此必须从儒学的共时性上进一步揭示，亦即

① 参见冯友兰《中国哲学史》上，华东师范大学出版社，2011，第79页。
② 秦晖：《传统十论——本土社会的制度、文化及其变革》，复旦大学出版社，2003，第215页。

必须从"儒学传统"的进路来分析儒学与宗教的关系。

　　儒学之所以为儒学而区别于其他就在于，它集中体现以"仁"（"仁"有不同的观念显示样式，例如生生、天理、良知等）为基础观念与"内圣外王"的一般性思想结构（并不囿于某个时代或某个别儒家的具体理论内容），这在儒学的历时开展中是皆无例外的。[①] 此即是"儒学传统"一以贯之之道，无论是汉代的"易道阴阳论"还是宋明理学的"天理本体论"和"良知本体论"，在本质上都是对孔子"仁"的发挥，其都以"仁"为理论体系的核心。对于"仁"的体悟构成了儒学传统中的"内圣"之学；对于"仁"的发用则构成了儒学传统中的"外王"之学。"内圣"之学是关乎主体的道德修养，亦即凡人成圣成贤修养的进路，而非宗教式的成神成灵。"外王"之学所涉及的是道德践履的内容，亦即凡人在德行教化之中达到了主体的德行富足尔后外化开展道德活动的问题。基于中国古代社会的总体特征，儒家"外王"问题的核心即是儒家与政治统治的关系问题。正是中国社会以宗法性为核心的政治统治决定了"内圣"的实践首要处理的是政治问题而不是宗教问题。因此，上述的儒学政治化过程究其根本就是"外王"之学的践履。反过来讲，"外王"之学开出来的是政治而不是宗教。因此从"儒学传统"视域下观之，儒学亦不是宗教。把儒学的本质归结为政治尚且不能苟同，更不必说将儒学归结为宗教了。

二　超越性的三个维度

　　从以上的分析可以判定儒学不是宗教，儒学与宗教在表现形式与内在本质上有较大区别。但是任之"儒教是教"实际上启发了对于儒学与宗教关系的思考。儒学与宗教确实具有一定的指向性，这种指向性不是一般意义上两个具体事物具有一定的相似性，即社会学所谓"类"的概念，而是超脱于宗教与儒学之上两者所指向的一致性。换言之，此种指向超越了宗教与儒学的形而下的表现形式，是就形上学本身的思考。关于儒学的超越性，可以从超越的三个维度，即超越的主体、超越的对象以及超越的境界证成。

　　超越的主体就是在言说到底是谁在执行超越这一行为，大而论之，关

---

　　① 　杨虎：《论"儒学传统"与"传统儒学"》，《宁夏社会科学》2018 年第 6 期。

于儒学超越之主体可以归结为"现实的人"，具体来说是"生之人"。《论语》记载：

> 厩焚，子退朝，曰："伤人乎？"，不问马。（《论语·乡党》）
> 季路问事鬼神，子曰："未能事人，焉能事鬼。"（《论语·先进》）

从以上两段语录我们可以看出孔子对"人"尤其是"生之人"的重视，并且认为"人"的重要地位优先于"鬼"，而正是这一倾向构成了儒家独特的超越主体以及儒学与宗教超越主体之不同。《孟子·告子章句上》言："仁义礼智，非由外铄我也，我固有之也，弗思耳矣。故曰：'求则得之，舍则失之。'"这就表明在儒家理论体系下人人皆可成圣成贤，皆有实现理想人格追求的可能。换言之，超越的主体不必是儒家学派的内部人，生活在人世间的普通大众亦能超越现实成就理想的人格典范。反观宗教式的超越，在基督教体系中超越的主体被限制在"基督徒"中，非基督教徒者无法获取上帝的解脱，其灵魂永远也得不到救赎，从而也就没有了进行超越的可能性，这是就超越主体的范围言之。若是就超越主体的实质言之，不同于儒学"生之人"的超越，此宗教超越乃是"死之人"的超越，即灵魂的超越。基督教之"原罪"与"救赎"意在强调"死之人"比"生之人"更为重要，人生下来就是带有罪恶的，因此人在世间的修行努力旨在获取上帝的信仰以求死后灵魂得到净化。在这一过程中灵魂的救赎是人活着的究极目的，理想的"天国"是其最终归宿。

因此，对于人生与死、灵与肉的不同重视构成了儒学与宗教超越主体的不同。正如黄玉顺所讲："哲学所设定的个体心灵决不是那种永存不朽的在者，而宗教所设定的灵魂则是永生不灭的，这就是宗教的超越者和哲学的超越者之间的一个本质区别。"[1] 人是灵与肉的统一，人之心灵不同于死后之灵魂，心灵依附于肉体而存在，肉体消亡心灵活动也就随之消失，从这个意义上讲心灵是"朽"的，它不同于宗教灵魂之"不朽"。既然讲儒之超越，那么就有从"朽"进入"不朽"的可能，因此这种"不朽"——作为儒家人格超越的效果，是从后世意义言说的。

---

① 黄玉顺：《论哲学与宗教的超越观念——评"儒教"说与"内在超越"说》，鞠曦主编《恒道》第二辑，吉林文史出版社，2003，第364页。

　　关于儒学超越的对象是儒者们基于现实的可感而发，正是对于现实的不满造成了超越主体内在的超越冲动。先秦时代孔、孟、荀正是面对"周文疲敝""礼崩乐坏"的动荡局面才倡导"仁"的观念以及"德治"的思想，一方面在民众层面倡导"仁"——忠恕之道来和谐人际关系，另一方面在统治者那里要"以民为本"，实行"德治教化"来实现统治者与统治者之间的和谐，与此同时借助"天道"的概念来保证儒家伦理的合法性。正是沿着这种思路，到了宋明理学时代，理学家们对这种"天道"的究极保障意义进行了系统的论述，将儒家之伦理归结为"天道"之本质内容，从而将道德提升到与"天道"平行的地位。现代新儒家同样是从现实的不和谐——西学对中国固有传统文化之冲击，出发来建构道德形上学体系的。所以从整个儒学传统来看，对于现实的不满是儒学所要摒弃的对象，亦是超越的对象。

　　超越了现实的不满自然也就进入了儒家所提倡的人格修养之境界，亦即超越之境界。要言之，儒学超越之境界并非线性的、单一的，而是立体的、多重的。儒家人格修养结构为士—君子—圣人，这是由凡入圣的进路，在这一进路中，"圣人"层次方可言说境界，此境界为道德境界。在道德境界中，人的行为意志皆在道德律令下活动，能够超脱个人利益关系来从事实践活动。这是关乎人类社会之境界，在这一境界下人与人和谐如己，君民关系有其适应的张力，社会和谐有序，百姓安居乐业，即儒家所描绘的"大同"景象。但是这一境界还不够究极、不够彻底，儒学修养所要达到的最终境界乃是超越了道德境界，进入更为宽广的领域，即天地境界。（冯友兰语）如果说道德境界尚且是对人类社会的关怀，那么天地境界就是对整个宇宙的关怀，此种关怀乃是超越主体之终极关怀。在这一境界下超越之主体乃是大人，即《周易》中所言"与天地合其德，与日月合其明，与四时合其序，与鬼神合其吉凶"。

　　达到这一境界的关键就是超越之方式，儒学的超越方式其实就包含在人格修养的过程之中。如果说孔子的"立己达人"之道还只是停留在道德境界，那么孟子的"尽心—知性—知天"则是从道德境界超拔出去已然进入天地境界了。"天命之谓性"，人之"性"秉承"天之道"，所以人在修养过程中需要"复性"以上达"天听"，即所谓"天人合一"。到宋明理学，"天"的内容被道德实体所充塞，在此"天人合一"状态下，"天"即是"人"，"人"就是"天"，道德实体就是道德主体，实体与主体已经圆融无碍、完满自在了。因此儒学的修养方式乃是道德实体与道德主体相即为一，中间不需要任何的把手或者环节；反观宗教之超越，以基督教为例，基督徒要想洗清人世间的"原罪"，在死后进入"天国"获得救赎，必须依托于"上帝"。基督徒在超越的过程中必须首先产生对完满自足、德性备成之代表——上帝的信仰，尔后才可以获得解脱。换言之，在道德主体与道德实体之间必须预设"上帝"的概念才能获取那终极的关怀。相较而言，儒学之超越中间没有依托环节，因此这种超越更为彻底，尼采"上帝已死"的说法则在某种程度契合了这种超越方式。

超越问题的指向即是人类主体的终极关怀问题。关于终极关怀，美籍德国哲学家、神学家蒂利希在他的《系统神学》一书中，把"终极关切"视为神学研究的一个原则，他认为"我们的终极关切就是决定着我们是生存还是毁灭（to be, or not to be——亦可译为'存在还是不存在'）的东西"①。其实对于终极关怀，蒂利希所说不唯是研究神学或者宗教的重要原则，也是研究儒学的重要原则。无论是宗教还是儒学都能给人以终极关怀，都能为人的安身立命提供价值资源。所以从"终极关怀"的角度出发，宗教与儒学具有一致性。但是这种一致性并不是就宗教内部来说的，而是就形上学本体来说的。宗教与儒学都可以表达形上学本体论，宗教是神性形上学的表达形式，儒学则是理性形上学的表达形式，通过两种不同的表达形式都可以获取人类对宇宙、人生的终极关怀，所以"终极关怀"不必为宗教所固有。

在此基础上，笔者将儒学之超越性与儒学之宗教性作一澄清。儒学之超越性是儒学本身具有的属性，是并非通由其他（例如宗教）来获得的性质。而儒学之宗教则是将儒学附庸于宗教从而获得的属性，换言之儒学之宗教性实质就是超越性，通过儒学之宗教性来言说超越性就是将儒学依附于宗教。儒学与宗教都是形上学本体论的表达方式，因此儒学本身就具有"超越论"的观念。

结　语

总而言之，细观任继愈先生"儒教是教"理论可知其理论是对儒学现

---

① Paul Tillich：*Systematic Theology*, The University of Chicago, 1967, Volume 1, p. 13.

代性问题的一种回应。他所采取的思路是一方面将中国传统儒学文化比附于宗教，在东西文化冲击下欲提高东方文化之地位；另一方面也为传统儒学进行辩护，认为不能因为儒学中糟粕的部分而否认孔子的地位，进而否认儒学的价值，要将作为思想家的孔子与作为教主的孔子区别开。任继愈先生的致思方向在于寻求中国传统文化在现代社会的正当性、合法性，但是他采取将传统儒学截断为先秦的儒学和汉代以后的儒教，以及将汉代以后所谓的儒教比附为宗教的手段是有待商榷的。儒学作为形上学本体论的表达形式就集中表现为"超越论"问题，超越性以及"终极关怀"并不唯宗教所特有，儒学作为启发人之理性纯化人之生命的学派能够肯认"智的直觉"，从而使现实有限的主体通于无限。

The Transcendence of Confucianism
—Reexamination of Ren Jiyu's Theory of "Confucianism is A Religion"

Shang Wencheng

(School of Philosophy and Social Development, Huaqiao
University, Fujian 361021, China)

Abstract: Mr. Ren Jiyu's theory of "Confucianism is a religious" cut the entire traditional Confucianism into pre-Qin Confucianism and post-Han Confucianism, and believed that Confucianism was a system from Dong Zhongshu's theological transformation of the Han Dynasty to Neo-Confucianism in the Song and Ming Dynasties. This view unilaterally divides the historical stages of traditional Confucianism, reverses the historical process of Confucianism and religion from being confused to gradually separating, and attributed the diachronic expression of Confucianism from Han Confucianism to Song Ming Confucianism to religion, which is not in line with the development of Confucianism. At the same time, some basic characteristics of religion are ignored. Based on "Confucianism is a religion", further discussion of the issue raised beyond that Confucianism is a form of expression and religion are metaphysics ontological difference between the two is the difference in the form of recourse, that is rational metaphysics and divinity shape. Because of its transcendence, it can give the real subject the ultimate concern to solve the problems of modern individuality, thus achieving a Confucian metaphysical expression mode.

Keywords: Confucianism; Religious Confucianism; Religion; Transcendence; Metaphysical Ontology

经史考辨

乾嘉诸儒治《汉书·古今人表》

——兼谈乾嘉《汉书》表志研究的特点

袁法周*

摘 要 清代乾嘉时期的《汉书》研究是乾嘉学术乃至整个清代学术重要的组成部分，乾嘉诸儒以考据入史学，既援经入史，又以史证经，围绕《汉书》进行了全面研究与总结。就《汉书》研究的专门性论著而言，乾嘉诸儒在《汉书》的表志校注方面用力最深，相关研究成果主要集中于《古今人表》、《地理志》和《艺文志》。其中，乾嘉诸儒在历代学者研究的基础上，对《古今人表》进行了全面详审的考订与校补，出现了着力批判"有古无今"与积极宣扬"因古鉴今"的两种研究倾向，表明乾嘉诸儒试图从更为深入的编纂思想层面讨论《古今人表》的价值和功用。

关键词 《汉书》 乾嘉诸儒 《古今人表》

《古今人表》是《汉书》"八表"之一，也是较为特殊的一表。全篇上始三皇下迄嬴秦，载录了近两千位传说和历史人物。关于载录的缘由，班固言："自书契之作，先民可得而闻者，经传所称，唐虞以上，帝王有号谥，辅佐不可得而称矣，而诸子颇言之，虽不考乎孔氏，然犹著在篇籍，归乎显善昭恶，劝戒后人，故博采焉"①，是要将自上古三代迄秦末以来之人物列序成表，以"显善昭恶，劝戒后人"。在这一表中，班固"因兹以列

---

* 袁法周，山东青岛人，人民美术出版社副编审，北京师范大学历史学博士，主要从事先秦两汉学术思想史及中国古代艺术史研究。

① （东汉）班固：《汉书·古今人表》，中华书局，1962，第861页。

九等之序，究极经传，继世相次，总备古今之略要云"，依照圣、仁、智、愚的标准将有关人物分为三科九品，三科即上、中、下，九品即上上、上中、上下、中上、中中、中下、下上、下中、下下，其中圣人、仁人、智人分居上三品，愚人居下下品，也就是所谓的"篇章博举，通于上下，略差名号，九品之叙"①，这里的"上下"应该有会通和"三科"两层意思，既表示所涵括的年代和时序，又划分出最基本的分级标准。由此可知，班固《古今人表》的三科九品具有鲜明的儒家道德色彩，用钱大昕的话说是"用章儒学，有功名教"的。这同时说明了班固撰述《古今人表》是以儒家道德规范为指导，"排除了人物的国别、民族，从人类道德发展的宏观角度去看人类社会的演变，通过道德的善、恶变化来说明人类社会历史的变化，从而建构了道德古史系统"②。因而说，作为班固"究极经传"成果的《古今人表》在一定程度上涉及历史发展动因的问题，对于道德标准的强调和对于善、恶之辨的具体思考都在历史的视野下通过表的形式有序地表现了出来。

《古今人表》除了"显善昭恶，劝戒后人"的目的之外，还有一个十分重要的作用，主要体现在两个方面。其一，对《史记》的表和《汉书》的纪、传进行了较好的补充。对于《史记》而言，班固在沿承《史记》诸表的基础上首创《古今人表》，弥补了《史记》之缺，"固以断代为史，承迁有作，凡迁史所阙门类，固则补之"③。对于《汉书》而言，《古今人表》中所列人物有人文先祖、帝王诸侯、士农工商、妇女游侠等传说和历史人物，由于纪、传中所载人物限于篇幅而无法尽录，而史书宜于从简，因而对于许多在纪、传中不可详述或者是考无实据却实有影响的传说和历史人物统列成一表，无疑是一个很好的补充，即"传之不胜传，而又不容尽没，则于表载之"④。并且，将人物与人物之间的关系及在道德方面的差异最为简明直观地展现出来，可以说是一张品评人物、标榜儒教的历史画卷，所寓臧否，不言而表。其二，是对纪传体断代体例的补充和改善。班固撰述

① （东汉）班固：《汉书·叙传》，第 4241 页。
② 崔向东：《〈汉书·古今人表〉浅议》，《锦州师院学报》1990 年第 2 期。
③ （清）章学诚：《文史通义·亳州志人物表例议上》，《文史通义校注》，中华书局，1994，第 801 页。
④ （清）赵翼：《廿二史札记校证·各史例目异同》，王树民校证（订补）本，中华书局，1984，第 4 页。

《古今人表》不仅弥补了史记的缺憾，而且不囿于断代的限制，反而能够发挥"上下洽通"的撰述思想，其综列两千年人物，是对断代纪传体的积极补充，在一定程度上体现了断限与会通的结合。

正是由于《古今人表》有着不同于《汉书》其他诸表的内容和性质，所以颇受历代学者的关注。一方面，《古今人表》作为"先秦人物大辞典"而引起了许多学者的兴趣，对其进行了较为细致的考订和独到的评论。另一方面，由于《古今人表》有违断代成例，从而引发了后世学者较为热烈的讨论，后世的史书也大都未有采用其例，从而成为千古绝唱。进入清代特别是乾嘉时期，围绕《古今人表》这两方面的讨论和研究得以深化和加强，其价值和功用在一定程度上得到了全新的评价和认识。

一 撫采群编，逐事勘对：梁玉绳的《古今人表考》

历代学者对《古今人表》的研究多以注释《汉书》或散论的形式出现，而专门考释《古今人表》的研究著述，则以清儒梁玉绳的《古今人表考》（以下简称《人表考》）为代表，其用力最深，成绩也最为显著。

梁玉绳（1745~1819），字曜北，号谏庵，自号清白士。著有《史记志疑》《汉书古今人表考》《吕子校补》《元号略》《志铭广例》《蜕稿》等书，自编有《清白士集》，其一生治学颇受钱大昕的影响，但又不墨守一家之学，"潜研史子，深造自得，发明实多，在当时自是不囿于风气而能卓然自立之士"，尤精《史》《汉》，"钱大昕称其书（《史记志疑》）为龙门功臣"①。梁玉绳的经史研究以态度严谨和方法精勘著称，精通《春秋》与三礼之学，补《尔雅》，"持论名通，不为穿凿"，辑《元号略》，"考讹校异，旁采曲收，依韵编取"②，尝言："经须逐字钻研，更参异同于别条而融贯之；史须逐事检对，先分门类于胸中而粹聚之。"③ 他认为读史应"逐事检对"，又分门类而"粹聚之"，实为以类相从之归纳法，而其读经所用的

---

① 张舜徽：《清人文集别录》，华中师范大学出版社，2004，第210~211页。又见（清）徐世昌《清儒学案》。
② （清）徐世昌主编《清儒学案》，中国书店，1990，第885~887页。
③ （清）梁学昌：《庭立记闻》卷一，《续修四库全书》编委会编《续修四库全书·子部·杂家类》，上海古籍出版社，2002，第106页。

"逐字钻研"之法实际上也应用于读史方面，体现为文字校勘的精细。这些对于梁玉绳撰述《古今人表考》及其所获得巨大的成绩产生了直接的影响，换而言之，《古今人表考》是梁玉绳潜研史子、尤精校勘的主要成果与体现之一。

　　梁玉绳撰述《古今人表考》之所以能取得杰出的成绩，另一个重要的原因是得到了钱大昕的学术指导和沾溉。对此，梁玉绳自己在《汉书人表考》序中这样写道："前哲每议此表为妄作，如《史通·表历》《品藻》诸篇，宋郑樵《通志·序》、吕祖谦《大事记·解题十》、罗泌《路史·后纪十四》、王观国《学林三》，明杨慎《升庵集·人表论》，皆竞相弹射，少所推嘉。故钦玩者鲜。其实褒贬进退，史官之职，始三皇以迄嬴秦，圣仁智愚，不胜指数。马迁既未能尽录，班氏广征典籍，搜列将及二千人，存其大都，彰善戒恶，准古鉴今。非苟作者，开元时韩祐续之，犹见收于《唐志》，矧本表朗垂远久，又何讥焉。钱宫詹尝谓余云：'此表用彰儒学，有功名教。观其尊仲尼于上圣，颜、闵、思、孟于大贤，弟子居上等者三十余人，而老、墨、庄、列诸家，咸置中等。书首祖述夫子之言，《论语》中人物，悉见于表，而他书则有去取，详列孔氏谱系，俨以统绪属之。孟坚具此特识，故卓然为史家之宗，不独文章雄跨百代而已。'余甚服膺斯语。"[①] 钱大昕对梁玉绳所说的一番话又见《跋汉书古今人表》，文字略有差别，所论并无异议。[②] 由此可知，梁玉绳不但服膺钱大昕之宏论卓识，以钱氏所评《古今人表》语为不刊之论，而且有所发挥，进而总结成八个字：彰善戒恶，准古鉴今。足以昭示班固千古之用心，《古今人表》百代之功用。其实，不仅在《古今人表》研究方面，在其他经史领域钱大昕对于梁玉绳的影响都是显而易见的，二人之间多有书信往还以切磋学问，此可散见于二人的书信手札和文集。例如，在探讨汉侯国封户设置增益问题上，

---

① （清）梁玉绳：《汉书人表考·序》，中华书局，1985，第 1 页。
② （清）钱大昕：《潜研堂文集》卷二十八，《跋汉书古今人表》："此表为后人诟病久已，予独爱其表章正学，有功名教，识见复非寻常所能及。观其列孔子于上圣，颜、闵、子思、孟、荀于大贤，孔氏弟子列上等者三十余人，而老、墨、庄、列诸家降居中等，孔氏谱系具列表中，俨然以统绪属之。其叙次九等，祖述仲尼之言，《论语》二十篇中人物，悉著于表，而他书则有去取。后儒尊信《论语》，其端实启于此，而千余年来鲜有阐其微者，遗文具在，可覆按也。古贤具此特识，故能卓然为史家之宗，徒以文章雄跨，百代推之，犹浅之为丈夫矣。"见《嘉定钱大昕全集》，江苏古籍出版社，1997，第 484 页。

梁玉绳有《答钱詹事论汉侯国封户书》①，而钱大昕则有《与梁耀北论〈史记〉书》，针对"武安侯丰邑食鄃"问题进行辩驳，又围绕"《秦楚之际月表》当称《秦汉》不当以楚踞汉先""《天官书》文字古奥，必得于甘、石之传"诸问题与梁玉绳切磋。钱氏一方面褒许梁玉绳研究问题能够"反覆援引，可谓博学而明辨"，一方面与其交流治学心得，言"盖读古人书，诚爱古人，而欲寻其用意之所在，不肯执单词以周内文致也"②，梁氏治学好逐字勘对，有时会"疑人所不当疑"，往往会因一字之据曲会古人用意，钱氏以己为例借讨论问题之际婉转提出不宜拘泥一词之解而失古人之本意，可谓语重心长。可知，二人学术交往推心置腹，互为净友并推崇有加。在钱氏的《史记志疑·序》中最能体现其对梁玉绳的学术评价和肯定，其言"仁和梁君曜北，生于名门，儒染家学，下帷键户，默而湛思，尤于是书专精毕力。据经传以纠乖违，参班、荀以究同异，凡文字之传讹，注解之傅会，一一析而辨之。从事几二十年，为编三十六卷，名曰《志疑》，谦也。河间之实事求是，北海之释废箴肓，兼而有之，其在斯乎！至于斟酌群言，不没人善，臣瓒注史，广搜李、应、如、苏；范宁解经，兼取江、徐、泰、邵，分之未足为珍，合之乃成其美，洵足为龙门之功臣，袭《集解》《索隐》《正义》而四之者矣。"③ 其中虽不乏溢美之词，但言梁玉绳治学实事求是，特别是其对于《史记》研究的贡献堪居四大名家之一，评价是中肯的。而梁玉绳在《古今人表》的考订辨析中征引"钱宫詹语"及其相关研究成果已是屡见不鲜。可知，基于自身学养的深湛和钱大昕的影响，梁玉绳在《古今人表》研究方面能取得较大的成绩自不待言。

承上所言，梁玉绳撰述《古今人表考》的动机和缘由，一方面受钱大昕的影响，试图通过考订《古今人表》以申述班固"彰善戒恶，准古鉴今"之宗旨。那么，另一方面原因则是认识到《古今人表》本身存在不少问题而有待考订辨析。梁玉绳在《古今人表考·序》中言："惟是定以三科，区分尚易，别以九品，确当为难。毫厘之差，诚所不免，而屡经传写，紊脱尤多。"④ 他指出，《古今人表》尽管罗列近两千位人物，但在不断传抄流传

① 参见（清）徐世昌主编《清儒学案》（二），第 886 页。
② （清）钱大昕：《潜研堂文集》卷三十四，《嘉定钱大昕全集》，江苏古籍出版社，1997，第 592 页。
③ （清）钱大昕：《潜研堂文集》卷二十四，《嘉定钱大昕全集》，第 381 页。
④ （清）梁玉绳：《汉书人表考·序》，第 1～2 页。

的过程中出现了紊脱的现象，主要体现为"疏脱"和"紊次"两个方面。疏脱，指载记人物出现脱漏，即原有而今无，如"元序有崇侯，张晏谓有嫪毐，宋重修《广韵》注有齐大夫公干，士字注有思癸，《通志·氏族略四》有司褐拘，而今俱无之"①。紊次，指人物三科九品的次序出现紊乱，即原是而今异，如"元序桀为下愚，《学林》引《表》亦在九等，张晏谓田单、鲁仲连、蔺相如第五，寺人孟子第三，《史通》谓阳处父第四，士会、高渐离第五，邓三甥、荆轲第六，邓祁侯、秦舞阳第七，俱与今异"②。梁氏指出"原有而今无"和"原是而今异"，实际上是历代学者所引《表》文与梁氏所见今本略有不同，据此推论《古今人表》在传抄流传的过程中出现了疏脱和紊次的现象，进而造成"标署讹复，时代乖违"的错误。这些问题未必归咎于班固，但确实有必要核对各种版本对《古今人表》进行校勘考辨。梁玉绳对于《古今人表》所存在问题的认识是基本正确的，尽管他不太认同"九品"能够准确合理地划定出人物等级来，即"别以九品，确当为难"，但他决心通过校勘考辨以补《古今人表》之脱漏、正《古今人表》之等序，进而宣扬《古今人表》"彰善戒恶，准古鉴今"的宗旨和义法，可谓用心良苦。就其治学的内在理路而言，体现为由考据到义理的实践和努力，这在乾嘉诸儒中确是有别于为考据而考据之学而卓然独立之一人矣。立身考据而又能阐发义理，梁玉绳《古今人表考》在考订的方法、内容及宗旨方面都有着鲜明的特点和贡献。

首先，在考订原则和方法方面。诚如钱大昕所言，梁玉绳兼有"河间之实事求是"，就这一点来讲，无论在研究态度还是在考订方法上，实际上都体现为对乾嘉朴实学风和精神的秉承和践行。梁玉绳在《古今人表考》序文中的一段话最能表明这一点，他说："余勘校各本，摭采群编。缺不敢补，误不敢改，为考九卷，附载别称。"③"勘校各本，摭采群编"是基本的考订方法，"缺不敢补，误不敢改，附载别称"体现了严谨的研究态度。何以得知？其一，"勘校各本，摭采群编"，即"据经传以纠乖违"，针对《古今人表》存在的问题，通过广征典籍、逐事勘对来予以辨析。所谓广征典籍，梁玉绳撰述《古今人表考》九卷，征引文献信手拈来，博通淹洽而不可胜数，所引经传有如《易》、《诗》、《书》、三礼、《春秋》三传、《尔雅》

---

① （清）梁玉绳：《汉书人表考·序》，第2页。
② （清）梁玉绳：《汉书人表考·序》，第2页。
③ （清）梁玉绳：《汉书人表考·序》，第2页。

等，史籍有如《国语》、《战国策》、《逸周书》、《竹书纪年》、《史记》（三家注）、《后汉书》、《晋书》、《宋书》、《魏书》等，子集有如《墨子》、《孟子》、《庄子》、《荀子》、《列子》、《晏子春秋》、《管子》、《韩非子》、《山海经》、《吕氏春秋》（高诱注）、《抱朴子》、《孔子家语》、《孔丛子》、《文子》、《新书》、《春秋繁露》、《淮南子》、《论衡》、《白虎通》、《潜夫论》、《风俗通》、《文选》、《水经注》、《初学记》、《弘明集》、《稽古录》、《太平御览》、《太平寰宇记》、《广韵》、《一统志》等，又如历代《汉书》注家注释及其他考史著述如《通志》、《路史》、《汉书评林》、《绎史》、《义门读书记》、《汉书考异》（钱大昕）等，特别是对于本朝学者如齐召南、钱大昕、蔡云等人的相关研究多有引证。可知，梁玉绳"�摭采群编"的确是极尽搜罗抉剔之能事。而所谓"逐事勘对"，体现为在遍引群书的基础上对于一字之考进行校正考辨，方法几近烦琐。从这个角度来看，梁玉绳《古今人表考》的考订方法与阮元等编纂的《经籍纂诂》有着异曲同工之处，为人们考索先秦人物提供了丰富的史料参考和来源。其二，"缺不敢补，误不敢改，附载别称"，既说明了《古今人表考》的考订形式和凡例，又体现了一种严谨的治学原则和精神。梁玉绳撰述《古今人表考》九卷，首撰序文，次列各卷考订人物名目，再分别于各卷中对人物一一考辨，原表人物和考辨之文一以贯之而又泾渭分明，从而做到释文不会由于补益或改正原文的缺误时由于行文混淆而与原文掺杂。梁玉绳采用"附载别称"的方式，使得释文与《古今人表》原文经纬有别、相得益彰。而"缺不敢补，误不敢改"同时也体现了梁玉绳严谨的治学态度，即不任凭个人好恶、是非而轻易对史书进行增益或删改，恰如钱大昕所言："史家之谨慎，即其阙而不书，益知其所书之必可信也。"① 这正是乾嘉学术实事求是治学原则和精神的一个具体体现。

其次，在考订内容方面。梁玉绳坚持广征典籍、逐事勘对的方法，基本上校正和弥补了《古今人表》存在的疏脱紊次的缺憾。以"崇侯"为例，梁玉绳指出"元序有崇侯，而今俱无"。考班固撰《古今人表》引传文曰"桀、纣，龙逢、比干欲与之为善则诛，干莘、崇侯与之为恶则行。可与为恶，不可与为善，是为下愚"，将崇侯视为下愚的代表，但表文中却不列崇侯。梁玉绳对此考辨说："师古曰：'干莘，桀之勇人也。崇侯，纣之佞臣

---

① （清）钱大昕：《潜研堂文集》，《嘉定钱大昕全集》，第180页。

也.' 案：汉高诱注《吕氏春秋·当染篇》云：'干莘，桀之邪臣'，注《慎大篇》云：'桀之谀臣'，此言勇人，未知所出。《表》中不列崇侯，盖转写失之。崇侯始见《墨子·所染篇》。崇侯虎始见《韩子·说疑》。《吕·当染》注云：'崇国，侯爵，名虎。'罗泌《路史·后纪十三》谓：'崇是禹后，亦曰崇虎。'梁萧统《文选》魏陈琳为曹洪与魏文帝书有之。"① 他征引《墨子》《韩非子》《吕氏春秋》《文选》《路史》诸书所载崇侯的例证来说明，班固撰《古今人表》序文中已明示崇侯为下愚，理应列于表文之中，而今本《古今人表》下愚未列崇侯乃是由于传写脱漏所致。这是对《古今人表》疏脱的内容进行补正的典型实例之一。又以"桀"例，"元序桀为下愚，《学林》引《表》亦在九等"，而今本列为八等。考班固《古今人表》正文桀居八等，是为下中。而《学林》引《表》则在九等，是为下愚。孰是孰非？梁玉绳考辨说："桀始见《书·汤誓》，发子履癸，是为桀。始见《史·夏纪》《世表》（《竹书》：'癸一名桀'）。长巨姣美（《荀子·非相》），垂腴尺余（《论衡·语增》），筋力越劲（《荀子》），别觡伸钩，索铁歙金（《淮南·主术》）。自谓'天父'（《路史》注引贾子今本《新书·大政上》作'天子'，似讹也），亦曰夏桀……案：此表及《竹书》单称癸，甚是。史误多履字。汤名曰履，岂有君臣同名之理乎？至《索隐》引《世本》'皋生发及桀'，恐非。《左》僖卅二杜注，《吕氏春秋·音初》、《当染》、《不侵》，高注俱不从《世本》也。又《学林三》言表桀在九等，今本皆列第八，当是转写之讹。"② 梁氏指出《古今人表》在传抄流传的过程中会出现紊次的问题，《学林》引表文以桀为九等，是由于转写讹乱所致。究其原因，梁玉绳在"辛"下有所申发，他说："纣始见《易·系辞下》。辛帝乙子，始见《史·殷纪》，是为纣。始见《世表》，又作受（《商》、《周书》），受、纣音相乱（《书·西伯戡黎传》）。长巨姣美（《荀子·非相》），垂腴尺余（《论衡·语增》），材力过人，手格猛兽（《殷纪》），倒曳九牛（《殷纪》正义引《世纪》），索铁伸钩，抚梁易柱（《论衡》），自谓'天王'，亦曰殷辛（《晋语一》、《文选·东京赋》、《抱朴子·官理》），亦曰商辛（《逸书·克殷》），亦曰后辛（《离骚》），亦曰帝辛（《克殷》、《殷纪》、《世表》），亦曰王纣（《楚辞·天问》），亦曰商王受

---

① （清）梁玉绳：《汉书人表考》卷一，第 13 页。
② （清）梁玉绳：《汉书人表考》卷八，第 398～399 页。"（）"中文字乃梁玉绳征引文献出处，下例同。

（《书·泰誓》、《书·牧誓》、《书·武成》）……案：桀、纣名也。先儒已言之。而独断残人多垒曰桀；残义损善曰纣。《吕氏春秋·功名》注：'残义损善曰桀，贼仁多累曰纣'。《史》集解：'贼人多杀曰桀，残义损善曰纣'。《通典·礼六十四》遂以桀、纣为谥，皆不足据。《书·戡黎》疏云：'殷时未有谥法'，后人见其恶，为作恶谥耳。"① 梁氏指出桀纣本各有其人，后人以人作恶故，以桀、纣为恶谥。由此，《学林》以桀为九等，可能是将桀纣混为一谈，以纣为桀而未详察，因而造成了转写之讹。这是对《古今人表》在传抄流传过程中出现紊次问题进行纠正的典型实例之一。诸如上述考辨是梁玉绳《古今人表考》的重要内容之一，而对于其他表中人物，梁氏也旁征博引，一一进行了注释，悉数历代典籍，往往指出某某人物始见何书、出处何处，如"晋亥唐"例，"亥唐始见《孟子》，又作期唐（《抱朴子·逸民》），亥姓（《广韵》注）"②，对于人们进一步了解和研究表中人物提供了很有价值的线索和佐证。

再次，梁玉绳对于《古今人表》最大的贡献是阐明宣扬了"彰善戒恶，准古鉴今"的宗旨和功用。有关班固撰述《汉书》的宗旨和义例，班固在《叙传》中说："凡《汉书》，叙帝皇，列官司，建侯王。准天地，统阴阳，阐元极，步三光。分州域，物土疆，穷人理，该万方。纬《六经》，缀道纲，总百氏，赞篇章。函雅故，通古今，正文字，惟学林"③，又说"综其行事，旁贯《五经》，上下洽通，为春秋考纪、表、志、传"④。其中，推崇儒学道纲、主张古今洽通的意味十分明显，而这一撰述宗旨和思想尤其贯彻于《古今人表》之中。梁玉绳对于班固《古今人表》的这一宗旨和功用表示认同并予以发挥，即推崇儒学道纲而彰善戒恶，主张古今洽通而准古鉴今。"彰善戒恶，准古鉴今"的提出，不仅是对班固《古今人表》所蕴含的宗旨和功用在更高的理论层面上提炼和升华，更寄托了梁玉绳对于自身从事经史研究所具有的政治学术理想和价值。这样一来，从他在《古今人表考》中对以孔子和七十二弟子为代表的圣、仁、智人不厌其烦地考证和推崇，就不难看出他确是要谋求甚至是构建一个符合自己理想的儒学名教的古史道德系统。以"仲尼"为例，梁玉绳考释的正文言"仲尼屡见《论

① （清）梁玉绳：《汉书人表考》卷九，第 450~451 页。
② （清）梁玉绳：《汉书人表考》卷六，第 319 页。
③ （东汉）班固：《汉书·叙传》卷一百，第 4271 页。
④ （东汉）班固：《汉书·叙传》卷一百，第 4235 页。

语》、《孝经》、《左传》、《礼记》。其先为宋孔父嘉，五世亲尽别为孔氏，避华氏之祸奔鲁。孔子有兄伯，居第二曰仲。父叔梁纥，母颜氏，名征在，祷于尼丘，以鲁襄公二十二年十月庚子生孔子于鲁昌平乡陬邑，为曲阜女陵山空桑之地。首类尼丘山，圩顶，因名丘，字仲尼。面如蒙俱，河目隆颡似黄帝，修肱龟背似汤，项类皋陶，肩类子产，要以下不及禹三寸，长九尺六寸，人谓之长人，有四十九表。为儿嬉戏，常陈俎豆。娶于宋之并官氏，生伯鱼。以鲁哀公十六年四月十八日乙丑卒，年七十三，葬鲁城北泗上。哀公诔之曰尼父，后儒称为素王，平帝元始元年追谥褒成宣尼公，魏太和十六年改谥文圣尼父，周大象二年封邹国公，唐初因隋大业以前祀孔子为先圣，太宗贞观十一年尊为宣父，高宗永徽中以为先师，显庆二年复为先圣，乾封元年诏赠太师，武后天授元年封隆道公，明皇开元廿七年追谥文宣王，宋大中祥符元年欲追谥为帝，或言不当加帝号，遂谥曰玄圣文宣王，并封官氏郓国夫人，五年，以国讳改谥孔子为至圣文宣王，元武宗初，加号大成至圣文宣王，至顺三年，加封并官氏大成至圣文宣王夫人，明嘉靖九年，定号至圣先师孔子。故称孔子者，或单称尼，亦曰孔父，亦曰孔圣，亦曰孔公，亦曰宣尼，亦曰孔宣，亦曰宣圣"①。梁氏的这段释文完全可以视为一篇有关孔子今生后世从出生到圣人的发迹简史，其尊奉孔子为儒教先师之心跃然纸上。并且，梁氏对于前人有意将孔子及儒教佛老化的做法更是嗤之以鼻，"案：《隶释》'夏堪碑'以仲尼为仲泥，虽古字通借，未免侮圣。至宋周密《癸辛杂识别集下》云，'或语天台陈召，先圣本名兵，已乃去其下二笔'，则又诞矣。他若《庄子·盗跖篇》谓孔子为盗丘，梁僧祐《弘明集》慧通驳夷夏论引经称为光净童子，《路史》发挥老子化胡篇注引造天地经号为儒童菩萨，唐段成式《酉阳杂俎》玉格以孔子为玄宫仙，此皆无稽之谈，不足道也"②，指摘佛老及杂说之意十分明显，足以见其对于以儒家名教为代表的古史道德系统的尊信和维护。

上述而言，梁玉绳《古今人表考》较好地补正考辨了班固《古今人表》存在的问题及其近两千位传说和历史人物，进一步宣扬了"彰善戒恶，准古鉴今"的宗旨和义理。但是，也存在一个问题或者说是缺憾，从一定程度上讲属于方法论上的误区，这一问题和缺憾在梁氏其他的经史研究领域

① （清）梁玉绳：《汉书人表考》卷一，第 33～34 页。
② （清）梁玉绳：《汉书人表考》卷一，第 34 页。

也较为明显。以《史记志疑》为例，即"指摘《史》文是一事，古史的真象又是一事，如以现传古籍来校《史记》，固然可以证明《史记》的错误，但是又有什么证据足以证明现传古籍的必定正确呢？所以不能够得到一点印证，就算是揭发出史实真象了"①。这种方法的确容易陷入单纯考订史料的误区，在《古今人表考》中也体现得较为明显。例如，考"仓颉"，梁氏言"仓颉始见《荀子·解蔽》，又作苍，姓侯刚……案：仓颉或以为古帝，或以为黄帝史官，疑莫能定，详《书序》疏中。《路史》从古帝解，谓仓帝、史皇，非人臣之号。殊不然。仓帝之称出于谶纬杂说，如《书》疏引《慎子》，《水经注》《路史》引河图玉版之类，乃后人尊之云尔，非其本号，不足取据（或言苍帝是称伏羲，亦通）。《左传》楚有史皇，《战国策·赵策》有苦成帝（一作常），岂亦非人臣乎？《吕览·君守》叙史皇在二十官之中，其非帝王可知，故《论衡·骨相》云：'苍颉为黄帝史'，与班氏同，当是也"②。梁氏采信《吕氏春秋》《论衡》之说，而不以谶纬河图玉版之杂说为然，考订仓颉为黄帝史，却未究《吕氏春秋》《论衡》之说语出何处，又有何旁证，这便忽略了在考订过程中验证史源确凿与否的问题。梁氏对于班固将古代传说中收集整理文字的一位人物纳入秩序井然的古史道德系统的做法深信不疑，并广征文献予以定性，不可不谓释古而又泥古了。从更为深入的层面来看，这是由于梁玉绳难以正确对待《古今人表》的局限性，所以才会道出"别以九品，确当为难"的疑惑和无奈，这也是乾嘉诸儒经史研究较为普遍存在的一种困惑，即虽然"经史无二途"，但研经最终是要导向义理之善，治史最终是要走近历史之真，同样需要进行实事求是的考证，但在向善与求真之间的抉择问题上往往会陷入两难的境地。在乾嘉"荣经陋史"的时代，在许多学者那里往往以经统史、以史辅经，向善自然就成为求真的前提与归宿。因此说，梁玉绳在认同《古今人表》创列了一个古史道德系统的同时，却未能对其进行反思。这一古史道德系统历经千年，尽管由他苦心修补之后几近"尽善尽美"了，但其中又有多少历史之真的成分？这恰恰也是乾嘉时代和乾嘉诸儒在史学研究中难以突破的一种局限，少有人能完全跳出义理之善而走近历史之真，这不能不说是梁玉绳及其乾嘉诸儒《古今人表》研究的一个遗憾。

---

① 贺次君：《史记志疑》"点校说明"，中华书局，1981，第3页。
② （清）梁玉绳：《汉书人表考》卷三，第95~96页。

梁玉绳除《古今人表考》之外，又有《汉书人表考补》、《瞥记》（七卷）、《庭立记闻》（四卷），多引同时代学者研究成果以补遗《人表考》之不足，其中不乏讨论辨析，因而后世研讨梁氏治表，往往三者合一，又参读其《史记志疑》，便足见梁氏《古今人表》考订之功矣。

二 对梁氏研究的补正与发挥：蔡云《古今人表考校补》及其他

除梁玉绳的《古今人表考》之外，专门考释研究《古今人表》的著述，又有与其大致同时的蔡云的《古今人表考校补》，以及其他乾嘉学者对梁氏《人表考》进行的讨论和补正，它们在一定程度上都对梁氏《古今人表》研究给予了有力的支持和补充。

蔡云（1764~1824），原名靖，字立青，号铁耕，元和人，嘉庆九年优贡生，著有《借秋亭诗草》《元号略补遗》《古今人表考校补》《元号略续校补》。蔡云曾"从竹汀肄业紫阳书院"①，又其《古今人表考校补》尝引有"钱宫詹师"语，应知其治《古今人表》与梁玉绳有着相近之处，都得到过钱大昕的指导和影响，而蔡云治《古今人表》也实与梁玉绳有着密切的关系。这主要体现为两点。一是，蔡云治《古今人表》的初衷是要对梁玉绳的《古今人表考》进行补漏正疑以示切磋，"秋初，从果泉兄假得《古今人表考》，纵横反覆读之，几忘餐寝。盖必如是而后总备之略要，亦必如是而后无忝为班氏功臣。求其讹漏不能多得，妄献疑义若干条，缮请训定，并欲乞得一部合前三种。晨夕览之为快……蔡云顿首上谏庵尊丈阁下"②。二是，蔡云治《古今人表》的有关考证成果为梁玉绳所引证和采纳，可视为对梁氏《古今人表考》有力的补充，在某些方面确实起到了"求其讹漏""妄献疑义"的作用，有如"蔡铁耕云"，多见于梁氏的《庭立记闻》。以"潘和"为例，梁氏引蔡云语："蔡铁耕云：'此疑楚卞和也，献玉被刖，事阅三君。诸书所说不同，而《韩子·和氏》以为厉、武、文，《淮南·览冥》注、《史·邹阳传》注皆以为武、文、成，《表》列文王时，或其人欤。

① （清）徐世昌主编《清儒学案》，第542页。
② （清）蔡云：《汉书人表考校补附续校补》，凤凰出版社，2019，第368页。

卞、弁古通，俱有槃音，与潘音近，且楚有潘族。和或系出于潘乎'"①，并注说："《尧典》'于变时雍'，《汉书·成帝纪》作'于藩'，《隶释》孔庙碑作于弁，亦可证。"② 蔡云言卞、弁相通，槃、潘音近，故卞和，亦可为潘和。从音韵角度来看，古无轻唇音，楚时潘读如卞，故卞和即潘和当无疑。梁氏取《尧典》例，言藩、变相通，也是恰当的旁证。这个例子说明，二人之间，不但献疑而且能够解惑，所应用的都是其所擅长的音韵训释之法，体现了乾嘉诸儒《汉书》研究中精于音韵的这一特点。诸如此类的引证颇多，又有"番君"例，乃蔡云之子锡昌考论之言，为梁氏引证，或可视为对蔡云《古今人表》研究价值及其特点的一种肯定。梁氏言："蔡锡昌（铁耕子）云：'此即吴芮，当置四等之末，传写误在前也。芮为秦番阳令，甚得江湖间民心，号曰番君，入汉为长沙王，一年薨。则芮本六国时人，故列于表，而仍其始号，明非为汉佐有功，忠著甲令也。若谓汉臣不当入表，则孔襄为孝惠博士，迁长沙太守，表固存之矣。'"③ 其引证蔡锡昌之说，一方面认定吴芮应置于四等之末，一方面认为吴芮虽为汉长沙王，但由于其以秦时为番阳令，"忠著甲令"，并非佐汉有功，因而应视为秦时人物，自然就不算入"今人"了。即便是认定吴芮是以汉臣入表中，此类情况无独有偶，汉孝惠时期的博士孔襄曾迁任长沙太守，班固也将其收录表中。蔡云对此也肯定说："以襄为例，亦当置四等之末，而说尚可通"④，只是"尚可通"一句底气似有不足。这是因为，蔡氏父子和梁氏在汉臣入表中这一问题上，其出发点在于回护班固《古今人表》但次古人而不表今人的义例，对于吴芮的解释以其名著秦时，或可以说得过去，而对于孔襄为孝惠时人，则一句"表固存之"含糊过去了，反而说既然孔襄可以置为四等，吴芮又有什么不可以呢！这样举证，于理不通。班固撰述《古今人表》，一概不录今人，对于秦汉之际的人物，则应有一定甄别收录的标准，即人物在特定时代的影响力，是关乎前代则录，而存乎今朝则免，吴芮录入表中的原因就在于其"本六国时人"，"为秦番阳令，甚得江湖间民心，号曰番君"，又由于其入汉为长沙王一年便死了，并未有什么实际的影响，

---

① 梁氏引蔡氏语，多"《淮南·览冥》注"句，又于"以为武、文、成"语后无"世次俱不紊"句，与文义无碍。

② （清）梁学昌：《庭立记闻》，第489页。

③ （清）梁学昌：《庭立记闻》，第486页。

④ （清）蔡云：《汉书人表考校补附续校补》，第368页。

因而列于表文，以彰显其在秦时"忠著甲令"的事迹。这一点应是班固的深意，蔡氏父子和梁氏都已认识清楚了。只是，对于孔襄则没有直接的说明，这不能不说是个遗憾和困惑。孔襄例若以吴芮例为标准，不但不足以为吴芮入表中作参证，更是个反证，因为孔襄确是孝惠之时发挥影响力的汉臣。那么，"表固存之"的真正原因是什么呢？只有一个原因，在于孔襄乃孔子第十世孙，其在汉初有功于儒学，因而对于构建古史道德系统的班固来讲，在宣扬儒学名教自孔子至其子孙、弟子源流这一点上一定是要"善始善终"的。所以说，孔襄"表固存之"，实为有意维护《古今人表》的宗旨和义例，而在古、今之间为儒教开启了一扇方便之门，自当无可厚非。而蔡云言孔襄"亦当置四等之末"，又王先谦指出"钱大昕云：'当与孔鲋同等'，此皆刊本之误，非班意"①，应知蔡说实出自钱大昕。

　　除《古今人表考校补》之外，蔡云又有《续汉书人表考校补》及对梁氏《瞥记》的一则补考，不但应用音韵训诂，而且能够结合金石铭文对人物进行考辨，功力之深，令人敬服。这也说明，《古今人表》研究在乾嘉时期得益于学术整体环境和学者们博洽精深的学养，无论在内容还是方法上都取得了超越前代的成绩，而这都以钱大昕为导源，以梁玉绳为发皇，而以蔡氏父子诸学者为继起，使得《古今人表》研究最终走向了考证之学的顶峰。

　　乾嘉时期，还有以桂馥、钱馥等为代表的学者对《古今人表》和梁氏的《人表考》进行了探讨和商榷，勘误正疑而不遗余力，足以引为梁氏之净友。

　　桂馥（1732～1802），字东卉，号未谷，山东曲阜人，乾隆甲戌进士，著有《说文解字义证》《缪篆分韵》《札朴》《晚学集》等，其治学"求之于经史、声音、文字诸大端，皆博观而精核"②，尤精金石、《说文》之学。对于梁玉绳《古今人表考》中几则问题，桂馥在《与丁小雅教授书》③中有所探讨，其言"读之叹其精核，既攻往谬，复多新裁……《表》中'荣声期'，小颜谓即荣启期，梁君引钱宫詹说，声当为罄，启、罄声相近。馥愚以为声当为肇，肇与声字形近。致讹古人名字异称者，或借声近之字，

---

① （清）王先谦：《汉书补注》，中华书局，1983，第388页。
② （清）阮元：《晚学集序》，《丛书集成初编》，中华书局，1985。
③ 据王重民、杨殿珣《清代文集篇目分类索引》著录为《与丁小雅教授书纠正梁玉绳人表考三事》（道光二十一年刻本），《初编》据式训堂丛书本影印。

或假义同之文，多此类也。又郑武公滑突世家作掘突，馥谓滑当为撶，《说文》：'撶，掘也'，《吴语》：'狐埋之而狐撶之，是以无成功。'晋先縠，《经典释文》又作縠，馥谓当作縠，縠，小豚也，故宣公十二年《左传》称曰：'豰子'。凡此三者皆出私肊，实无坚据，愿明者审裁而详教之"①，其言"声当为肇"，乃以字形相近推想之，参梁氏《人表考》"荣声期"例，论之已详，应知启、磬音相近，启或作磬，磬、声形相似，或转写为声，故荣启期、荣声期皆通。而桂馥言肇、声形相近，但实无确证，只能备为一说。因而王先谦《补注》采钱大昕说为是。又辨"晋先縠"例，提出以縠为縠的新说，理由是先縠又名豰子，而縠有小豚之义，且与豰同义，縠、縠、縠相近，故縠"当作縠"。这种说法补梁氏《人表考》例，不无道理。而桂馥言"滑突"当为"掘突"，梁氏言："郑武公始见《诗·缁衣序》、《左·隐元》。桓公子始见《史·郑世家》，名滑突，又作掘突"②，但未说明"滑""掘"之转，桂馥据《说文》解释说"滑当为撶"，"撶，掘也"，因而滑突又作掘突。甚为精当。

钱馥（1748～1796），字广伯，号幔亭、绿窗，浙江海宁人，乾隆时期笃学之士，"深于音韵，精研字母翻切之学"③，尝谓"《汉志》载史籀仓颉等十家为小学，宋人辑小学书，专言明伦立教之旨，必兼汉儒宋儒之说而小学之义始备"④，较之桂馥言"今以小学、经学、辞章之学判为三途……然其弊不自今始，义疏起而训诂废，议论开而辞章亡，尽破古人之藩篱者，其在赵宋乎"⑤，其学识可谓更胜一筹，此清儒倡导小学汉宋兼采之例。钱馥著有《小学庵遗稿》《读人表考札记》，悉取梁玉绳《人表考》疑讹之处约计35条，详辨之。有如"子贡"例，梁氏言："贡又作赣（《左》哀十五、十六、廿六、廿七，《礼·乐记》，唐石经《论语》。钱宫詹云：'古人名字必相应，《说文》：赣，赐也；贡，献也。则当为子赣无疑。'）"⑥ 钱馥对此说："古人名字，义取相应，然有取同训者，亦有对文者，如罕婴齐字子笛、乐涽字子明是也。端木子之字或作贡，或作赣，经典文字凡同声多通

---

① （清）桂馥：《晚学集》卷六，道光二十一年刻本，第 176～177 页。
② （清）梁玉绳：《汉书人表考》卷七，第 354 页。
③ （清）阮元：《小学庵遗稿序》，（清）钱馥撰《小学庵遗稿》，光绪乙未清风室校刻本。
④ （清）钱泰吉：《钱广伯小传》，（清）钱馥撰《小学庵遗稿》。
⑤ （清）桂馥：《札朴》卷七，《续修四库全书》影印本。
⑥ （清）梁玉绳：《汉书人表考》卷三，第 130 页。

用，则亦未见其必为赣也。胡不以叔誉之美例之谓端木子有两字也乎？汉杨赐字伯献，亦是对文。"① 从而进一步指出，子贡又名子赣，实属对文，可分别视为端木赐的两个字，并非赣、贡同训。又如"司马笃"例，梁氏言："弟履绳曰：'传中乌字两见，或皆笃之讹，有疑楚灵乱后奔晋为臣'，非也，督为吴禽矣。"② 钱馥引其释文，略有不同，"梁履绳曰：'传中乌字两见，或皆笃之讹，有疑楚灵乱后奔晋为臣亦未可知'"，并指出："《左》昭十三年传，楚人还自徐，吴人败诸豫章，获其五帅，则司马督为吴禽耳，安得奔晋为臣耶？"③ 其实梁玉绳对其弟之说已经予以否定，认为"督为吴禽"，不知钱馥何以省去梁玉绳语而以己说？不过，钱馥征引《左传》史实以证谬误，乃一语中的。钱馥又应用音韵反切之法勘正梁氏《人表考》之误，如"造父"例，"造音于到反，案：于是千之误"；又如"景瑳"例，"瑳音子何反，案：子亦千之误"④，梁氏撰《人表考》本无误，可能是由于刊刻时出现了字形相近以致转讹的问题，钱馥都能予以勘正，诚可谓"辨析毫芒"了。

除上述而言之外，乾嘉时期还有诸如齐召南、钱大昭等学者对于《古今人表》都有着一定的考订和研究，比如钱大昭，以版本勘对为特点，也勘正了《古今人表》中存在的一些问题。而自乾嘉以降且进入道咸以后，又有翟云升的《校正古今人表》和夏燮的《校汉书八表》，他们秉承乾嘉考证之余绪，对于《古今人表》都做了较为精审的考订，翟云升以文字音韵为精，夏燮则以版本勘对为善，都为后来王先谦作《补注》提供了有价值的参考。

三 从"有古无今"到"准古鉴今"：乾嘉诸儒对待《古今人表》的两种态度

历代学者对于《古今人表》的研究，既有补正，又有争议，并且争议的程度和批判的态度似乎超过了人们对其进行补正的热情。这主要体现为对《古今人表》"有古无今"问题的讨论。

---

① （清）钱馥撰《小学庵遗稿》卷二，第14页。
② （清）梁玉绳：《汉书人表考》卷六，第322页。
③ （清）钱馥撰《小学庵遗稿》卷二，第17页。
④ （清）钱馥撰《小学庵遗稿》卷二，第17页。

　　《古今人表》的出现可以说是对纪传体断代史在体例问题上一种有益的补充，但正是由于其纳入《汉书》这一断代史书，造成了"断而不断"的现象，在一些学者看来是有违义例的，从而引发了争议和批评。至少在清代以前，学者们对于《古今人表》的批评态度是比较一致和严厉的，即认为其"有古无今"，仅录秦以前人物，而涉及西汉以来的人物则一概不录。这就出现了仅记古人而无论今人的问题，进而导致"义例乖张"。其中以颜师古和刘知幾的议论为代表，且各有侧重。首先，较早指出《古今人表》"有古"而"无今"的是颜师古。他说"但次古人而不表今人者，其书未毕故也"①，认为《古今人表》"有古无今"的原因是由于《汉书》未曾完稿，推测的根据应是来自范晔《后汉书》班固本传。也就是说，颜师古认为，班固撰述《古今人表》应包括西汉一代，但是由于某些客观的原因，即"其八表及《天文志》未及竟而卒"②，《古今人表》竟未完稿，并非班固有意乖张义例。其次，刘知幾从通、断之分上对《古今人表》予以了严厉的批评："班固撰《人表》，以古今为目，寻其所载也，皆自秦而往，非汉之事，古诚有之，今则安在?"③类似这样的批评在《史通》的《表历》《题目》《断限》《品藻》《鉴识》诸篇中屡见不鲜，而前文已有所涉及，于此不再烦述。颜师古和刘知幾都对《古今人表》有所指摘，但二人对《人表》"有古无今"的理解属于两种不同的性质和层面。颜师古有意回护班固及其《人表》，将"无今"的原因归咎于未具完稿的客观因素，认为并非班固自乱义例。刘知幾则以《汉书》为纪传断代之祖，"有古"和"无今"都是乖张义例的，一部专门撰述西汉一代之皇朝正史又岂能屡入先秦人物，却不计当朝人物，因而对于《古今人表》在题目、内容、义例上都予以了彻底的否定和批判。刘知幾的批判对后世产生了重要的影响，如明代焦竑言："表名《古今》，而篇中所列不及汉人，尤为不惬"④，班固因《古今人表》更受到一些学者的非议和指摘了。

　　到了清代，对于《古今人表》的议论和批评基本上延续了前代学者的态度和观点，但也出现了新的变化，特别是乾嘉时期的学者们，出现了两种不同的态度，即"有古无今"和"准古鉴今"。

---

① 《汉书·古今人表》注，第861页。
② 《后汉书》卷八十四《列女传·曹世叔妻传》。
③ （唐）刘知幾：《史通·题目》，上海古籍出版社，1978，第92页。
④ （明）焦竑：《焦氏笔乘》卷二，《丛书集成初编影印本》，中华书局，1985。

　　其一，仍然持有"有古无今"批判态度和观点，但已有所深化，以赵翼和章学诚的相关评论为代表。赵翼对于《古今人表》的批评十分尖锐，他在《廿二史札记》中有这样一段耐人寻味的话："《史记》作十表，仿于周之谱牒，与纪、传相出入。凡列侯、将相、三公、九卿，功名表著者，即为立传，此外大臣无功无过者，传之不胜传，而又不容尽没，则于表载之。作史体裁，莫大于是。故《汉书》因之，亦作七表。以《史记》中《三代世表》、《十二诸侯年表》、《六国表》皆无与于汉也，其余诸侯皆本《史记》旧表，而增武帝以后沿革以续之。惟《外戚恩泽侯表》，《史记》所无。又增《百官公卿表》，最为明晰。另有《古今人表》，既非汉人，何烦胪列？且所分高下亦非定评，殊属赘设也……表多则传可省，此作史良法也。"① 一方面，赵翼对于表的功用是极为肯定的，认为作为史书的一种必不可少的体裁可以与纪、传相互补益。另一方面，独对《古今人表》批判甚严，集中于两点：一是《人表》不录汉人，于例不合；二是班固三科九品的评定标准难称妥当。因而赵翼主张《汉书》自不必设《古今人表》，所以他说《汉书》因袭《史记》表制，"亦作七表"，将《人表》排除在外，以示批评之义。从断代成例的角度来讲，赵翼的批评是有着一定的合理性，但其未能综合考虑班固撰述《人表》的时代背景、学术环境、社会风气诸多因素，还是和刘知幾一样对《人表》持以否定的态度，不能不说是个遗憾。又如章学诚也有类似的评论，他说："人表之失，不当以九格定人，强分位置，而圣人智愚，妄加品藻，不得《春秋》谨严之旨。又刘知幾摘其有古无今，名与实舛，说亦良允。其余纷纷议其不当作者，皆不足为班氏病也。"② 他对于刘知幾关于《古今人表》的批评是认可的，认为《古今人表》的确在"九格定人"和"有古无今"两个方面存在问题。但章学诚不像刘知幾、赵翼那样以此彻底否定《古今人表》，反而提出了具体改造《古今人表》的方案，并对《人表》问题进行了更为深入的思考和探讨，实在远远胜过前代诸贤。章学诚言："向令去其九等高下，与夫仁圣愚智之名，而以贵贱尊卑区分品地，或以都分国别异其标题，横列为经，而以年代先后标著上方，以为之纬；且明著其说曰，取补迁书，作列传之稽检。则其立例，当为后代著通史者一定科律，而岂至反为人诟詈哉？"③ 章

---

① （清）赵翼：《廿二史札记·各史例目异同》，第4页。
② （清）章学诚：《文史通义·亳州志人物表例议上》，中华书局，1985，第801页。
③ （清）章学诚：《文史通义·亳州志人物表例议上》，第801页。

氏提出以贵贱尊卑或都分国别取代圣仁智愚"四品"的标准，用以补益《史记》、稽检列传，从而成为通史之成例。这个方案表面上是意在改造《古今人表》，但对《汉书》整体而言实质上无异于釜底抽薪，将《古今人表》从《汉书》中剔出，认为其价值不过是补益《史记》之阙失，反而削弱了班固在《汉书》中"通古今"的撰述思想。况且，贵贱尊卑乃等级身份，因时代变化而性质各异，无法定性；都分国别虽然可以按国别统分人物，从某种程度上说，"国别家，惟分封分割之代有之"①，而对于上古三代尤其是传说人物则未必适用，原因在于上古传说时代何以有国别，何以精确划定年代表而"以年代先后标著上方"？显然，章学诚欲用等级的或历史的评定标准取代道德的评定标准具有积极的一面，但至少在他所处的时代还是难以做到的。此外，章学诚认为《人表》对于通史必不可少，而断代史也应有《人表》，其言"夫通古之史，所取于古纪载，简册具存；不立人表，或可如迁史之代补于固，未为晚也。断代之史，或取裁于簿书记注，或得之于耳目见闻，势必不能尽类而书，而又不能必其事之无有，牵联而及；则纵揽人名，区类为表，亦足以自见凡例，而严列传通裁，岂可更待后之人乎？"② 进而提出"断代之史，约计三门，皆不可无《人表》也"，何谓三门？"专门名家之史，非人表不足以明其独断别裁"，如《汉书》《三国志》，此为第一门；"集众所长之史，非人表不足以杜其参差同异"，如《晋书》《新唐书》，此为第二门；"强分抑配之史，非人表不足以制其芜滥猥琐"，如《宋》《辽》《金》《元》诸史，此为第三门。③ 章学诚以三门为例，直接点明了《人表》对于断代之史的作用和价值。这样看来，章学诚从史书撰写的实际需要出发，认为无论通代或断代都应设有《人表》，从而纠正了刘知幾、赵翼在《人表》问题上存在的偏见。章学诚还有一段结论性的评论，从而为这方面的争论和批评画上了句号，他说："纪传之史，仅一列传目录，而列传数有限制；即年表世表，亦仅著王侯将相，势不能兼该人物，类别区分。是以学者论世知人，与夫检寻史传去取义例，大抵渺然难知；则人表之不可阙也"④，是为不刊之论。

　　其二，对"有古无今"予以新解，并且主张正确对待《人表》"准古鉴

① （清）章学诚：《史通通释·六家》"《国语》家者"释文，第14页。
② （清）章学诚：《文史通义·亳州志人物表例议中》，第805页。
③ （清）章学诚：《文史通义·亳州志人物表例议中》，第805页。
④ （清）章学诚：《文史通义·亳州志人物表例议中》，第804页。

今"的价值和功用，以钱大昕和梁玉绳为代表。不同于以断代成例为原则对《古今人表》"有古无今"的问题进行批评的态度，一些学者在对古、今问题的理解和阐释上做文章而有意回护《古今人表》。对于颜师古"未具完稿"的说法，宋人黄履翁就有不同的看法，认为《古今人表》"有古无今"的原因是班固"畏避搁笔"①，不敢臧否今人以避口舌之祸。到了清代，对于这种观点有所异议，也有所发挥。例如，清初何焯说："今人则褒贬具于书中，虽云总备古今之要略。要其实，欲人因古以知今也。师古谓，不表今人，其书未毕故也。恐非。"② 何焯指出班固对今人的褒贬都可见于纪传之中，说他"畏避搁笔"，并不合理；至于《古今人表》不录今人，可以认为是没有必要，"因古知今"才是真正的目的。又如梁玉绳说："若表今人，则高祖诸帝悉在优劣之中，非班所敢出也。"③ 又如恽敬在《书古今人表书后》中言"孟坚于汉之君不可差等次，古人即以表今人，于是谓是表于身无事功，而为弑与被弑者列第九等，乃所以著哀平、王莽之罪，齐桓列第五，秦始皇列第六，老子列第四，而高祖、文帝、武帝可推知，此则大凿矣"④，都是与何焯的观点如出一辙。而最具代表性的言论出自钱大昕，其言："今人不可表，表古人以为今人之鉴，俾知贵贱止乎一时，贤否著乎万世，失德者，虽贵必黜，修善者，虽贱犹荣，后有作者，继此而表之，虽百世可知也。班序但云究极经传，不云褒贬当代。则知此表首尾完具，颜盖未喻班旨。"⑤ 钱大昕明确提出班固撰述《古今人表》"首尾完具"，其宗旨和功用在于"表古人以为今人之鉴"，这一观念后来总结为"彰善戒恶，准古鉴今"，对于梁玉绳及后来诸学者产生了很大的影响，进而改观了人们对于《古今人表》的指摘态度，而转向推崇《人表》有功儒家名教的价值和功用了，对此前文已有相关论述，于兹不再赘说。可以说，进入清代特别是乾嘉时期以后，在钱大昕、梁玉绳等人的努力和提倡之下，人们对于《古今人表》的认识有所转变和深化，乾嘉诸儒基本上围绕"准古鉴今"来阐发《人表》的价值和功用。受此影响道咸以后的学者们较好地汲取了并

---

① （明）凌稚隆《汉书评林》引黄履翁语，明万历九年（1581）版（北师大图书馆藏善本）。
② （清）何焯：《义门读书记》卷十六，中华书局，1987，第258页。
③ 王利器、王贞珉《汉书古今人表疏证》引梁玉绳语，齐鲁书社，1988，第1页。
④ 刘咸炘《汉书知意·古今人表》引恽敬语，《推十书》，成都尚友书塾1931年版，第1308页。
⑤ 王利器、王贞珉《汉书古今人表疏证》引钱大昕语，第1页。参见《廿二史考异》。

沿承了乾嘉诸儒的相关成果和观念，例如，蒋湘南在《书古今人表后》中言："《汉书》继《太史公书》而作也，虽以断代为例，其于迁书之所阙者无不补之。《史》无地理志，《汉书》则上述《禹贡》、《周官》……《古今人表》之作犹此意也，特篇首末明著其例，而刘知幾、郑樵辈读书鲁莽，遂诟詈至今未已矣……《表》中必有今人而止存古人，何也？曰：今人表未出也。班氏为汉臣子，其于汉君、臣、将如何表之乎？既已表之，其必中下多而上等少可知也，时人见之，毁谤殆所不免。故显宗时有人告固私作国史，固既为人所告，必匿其褒贬，今人者不出，但出《古人表》以补迁书之阙。迨至帝奇其书，复使终成前著，则班氏私史已成国史，《今人表》终不能出矣。固卒，八表皆经曹大家重定，其不删今人之名者，盖去今字则无以为《汉书》也。"① 更如，周寿昌在《汉书注校补》中言："班氏表序首云'博采篇籍，劝戒后人'，中则历引古人、善恶并举，末云'究极经传，总备古今之略要'。似乎所云古今者，撮叙之泛称，非必截分古人与今人也……且使班综列今人，则西汉君臣咸宜序次，即诸大臣、王侯、将相可意为褒贬，而高祖以下诸帝后岂得妄有等差。若置而不书，则此表仍归阙漏，故谓班未毕，班自未敢毕也。观其表末所列如项梁、项羽……之类皆属汉初，似亦微及今人以完古今两字之目"，"班氏此表全依孔氏家法，故于诸人全行辑录"。② 尽管乾嘉以后的学者们在某些问题上的认识较之乾嘉诸儒不尽相同，但其中的主要观念和为《古今人表》正名的态度是一致的，并且论证更为翔实，从而为人们研究相关问题提供了较好的参考。从此，经过有清一代学者特别是乾嘉诸儒的努力，人们对于《古今人表》在某种程度上获得了一定的共识，作为一个长期以来人们争议和批评的公案也最终尘埃落定。

综上所述，历代学者对于《古今人表》的议论和批评到了清代乾嘉诸儒那里依然存在，但呈现出一种明显的趋势，即从尖锐批评《古今人表》"有古无今"到积极宣扬《古今人表》"因古鉴今"的倾向不断增强，这表明乾嘉诸儒试图从更为深入的编纂思想层面讨论《古今人表》积极的价值和功用。这也意味着到清代特别是乾嘉时期，人们对于纪传体史书的主通、主断问题上的讨论更为细化与趋向合理，不再过分强调通、断之别，而是

---

① 刘咸炘《汉书知意·古今人表》引蒋湘南语，第 1308 页。
② 刘咸炘《汉书知意·古今人表》引周寿昌语，第 1307～1308 页。

倾向于以通补断、通断相合了，体现了中国传统史学编纂思想发展至清代乾嘉时期趋向深化。但这并不意味着到了乾嘉诸儒那里就完全提升到"会通古今"的认识高度。那么，从对断代成例的严格强调，到对"彰善戒恶，因古鉴今"宗旨的推崇，这种变化是进步或复古，是发展或束缚？还是值得我们进一步思考和讨论的，对于这一点王记录教授提出："我们再来推敲前贤的争议，就会看到，无论是非议者，还是替班固辩护者，在思维上没有跳出后世断代史的成例，从而过分拘泥于史书断限来评论《汉书》，严重限制了自己的眼光，没有体察到班固在断代史著中所蕴含的会通思想，因此也就不能真正揭示出班固撰述《人表》的旨趣，以至于生出'义例乖张'、'品第失当'、'畏避搁笔'、'因古鉴今'等说法。可以说，纯粹拘泥于断代成例来衡评《汉书》的价值，而不深入体察其中所蕴含的通古今思想，未为深知《汉书》者。"① 这对于我们认识中国古代学者特别是乾嘉诸儒《古今人表》的研究是有着一定的启发意义的。

四　从断通之别转向功用价值的关注：乾嘉诸儒《汉书》表志研究的特点

要客观评价乾嘉诸儒的《古今人表》研究，还应将其放在《汉书》表志整体研究的层面上予以认识，不能只见树木不见森林。从史学史角度来看，《汉书》的表和志沿承《史记》而设，并有所创新。《史记》创设有《三代世表》《十二诸侯年表》《六国年表》《秦楚之际月表》《汉兴以来诸侯王年表》《高祖功臣侯者年表》《惠景间侯者年表》《建元以来侯者年表》《建元已来王子侯者年表》《汉兴以来将相名臣年表》"十表"，分为世表、年表和月表，主要记述三代至太初的历史大事和相关人物，是为通代之表。《汉书》包举西汉一代史事，不取《史记》汉以前诸表，而分设《异姓诸侯王表》《诸侯王表》《王子侯表》《高惠高后文功臣表》《景武昭宣元成功臣表》《外戚恩泽侯表》《百官公卿表》《古今人表》"八表"，总的来说属于断代之表。但其中有两表比较特殊，《百官公卿表》开历代记述官制沿革之滥觞，《古今人表》将秦以前人物分三科九品排列，可视为后世品评人物在汉代的远源之一，都具有沿革的性质。《史记》又有《礼书》《乐书》《律

---

① 　王记录：《〈汉书古今人表〉撰述旨趣新探》，《山西师大学报》1996 年第 2 期。

书》《历书》《天官书》《封禅书》《河渠书》《平准书》"八书"。《汉书》在《史记》"八书"的基础上或合或改，合《礼书》《乐书》成《礼乐志》，合《律书》《历书》成《律历志》，改《天官书》为《天文志》，改《封禅书》为《郊祀志》，改《河渠书》为《沟洫志》，改《平准书》为《食货志》，又创设《刑法志》《五行志》《地理志》《艺文志》，共十志，为避免与《汉书》之"书"相重，故改"书"称"志"①。就《汉书》"十志"的功能和次序较之《史记》的"八书"而言更为精细合理，"按班书律历居首，重授时也，黄钟为万事根本。次之以礼乐、刑法、食货、郊祀皆制度也。礼不行而刑始生，货财盛而淫祀始兴，平准、均输则酷刑所由起也。次天文而五行联，次地理而沟洫联，皆有源流无定制者也。艺文为学术总汇，而天文、五行、地理、沟洫皆专家之学，实统于艺文也"②。上述可知，《汉书》的表和志沿承《史记》体例并根据时代的发展和撰述的需要进行了改目和补充，进而与纪、传共同构成了纪传体断代史的规范体例。

　　然而，历代学者对于《汉书》的表和志颇有微议，主要原因在于《汉书》乃断代之史，而往往于表和志中杂设沿革内容，所谓"断而不断"，为例不纯，因而颇受后世许多学者们的诟病。以刘知幾的评论最具代表性。首先，针对《古今人表》，刘知幾说："异哉，班氏之《人表》也！区别九品，网罗千载，论世则异时，语姓则他族。自可方以类聚，物以群分，使善恶相从，先后为次，何借而为表乎？且其书上自庖牺，下穷嬴氏，不言汉事，而编入《汉书》，鸠居鹊巢，茑施松上，附生疣赘，不知剪截，何断而为限乎？"③ 他认为，从司马迁到班固，以表为文，实属烦芜重沓，因为"天子有本纪，诸侯有世家，公卿以下有列传，至于祖孙昭穆，年月职官，各在其篇，具有其说，用相考核，居然可知。而重列之以表，成其烦费，岂非谬乎？"所以说"表次在篇第，编诸卷轴，得之不为益，失之不为损。用使读者莫不先看本纪，越至世家，表在其间，缄而不视，语其无用，可胜道哉！"④ 在刘知幾看来，表不但无用，而且还是与纪、传相重的疣赘。更有甚者，班固断代为史，"既分迁之记，判其去取，纪传所存，唯留汉

---

① （唐）刘知幾《史通·题目》："子长《史记》别创八书，孟坚既以《汉》为书，不可更标书号，改书为志，义在互文。"第92页。
② 刘咸炘：《汉书知意·志序》，成都古籍书店，1996，第1309页。
③ （唐）刘知幾：《史通·表历》，第54页。
④ （唐）刘知幾：《史通·表历》，第53～54页。

日，表志所录，乃尽牺年，举一反三，岂宜若是？胶柱调瑟，不亦谬欤！"①既然撰《古今人表》，只有古人，无论今人，不言汉事，实在是有违断限之例。其次，对于《汉书》"十志"，刘知幾虽然提倡书志应当赅博，即"班、马著史，别裁书志。考其所记，多效《礼经》。且纪、传之外，有所不尽，只字片文，于斯备录。语其通博，信作者之渊海也"②，对于志的评价要远远高于表，但是针对《汉书》的《艺文志》《五行志》的批评则过于苛刻。例如，对于《艺文志》的评价，刘知幾言："班《汉》定其流别，编为《艺文志》。论其妄载，事等上篇。"尽管班固首创《艺文志》"欲广列篇名，示存书体而已。文字既少，披阅易周，故虽乖节文，而未甚秽累"，但后来的史书多"前志已录，而后志仍书，篇目如旧，频烦互出"，"骋其繁富，百倍前修。非唯循覆车而重轨，亦复加阔眉以半额者矣"，因而"愚谓凡撰志者，宜除此篇。必不能去，当变其体"。③刘知幾认为史书设艺文志"详求厥义，未见其可"，不如没有，或是仅记当代书籍即可。又如对《五行志》的评价，刘知幾在《五行志错误》和《五行志杂驳》等篇中对班固附会阴阳灾异进行了尖锐的批评，指出班固在"引书失宜""叙事乖理""释灾多滥""古学不精"四个方面的不足，认为"班氏著志，抵牾者多。在于《五行》，芜累尤甚"④。上述所举刘知幾对于《汉书》表、志方面的议论和观点对后世的许多学者产生了相当的影响，其后诸如郑樵、吕祖谦、罗泌、焦竑、王观国、杨慎等学者都是"竞相弹射，少所推嘉"⑤。很显然，以断代成例为评判标准对表、志的价值和功用进行批评，是存在一定片面性的。

这种情况到了清代在一定程度上得到了改观和纠正，人们不再拘泥于主通主断上的严格区分，而是将注意力和研究重点放在了《汉书》表、志的功用和价值上，并通过考订的方法对相关内容进行了补充和校正，从而让人们进一步认识到其应有的价值。例如，清初学者朱鹤龄言："表与纪传，相为出入。凡列侯、将相、三公、九卿、其功名表著者，既系之以传。此外大臣，无积劳亦无显过，传之不可胜书；而姓名、爵里、存没、盛衰

---

① （唐）刘知幾：《史通·断限》，第96页。
② （唐）刘知幾：《史通·书志》，第56～57页。
③ （唐）刘知幾：《史通·书志》，第61～62页。
④ （唐）刘知幾：《史通·汉书五行志错误》，第533页。
⑤ 参见（清）梁玉绳《汉书人表考》卷一，中华书局，1985。

之迹，要不容以遽泯，则于《表》乎载之。又其功罪事实，传中有未悉备者，亦于《表》乎载之。年经月纬，一览瞭如。作史体裁，莫大于是。"①又如夏燮言："表之自为一体，可以考纪、传、志之异同焉，以补纪、传、志之阙秩焉。且据表以正纪、传、志之误，与据纪、传、志以正表之误者，恒得失相半焉。然则表曷可废乎哉！"② 这表明，清代学者们对于《汉书》体例的规制和纪、表、志、传的作用及其相互间的关系都有了较为客观而公允的评价和认识，在一定程度上纠正了前人对于表的片面性的观念。那么，再具体到《古今人表》问题上，以钱大昕和梁玉绳为代表的乾嘉诸儒通过对《古今人表》进行翔实的考订校勘，一方面弥补纠正了《古今人表》疏脱紊次之不足，一方面强化了人们对于《古今人表》宗旨和义例的认识。如钱大昕曾对梁玉绳言："此表用章儒学，有功名教……详列孔氏谱系，俨以统绪属之。孟坚具此特识，故卓然为史家之宗，不独文章雄跨百代而已。"③ 钱大昕指出《古今人表》旨在"用章儒学，有功名教"，一语道出《古今人表》撰述的义例和功用，这种认识在乾嘉诸儒所处的时代较之前人是相对公允与符合历史实际情况的。可以说，我们今天对于《汉书》表、志的认识和研究很大程度上是受到了清代学者特别是乾嘉诸儒的影响。

由此，我们再来审视《汉书》的表和志，应具有很高的学术价值。《汉书》"八表"中，以《百官公卿表》和《古今人表》得到格外的关注和较高的评价，《百官公卿表》兼具"志""表"的妙用，"它兼有'百官志'和'公卿大臣年表'的作用"，特别是其文字综述部分，"其作用即等于一篇论述官制沿革的'通古今'的'百官志'。由此开端，以后大多数'正史'都设有'百官志'或'职官志'"，"《史记》和《汉书》中的各表，都类似有这种功用。史书中有'表'，也是中国传统史学的一个创造"。④ 而对于《古今人表》，"质言之，实先秦之人名大辞典也"⑤，是我们从事先秦历史文学人物研究必不可少的重要参考资料。而对于《汉书》十志的价值和功用，白寿彝先生的相关评价非常精辟："班固为史学上的有关学科的研

① （清）朱鹤龄：《读后汉书》，《愚庵小集》卷十三，上海古籍出版社，1979。
② （清）夏燮：《校汉书八表序》，《二十五史补编》，中华书局，1955，第 135 页。
③ （清）梁玉绳：《汉书人表考序》，第 1 页。
④ 陈其泰：《再建丰碑——班固和〈汉书〉》，生活·读书·新知三联书店，1994，第 176 ~ 177 页。
⑤ 王利器、王贞珉：《汉书古今人表疏证·小引》。

究开辟了道路，是很有地位的。有的为政治制度史、法律史、经济史、水利工程史、艺术史、历史地理各科的学术源流，提供了开创性的著作。十志的范围不限于汉代。自古以来的典章制度，包括传说，都写进十志了。好多分支学科都是从十志开始有了记载。研究两汉及汉以前的典章制度，必须要看《史记》的'八书'和《汉书》的'十志'。特别是把十志搞清楚，才能搞清后世的典章制度。"① 这表明，《汉书》以"十志"为代表，最能体现其博洽的一面。当然，"十志最足以表现《汉书》的博洽，但折衷主义的面貌也在十志里暴露得更显著"，其"首先表现为对政治史跟经济史、政治史跟文化史之理解的矛盾，同时也表现在政治史现象之间理解的矛盾"。② 今人对《汉书》表和志在一些方面的不足的认识，显然已经超越了乾嘉诸儒及其时代，但乾嘉诸儒对于《汉书》表、志的研究在考证方法和补正内容方面无疑还具有很高的借鉴价值和意义。

从文献著录情况来看，乾嘉诸儒对《汉书》的八表和十志或多或少都有所涉及和研究，例如《律历志》，专门性论著有王元启的《〈汉书·律历志〉正讹》，文章有姚文田的《〈汉书·律历志〉元法考》、严可均的《书〈汉书·律历志〉后》等，而《百官公卿表》也多有学者予以不同程度的考辨。

A Study on *Hanshu Ancient and Modern People's Table* by Scholars in Qianjia Period: And the Characteristics of the Research on the Tables and Records of *Hanshu* in the Period of Qianjia

Yuan Fazhou

(People's Fine Arts Publishing House, Beijing, 100000, China)

Abstract: The study of *Hanshu* in the Qianjia period of the Qing Dynasty is an important part of the academic study of Qianjia and even the whole academic

---

① 白寿彝：《司马迁与班固》（代序），施丁、陈可青编著《司马迁研究新论》，河南人民出版社，1982，第 12 页。

② 白寿彝：《司马迁与班固》，《白寿彝史学论集》，北京师范大学出版社，1994，第 752 页。

study of the Qing Dynasty. The scholars of Qianjia period entered history by textual research, not only aided the classics into history, but also verified the classics by history, and carried out a comprehensive study and summary around *Hanshu*. As far as the specialized works on the study of *Hanshu* are concerned, the scholars of the Qianjia period made the most efforts in the annotation of the records of *Hanshu*, and the relevant research results mainly focused on the *Ancient and Modern people's Table*, *Geography Records and Arts and Culture Records*. Among them, on the basis of the research of scholars of previous dynasties, the scholars of Qianjia period carried out a comprehensive and detailed examination, revision and supplement of the *Ancient and Modern People's Table*, and there were two research tendencies of focusing on criticizing "there is the ancient but not the present" and actively promoting "learning from the ancient and the present", indicating that the scholars of Qianjia period tried to discuss the value and function of the *Ancient and Modern People's Table* from a more in-depth compilation ideological level.

Keywords: *Hanshu*; Scholars in Qianjia Period; *Ancient and Modern People's Table*

《北齐律》与儒家伦理的制度化困结

——和士开案反映的"礼法"对社会伦理关系规范的失序

范一丁*

摘　要　《北齐律》"重罪十条"对有关伦理权利义务社会关系的规范，是试图以此实现"礼"对个人一般性社会行为规范的法律儒家化的中间过渡，具有典型性。然北齐有良法而无法治，引礼入法却礼治不张。权臣和士开跻身北齐政坛，因"卖官鬻狱""秽乱宫掖"被处死，但对其具体所犯何罪，相关记载并没有说明。若以和士开未触犯"重罪十条"而论，以其身份，则应入"八议"之列，按《北齐律》是有被赦免的法律依据的。而和士开被杀的"故事"，至少从制度层面反映了儒家以伦理关系所表达的社会关系与社会现实尚难以完全融合的事实，致使"官""商"之间在彼时形成了尤显突出的奇特关系。与"重农抑商"基本经济政策相适应的伦理规则对出仕者"重义轻利"的行为规范，每时每刻都在与"官商一体"所反映的政治经济伦理对个人行为约束失范的现象相并存。而以其对"官""商"行为及他们之间关系规范的设计表明，此间儒家政治经济伦理的制度化并没有解决好与市场规律相适应的商人行为规范的相对独立性，以及将其"合法性"需要纳入秩序建立范围的问题。

关键词　《北齐律》　重罪十条　伦理法　官商关系　商人行为规范

---

* 范一丁，江西乐平市人，贵州黔匀律师事务所一级律师，法学博士，主要从事合同法、法律史研究。

在高氏家族控制东魏政权和建立北齐的过程中，作为北齐元勋、有"赵魏之豪"称誉的封隆之作出了重大的贡献，《北齐书》将其与高乾并传。然而，封隆之对于东魏及北齐政权而言的功绩，并不只是因为其早年曾接济高欢所率"就食山东"的六镇流民，而得以"首参经略"，还在于其"奇谋妙算"，素有军功。如在北齐建立后，高昂死后及高仲密投靠西魏之际冀州豪族的两次骚乱，都因封隆之而得以迅速平定。① 封隆之对北齐的另一重要贡献是其以"手书削稿，罕知于外"的律学素养，他曾"参议麟趾阁，以定新制"②。与南朝汉士族崇尚佛老、热衷于清谈、轻视名法不同，北方汉士族多传习律学，参与了北朝的汉化过程中的法律制定，③ 而封氏一族的封隆之及其子封绘，封轨之子封述，作为当时著名的律学家，直接参与了东魏北齐的法律制定，程树德云："渤海封氏，世长律学，封隆之参定麟趾格，封绘参定齐律。"④ 北魏廷尉封轨子封述，作为封氏的另一支中的突出代表，少有才华，十八岁即为济州征东府恺曹参军，后历任御史中丞、尚书三公郎中。东魏孝静帝天平年中，与封隆之等议定"麟趾新格"，其"增损旧事为麟趾新格，其名法科条，皆述删定"。东魏武定七年（公元549年）授大理卿，系职业法官。封述"久为法官，明解律令，议断平允，深为时人所称"⑤。"麟趾新格"，是东魏孝静帝兴和三年（公元541年）颁布的以具体的刑法条文为主的法规汇编。⑥ 北魏末东魏初，时局动荡，《洛阳伽蓝记》记载"民讼殷繁"而"前格后诏，自相与夺"⑦。东魏孝静帝遂决

---

① （唐）李百药撰《北齐书》卷二十一《高乾封隆之传》，中华书局，1972，第302~303页。
② （唐）李百药撰《北齐书》卷二十一《高乾封隆之传》，第302页。
③ 郭东旭，申慧青：《渤海封氏——中国律学世家的绝响》，《河北学刊》2009年第5期。
④ 程树德：《九朝律考》卷六《北齐律考》，中华书局，1963，第410页。
⑤ （唐）李百药撰《北齐书》卷四十三《封述传》，第573页。
⑥ 关于"麟趾格"，《唐六典》卷六《刑部郎中员外郎》条注云："后魏以格代科，于麟趾殿删定，名为麟趾格。"（（唐）李林甫等撰《唐六典》卷六"刑部郎中员外郎"条，陈仲夫点校，中华书局，1992，第185页。）"科"，是以"具体规范"，"禁约某种对象行为，是对律令的具体诠释与补充。"（徐世虹：《汉代法律载体考述》，杨一凡总主编、高旭晨主编《中国法制史考证》甲编第3卷《历代法制考·魏晋南北朝法制考》，中国社会科学出版社，2003，第167~168页。）"格"，其"是科的发展与延续"，但在北魏后期至北齐初，社会矛盾激化，"此时的格取代了律文，成为当时主要的法律形式。"（马小红：《"格"的演变及其意义》，《北京大学学报》（哲学社会科学版）1987年第3期。）
⑦ （北魏）杨炫之撰，范祥雍校注《洛阳伽蓝记校注》卷三《城南·景明寺》，上海古籍出版社，1958，第134页。

定重修麟趾格，由尚书左丞崔逞任"主议"，① 三公郎中封述为主要执笔者，温子升、邢邵等文官参议制定。② 《魏书·孝静帝纪》载："齐文襄王（高洋）自晋阳来朝，先是诏文襄王与群臣于麟趾阁，议定新制，甲寅班于天下。"《麟趾格》以具体的刑法条文为主，以"格"代"科"，有别于律之正统，优先于律适用。③

东魏的《麟趾格》与后来著名的《北齐律》，有直接的渊源关系。高欢秉政于东魏，初期沿用"东魏麟趾格"。《隋书·经籍志》云："后齐（神武帝（高欢）又于麟趾新殿删正刑典，谓之麟趾格。"④ 东魏的《麟趾格》今已失传，现仅存于《北史·窦瑷传》一条，其内容为："母杀其父，子不得告，告者死。"⑤ 北齐初，"司徒功曹张老上书，称大齐受命已来，律令未改，非所以创制垂法，革人视听"。文宣帝高洋"于是始命群官，议造《齐律》"，但却"积年不成"，"其决狱犹依魏旧"。⑥ 后北齐武成帝高湛欲树新政，初即位便称"王者所用，唯在赏罚。皆赏疑从重，罚疑从轻"，"又以律令不成，频加催督"。⑦ 只是到了河清三年（公元564年），《北齐律》才制定完成，由尚书令赵郡王高睿等奏上《北齐律》12篇、《新令》40卷。此外行用的还有《权令》2卷和《别条权格》。⑧

《北齐律》从文宣帝初议修律至河清三年制成，历经14年之久。而北齐自东魏武定八年（公元550年），高洋废孝静帝元善，建立北齐，历六帝也只有短短的28年（550～577年）。终北齐一朝，有一半的时间都处于修订新法的过程中，对法律的制定可谓重视，但作为北齐皇族的高氏家族内部的乱伦行为及吏治的腐败，一半的时间都处于修订新法的过程中，对法律的制定可谓非常重视，但北齐作为皇族的高氏家族内部的乱伦行为及吏治的腐败，与其因对汉士族势力的依赖，而不得不注重以儒家化的法律制

---

① 崔逞"主议《麟趾格》"，参见（唐）李延寿撰《北史》卷三十二《崔逞传》，中华书局，1974，第1187页。
② 《洛阳伽蓝记》："法吏疑狱，簿领成山，乃敕子才（邢邵）与散骑常侍温子升撰麟趾新制十五篇，省府用以之决狱。州郡用为治本。"[（北魏）杨炫之撰，范祥雍校注《洛阳伽蓝记校注》卷三《城南·景明寺》，第134页。]
③ 邓奕琦：《北朝法制研究》，中华书局，2005，第115页。
④ （唐）魏徵等撰《隋书》卷三十二《经籍志二》，中华书局，1973，第974页。
⑤ （唐）李延寿撰《北史》卷八十六《窦瑷传》，第2871页。
⑥ （唐）魏徵等撰《隋书》卷二十五《刑法志》，第704页。
⑦ （唐）魏徵等撰《隋书》卷二十五《刑法志》，第705页。
⑧ （唐）魏徵等撰《隋书》卷二十五《刑法志》，第705～707页。

度来建立其社会政治经济秩序形成鲜明的对照，这种在政治上表里不一的现象，与构成北齐政权主要力量的北镇和代北鲜卑族，及胡化汉人因循部族旧制有关。这使北齐的政治谋图，处于进退维谷的矛盾之中。一方面，高欢及北齐诸帝，均秉承以晋阳军事集团，来制约邺城政治势力的政策。但同时存在的情况是，自高洋禅代称帝建立北齐后，北齐诸帝对北镇旧勋贵，以及高氏宗亲的势力的利用和打压并举。① 另一方面，东魏、北齐以汉文化为基础建立的政治法律体系，由于"胡化"势力的左右，并未得到真正的推行。这是其政治上矛盾的另一面，因为如此，所以带来了混乱，如历史学家缪钺说，"北齐政治遂始终不上轨道，以迄于亡"②。

一　《北齐律》及其"重罪十条"

《北齐律》被认为是魏晋南北朝一代法典发展的集大成者，《隋书·刑法志》云："河清三年，尚书令、赵郡王叡等，奏上齐律十二篇：一曰名例，二曰禁卫，三曰婚户，四曰擅兴，五曰违制，六曰诈伪，七曰斗讼，八曰贼盗，九曰捕断，十曰毁损，十一曰厩牧，十二曰杂。其定罪九百四十九条。又上《新令》四十卷，大抵采魏、晋故事。"《北齐律》"科条简要"，同一时期的《北周律》与之相比，后者"大略滋章，条流苛密，比于齐法，烦而不要"。且《北齐律》颁布后宣传工作做得很好："又敕仕门子弟常讲习之，齐人多晓法律，盖由此也。"③ 今人程树德先生因此有论："南北朝诸律，北优于南，而北朝尤以齐律为最。"④ 陈寅恪先生也说："北齐刑律最为史家所称。"⑤ 但似乎仍有的疑惑是，《北齐律》的制定，有如此成就，且在法律宣传上，自上而下也是做得很到位的，却越发因此显得这部详要得当、体例完善的法典，与其时贪污盛行、吏治腐败之乱象很不相称。对此的合理解释是，其法典的完善应该归功于渤海汉士族于乱世而独行的律学传习。

---

① 薛海波：《东魏北齐国家权力结构新论——以怀朔镇勋贵任官为中心》，《史学月刊》2014年第 7 期。

② 缪钺：《东魏北齐政治上汉人与鲜卑之冲突》，《读史存稿》，生活·读书·新知三联书店，1963，第 93 页。

③ （唐）魏徵等撰《隋书》卷二十五《刑法志》，第 705~707 页。

④ 程树德：《九朝律考》卷六《北齐律考》，第 393 页。

⑤ 陈寅恪：《隋唐制度渊源略论稿·刑律》，生活·读书·新知三联书店，2001，第 124 页。

《北齐律》将由晋律创立而为南朝、北魏、北周各代律典所沿用的《刑名》《法例》两篇合为《名例律》一篇，并置于律首，进一步突出了律典总则的性质和地位，使律典的体例结构自此以后得沿用。并且，《北齐律》针对《法经》以来律典篇目不断增多的弊端，精简其篇目结构为十二篇，且其篇目设置更为合理。自《北齐律》始，中国封建法典篇章体例结构得以定型，其《名例律》总则的名称和与其他篇目的关系固定不变，为后世诸代沿用，直至清末，在中国立法史上占居着承上启下的重要地位。并且，《北齐律》代表了自北魏以来魏晋南北朝法律儒家化倾向，其以儒家宣扬的君权与夫权为核心的纲常伦理道德为标准，将以往的重罪加以归纳，使之由零散变为完整，形成"重罪十条"，置于律首，并规定"其犯此十者不在八议论赎之限"。隋《开皇律》在此基础上稍加损益，创设了"为常赦所不原"的"十恶"定制，成为隋唐以后至明清历代王朝的刑法原则。①

《北齐律》首次提出"重罪十条"的名称，这些罪名的形成，与汉代确立礼治纲常有直接的关联，是引礼入法的典型表现。《北齐律》"又列重罪十条：一曰反逆，二曰大逆，三曰叛，四曰降，五曰恶逆，六曰不道，七曰不敬，八曰不孝，九曰不义，十曰内乱。其犯此十者，不在八议论赎之限"②。对《北齐律》"重罪十条"各罪名形成的渊源，有戴炎辉《唐律十恶之溯源》一文，在论及唐律十恶之渊源问题时，具体涉及《北齐律》"重罪十条"的形成过程，其认为，十恶之确立可分为酝酿期（汉至北魏）和确立期（北齐隋唐）。隋唐十恶中之"谋反"、"大逆"、"恶逆"及"不道"，由汉律之"不道"罪分化而成立，"不义""内乱"系沿袭《北齐律》、《北周律》及隋《开皇律》；"不睦"则始自《开皇律》。戴先生认为，汉律中"不道"是概括的，包含极广的罪名。"不道无正法，以所犯剧易为罪"，也即不具体限定何种犯罪行为，凡背德逆伦特重的行为即属不道。十恶之中"谋反""大逆""叛逆""大不敬"诸罪名从"不道"中分化出来，隋唐之"不道"，仅仅保留汉律"杀不辜一家三人为不道"的残杀的意义，

---

① （清）沈家本：《历代刑法考》，邓经元、骈宇骞点校，中华书局，1985，第1785页；程树德：《九朝律考》《北齐律考·序》，第393页；〔日〕大庭脩：《秦汉法制史研究》，林剑鸣等译，上海人民出版社，1991，第111～112、115、118页；戴炎辉：《唐律十恶之溯源》，中国法制史学会出版委员会编《中国法制史论文集》，台北：成文出版社，1981；桂齐逊：《国法与家礼之间——唐律有关家族伦理的立法规范》，台北：龙文出版社股份有限公司，2007，第37页。

② （唐）魏徵等撰《隋书》卷二十五《刑法志》，第706页。

专指凡人犯中最无人道的、必须严惩的行为。因此，"不道"罪从汉代起，七百年中不断分化、缩小，至唐定型。① 大庭脩教授也指出，汉代"不道"罪的概念范围较宽，唐律"十恶"中之"谋反""谋大逆""叛逆""大不敬""不道"等可与之相比附或联系；而"恶逆""不孝""不睦""不义""内乱"虽违反人伦，却未有属于"不道"罪之确证。这可能是由于在汉代，违背家庭伦理的行为，被归入礼教问题，刑的意识还没有扩大到由国家处以最严重的罪名——"不道"罪的程度。汉的"不道"罪，将会伴随法律概念的发达而分化，与唐之"十恶"发生联系。② 学者薛菁研究认为，北齐制律，将违犯政治伦理的谋反、大逆、降、叛等重罪和违犯宗族伦理的杀母等罪行从不道中彻底分化出来，使之成为特别的罪名。不道仅剩下汉代的使用残酷手段杀人，严重违反人道的含义。同时，《北齐律》继承和拓宽北魏孝文帝不孝罪之规定，将恶逆、内乱、不孝、不义等悖礼逆伦之罪加入律条中。《北齐律》中用礼法结合的原则，将这些重罪加以归纳，在更广泛的意义上列举了罪名，使之从零散变为完整，从而形成了十种重罪。这十种重罪分别是：反逆（谋反及篡权行为）、大逆（毁坏皇家宗庙、陵寝及宫殿的行为）、叛（背叛朝廷和国家的行为）、降（投降敌伪）、恶逆（谋杀或者殴打尊亲属）、不道（灭绝人道残杀人的行为）、不敬（偷盗皇家器物或者祭祀用品，以及过失危及皇帝安全）、不孝（不奉敬、侍养尊长及违反服制的行为）、不义（部下及百姓杀死郡县管理者或丈夫去世而妻子匿不举哀等行为）、内乱（亲属间乱伦行为）。③

《北齐律》"重罪十条"，至隋《开皇律》有一定的改变，但主要内容仍保留下来，并定制为"十恶"重罪。而《唐律》"自武德以来，仍遵开皇，无所损益"。正如《唐律疏议》所云，"十恶"重罪，其"重"在"亏损名教"④。而"名教"的内容，不只是涉及"家庭伦理"，魏晋南北朝"名教"所代称的存在物，乃是社会的伦理行为规则。如郭象为玄学所做的最终归结："名教出于自然。""名教"的所指，实乃国家政治法律制度，包

① 戴炎辉：《唐律十恶之溯源》，中国法制史学会出版委员会编《中国法制史论文集》，第3页。
② 〔日〕大庭脩：《秦汉法制史研究》，第111~112、115、118页。
③ 薛菁：《魏晋南北朝刑法研究》，博士学位论文，福建师范大学，2005，第83页。
④ （唐）长孙无忌等撰《唐律疏议》卷一《名例·十恶》，刘俊文点校，中华书局，1983，第6页。

括维系家庭成员之间关系的制度，只不过这样的制度是通过儒家所概括的伦理化方式表现出来的，也就是以"礼"所表现的伦理关系所具有的调整个人之间，个人与社会、国家之间关系的特有方式，即"教化"方式为手段的，所以被冠之以"名教"，"亏损名教"即被认为构成对国家政治法律制度的破坏，罪名之重，由此可见。

与魏晋玄学主张以取法于"自然"的规则作为社会行为规则不同，魏晋以来律学的兴盛，与两汉时经学的大成有很大关系。① 后者提供了儒家为"出世"而构建的礼制体系，这是魏晋南北朝律学得以为中华法系的形成奠定基础的原因。②

二 《北齐律》促成的儒家伦理规范向社会 一般性行为规范的过渡

《北齐律》的儒家化，不仅表现为儒家经学注释学派依据先秦儒家礼治思想构造的理想化的礼制规则体系，为魏晋南北朝律学在"以经注律"和"引礼入律"的名义下，所实现的对国家法律制度，主要是刑法制度的构建提供了纸上蓝图，而且"南北朝佛、道、儒三教和南北两个学术系统在礼制轨道上有归宗的趋势"。《北齐律》的儒家化以及佛、道、儒三教的归宗，"成为中华法系建立的理论基础"，在魏晋南北朝法律体系的构建上，亦是有所反映。如《北齐律》之"重罪十条"，何以在隋朝的《开皇律》中最终演变定型为"十恶"之罪？其中"十恶"罪名的形式来源，就被认为是受到佛教影响的证明。③ 事实上，外来的佛教和本土自生的道教得以在魏晋南北朝盛行，它们的教义和戒律对人们世俗行为的约束，与儒家所推行的礼制所试图构建的社会秩序，不仅并无冲突，而且是以宗教的立场，弥补了礼制的不足，包括它们作为宗教的教化力量，也是礼制借助的伦理秩序力量所不具备的。

---

① 薛菁：《魏晋律学昌盛之原因探析》，《东南学术》2007 年第 4 期；梁治平：《寻求自然秩序中的和谐中国传统法律文化研究》，上海人民出版社，1991，第 289 页。
② 陈寅恪先生说："古代礼、律关系密切，司马氏以东汉末年之儒学大族创造晋室，统制中国，其所制定之刑律尤为儒家化。既为南朝历代所因袭。北魏改律复采用之，辗转嬗蜕，经由齐、隋以至于唐，实为华夏刑律不祧之正统。"（陈寅恪：《隋唐制度渊源略论稿》，生活·读书·新知三联书店，1954，第 100 页。）
③ 参见周东平《隋开皇律十恶渊源新探》，《法学研究》2005 年第 4 期。

不过，在此值得探讨的一个问题是，如近代法学家沈家本在其《法学盛衰说》所总结的，中国法学始于三代，盛于战国，至秦而衰，汉代复兴，其后"宋承唐律，通法学者代有其人……迨元废此官（指律博士），而法学自此衰矣"，但至清代却出现了复兴，所以作为法学的法律学术始终存在。①然其所论之"法学"一语，却受到现代研究者的质疑，即认为沈家本错在以"律学"为"法学"，而中国古代并无西方由"古希腊自然理性法思想与罗马万民法的实践和罗马法学家的努力相结合的产物"——"法学"，因为西方之"法学"的基本含义是："法学是关于神和人的事物的知识；是关于正义和非正义的科学……"②而中国之"律学"，则"主要是从文字、逻辑和技术上对法律条文进行详细解释，关注的中心问题是刑罚的宽与严，肉刑的存与废，律、令等法条的具体运用，以及礼与刑的关系等"。二者之差别不仅在于从内容上看，后者并无"对人类普遍正义与个体权利的研究"，还在于从方法上看，缺少"逻辑学的运用"，从而"不可能上升为系统的科学理论"。③虽然关于中国"律学"并不是不使用"逻辑"的，如上引张中秋的论述中，也认为"律学"是以"逻辑"和"技术"来对法律条文进行解释的。当然，这种在解释法律条文中"律学"运用的"逻辑"，确实并非是对法律现象进行的归纳和演绎。显然，无论中西方，自有国家时起，就有法律存在，只不过中国之"律学"的进路，是"引经注律"，而不是像西方"法学"那样，以"自然法"为对象。但是，应该注意到，西方"法学"所使用的"逻辑"方法，归根溯源，是来自古希腊亚里士多德之物理学的。而这种"借用"，并不被认为有什么不恰当，其实是因为这种"借用"是建立在那个同样产生于古希腊时代的著名"命题"的基础之上的，即："人是万物的尺度。"④这个命题往往被从正向解读，即以"人"是万物之进化到最高阶段的产物，但极易被忽视之处却是将人与万物归属于同一类。而正是这个潜在的结论，导致了将客观存在的社会规律，等同于自然之物相互关联的客观规律，并以"形式逻辑"本身，作为社会规律存在

---

①　参见（清）沈家本《寄簃文存》卷三《法学盛衰说》，第 2141～2144 页。

②　〔古罗马〕查士丁尼：《法学总论》，张企泰译，商务印书馆，1989，第 5 页。

③　张中秋：《论传统中国的律学——兼论传统中国法学的难生》，《河南省政法管理干部学院学报》2007 年第 1 期。

④　北京大学哲学系外国哲学史教研室编《古希腊罗马哲学》，生活·读书·新知三联书店，1957，第 138 页；〔古希腊〕柏拉图：《普罗泰戈拉篇》，《柏拉图全集》第 2 卷，王晓朝译，人民出版社，2003，第 488 页。

的外在表现形式，或者说是认为只有以"形式逻辑"才能对这些规律进行描述。因此，以"形式逻辑"的方法认识社会规律，似乎确实因据之以"客观"和其本身之"可计算"的路径，包括归纳与演绎，使人类社会的存在因同样具有物质性，其规律与自然之物所依循的规律具有相同的那部分存在，而得以有"确定性"的描述。即便如此，虽然西方法学对"自然法"的表述从来都是有歧义的，但都将自然法的产生，归之于与"自然"（物之自然，以及与物之自然不可脱离的，都共同遵循同一终极诫律的社会之自然），① 即万物皆同之以物质性存在的"自然"与社会存在及其发展的"自然"。但是，这两种"自然"，既有相同部分，也有不同之处。因为作为人的存在，其精神存在既具有物质性同时又具有精神性，因此不同于"物"的存在。这个不同，使人类社会的存在，具有不同于客观物质世界存在的特殊性。西方"自然法"的概念，虽然也包含有二者之间相区别的内容，但重在强调不同中的相同，即强调"自然法"作为"永恒定律"，是客观外在物的自然与人类社会所共同遵守的，而忽视了对后者存在的特殊性的认识，从而也就忽视了作为人类社会存在的"自然"所遵循的规律的特殊性，即以所谓"永恒定律"来替代人类社会存在应遵守的规律，事实上所欠缺的正是对人类社会存在所具有的客观规律不完全等同于物质世界客观规律的一面的认识。正是在这个问题上，反映出西方法学的路径与中华法系之进路分歧之所在。即中华法系的伦理法特质，是对人类社会存在以伦理关系所表现的精神存在的特殊性的反映。虽然社会伦理关系并非社会关系之全部，但其是社会关系中体现社会精神存在特征的人与人之间的关系，其不同于社会生产关系，而是人与人之间"通过意识"形成的伦理权利义务社会关系。②

伦理关系是以"主观精神关系"和"客观实体关系"两个方面构成的。③ 伦理关系以其"主观精神关系"，而不同于物的关系，并因此体现了人类社会存在的特殊性，但同时以其作为"客观实体关系"，则反映了以物的关系为基础而表现的人类社会存在的物质性。但是，由于"主观精神关

① 〔意〕登特列夫：《自然法：法律哲学导论》，李日章、梁捷、王利译，新星出版社，2008，第 18~20、23~25 页。
② 朱海林：《论伦理关系的特殊本质》，《道德与文明》2008 年第 4 期。
③ 朱海林：《论伦理关系的结构》，《河南师范大学学报》（哲学社会科学版）2010 年第 3 期；宋希仁：《论伦理关系》，《中国人民大学学报》2000 年第 3 期。

系"和"客观实体关系"这两个方面的相互作用，人类社会所表现的物的关系，最核心的部分，即生产关系，却是由人的有意识的生产活动所形成的，是不以人的意志为转移的。同样是不同于一般性的物的关系。黑格尔以伦理的存在作为"抽象法"的渊源，即所谓"伦理性的东西作为具体的现实"，只能从"实体性出发"进行探讨——伦理关系存在于家庭、市民社会和国家等社会实体之中，在黑格尔那里，"客观实体关系"是作为其本质的"精神"关系的实现而表现的，即个人、家庭、市民社会和国家是"伦理精神"的现实性体现，[①] 而存在于人们社会生活中的所有领域之中。[②] 对于中华法系之"礼法"，"礼"的关系固然以宗法等级制为核心，但其作为伦理法，乃是以反映伦理关系之一般性存在的为基础的。伦理关系中的以血缘关系为纽带所形成的代际关系，具有一般意义上的等级性，[③] 并非在去掉"封建的宗法等级关系"以后就不存在。伦理法的存在也是具有一般性意义的，并且，由于伦理关系所具有的一般性社会规范的属性，而不能将伦理关系仅视之为道德关系。虽然伦理规范往往主要是以道德规范为手段，但伦理规范是不同于道德规范的。因为伦理是指伦常秩序，[④] 而"道德"则是"一定社会的人们对人与自然、人与人、人与自身应然关系的反思、认同和实践，以及在此基础上形成的关于应当如何的观念、品格、规

---

① 〔德〕黑格尔：《法哲学原理》，范扬、张企泰译，商务印书馆，1979，第 173、195、242、253 页。

② 朱海林：《论伦理关系的结构》，《河南师范大学学报》（析学社会科学版）2010 年第 3 期。

③ 王树新：《社会变革与代际关系研究》，首都经济贸易大学出版社，2004，第 2~3 页；廖小平：《伦理的代际之维——伦理分析的一个新视角》，博士学位论文，湖南师范大学，2003，第 40 页。

④ "伦理"一词，在西方伦理学中，有两种含义：亚里士多德在《尼各马科伦理学》中说："伦理德性则是由风俗习惯熏陶出来的，因此把'习惯'（ethos）一词的拼写方法略加改变，就形成了'伦理'（ēthike）这个名称。"（〔古希腊〕亚里士多德：《尼各马科伦理学》，苗力田译，中国社会科学出版社，1990，第 25 页。）但在古希腊语中，"伦理"（ēthoes，ἦθos）含义有三：（1）常歇处，居处，住处，（动物的）巢穴，洞，窝，栏，圈等；（2）风俗，习惯，习气；（3）性情，性格，性质。有学者认为这才是"伦理"的原初含义，如海德格尔在《关于人道主义的书信》中谈道："如果说按ἦθos一词的基本含义来看，伦理学这个名词说的是它深思人的居留，那么，那种把存在之真理思为一个绽出地生存着的人的原初要素的思想，本身就已经是源始的伦理学了。"（〔德〕海德格尔：《关于人道主义的书信》，《路标》，孙周兴译，商务印书馆，2000，第 420 页。）在中国古代，"伦理主要是指人伦关系之理，……古汉语中的伦理也主要是指人们所认识和理解的应然性的伦常秩序。"（刘仁贵：《再论伦理与道德的关系》，《"第二届中国伦理学青年论坛"暨"首届中国伦理学十大杰出青年学者颁奖大会"论文集》，2012，第 76 页。）

范和行为"①。虽然"伦理的'理'与道德的'道'应当是统一的"，但"伦理的侧重点强调的是人们在社会生活中客观存在的各种社会关系，突出的是如何保持这些复杂的社会关系，使之处于一种和谐和融洽的状态之中。而道德的侧重点强调的则是社会个体，突出的是社会个体能否将由伦理衍生出来的道理内化为内在品性，并转化为一种自觉的行为。因此，伦理范畴侧重于反映人伦关系以及维持人伦关系所必须遵循的规则，道德范畴侧重在反映道德活动或道德活动主体自身行为之应当"②。

　　具体来说，"律学"取"法"于"经"，这就需要看"经"为何物？汉代经学以"三礼之书"为"经"。而《仪礼》和《礼记》中关于"礼"的仪式部分，是对那个以"德"之谓来表述的人类社会的客观规律（"德"为对"道"的认识之"得"）的外在表现形式"礼"的模拟，所以老子之"道法自然"是物理意义上的，而孔子之"礼"，才是关于社会规律的。至于因认识的一成不变而以"经"为教条，那是无意或有意的误读。魏晋玄学对先秦儒学在哲学高度上的提升，是得到共识的，而这种提升也是以"名教归于自然"为归结的，只不过这里的"自然"，却并非是指物理世界之万物大同之自然，而是指人类社会存在的"自然"，其是客观的，对人们行为具有约束力的规律，即"名教"所言之"礼"，就是存在于这个"自然"之中的。虽然魏晋玄学所推崇的"自然"，也包含有万物存在之"自然"的含义，并因此有嵇康、阮籍等"竹林七子"抽身于纷争、动乱的社会，放浪形骸、肆意酣畅于竹林之下，以竹林溪水、山间石磴为可师法之"自然"，但其目的既在于"越名教而任自然"，也就与"名教"脱不了干系。玄学最终得出"名教归于自然"的结论，倒是与西法以宇宙之"永恒的定律"为"自然法"的认知有类似之处。然而，事实是，人类社会与客观物质世界即使都受"永恒定律"的支配，却并不可能因此让人再去像动物那样生存，所以社会存在的"自然"还是与客观物质世界存在的"自然"不同。因此，西方"法学"关于"正义、权利、平等、自由、契约"等的核心问题，③ 所涉及的是人类社会的根本问题，于中国古代"礼法"而言，

---

① 刘仁贵：《再论伦理与道德的关系》，《"第二届中国伦理学青年论坛"暨"首届中国伦理学十大杰出青年学者颁奖大会"论文集》，2012，第 78 页。

② 邹渝：《厘清伦理与道德的关系》，《道德与文明》2004 年第 5 期。

③ 张中秋：《论传统中国的律学——兼论传统中国法学的难生》，《河南省政法管理干部学院学报》2007 年第 1 期。

是分别归于"经"论范围的，① 确实不是"律学"所关注的。而"以经注律"或"引礼入律"，也正是为了实现对这些核心问题的解决。那么，"律学"确实不是"法学"，"礼法"之论，才可与之相提并称。

但是，"律学"与西方之"注释法学"也不尽相同，不同之处在于其并非重在"注释"律文，而是意在"引礼入律"，即引入那个以"礼"为称谓的规则系统。这个规则系统试图对个人的一般性社会行为作出规范，也就将法律包括在内，使那些由国家以律、令、典、式、格、诏、诰、科、比、例（其中诏令包括制、诏、诰、敕、旨、册、谕、令、檄等）形式颁布的"法律"符合"礼"的规范要求，或者说，是试图以"礼"的规则体系，来构建这样的"法律"。这个目的，早在先秦儒家那里，就已经确立。后来者都强调"以礼为法"，却多停留在表面的层次上，而未加以具体的深入。正如同在先秦儒家那里，"礼"的规则体系实际已转化为社会的一般行为规则，却仍然被认为其只是调整宗法关系的伦理规则（其实只是调整等级关系的行为规则）一样，误读是一直存在的。而这样的误读，其实只不过是把手段（伦理的）与目的（约束一般性社会行为）等同于一。在这个问题上，中国古代"礼法"以对伦理规则的抽象而形成的一般性社会行为规则，作为"法律"的渊源（这是"引礼入律"的认识论基础），其路径的选择，与两千多年后的西方，那个以关于"客观精神的哲学"来论及法律时的伟大哲学家们的认识，有着惊人的相似：黑格尔认为国家是"伦理理念的实现"，而自在自为的国家"就是伦理的整体"②。国家作为"伦理的整体"得以实现其自在自为的存在，是由"自由意志"借外物（特别是财产）以实现自身而成为"抽象法"，与"自由意志"在内心的实现而成为的"法律的真理"，即道德，它们二者结合为一物，来完成的。③ 去掉其理

---

① 《庄子·天运》云："孔子尝问老子曰：'丘治诗、书、礼、乐、艺、春秋六经以为文。'"这是最早称为"经"的由孔子所作的六种书。郑玄注《孝经》曰："经者，不易之称。"《释名·典艺》曰："经，径也，常典也；如径路无所不通，可常用也。"皇侃曰："经者，常也，法也。"《文心雕龙·宗经》曰："经也者，恒久之至道，不刊之鸿教。""经"为"圣人"所作，而"圣人之道是万世不变的常道"，所以"经"是论"道"的，《博物志》说："圣人制作曰经，贤者著述曰传。"六经之用，如《庄子·天下》篇所说："诗以道志，书以道事，礼以道行，乐以道和，易以道阴阳，春秋以道名分。"《史记·滑稽列传》引孔子的话："六艺之于治，一也。礼以节人，乐以发和，书以道事，诗以达意，易以神化，春秋以道义。"（参见蒋伯潜、蒋祖怡《经与经学》，世界书局，1941，第1~5页。）

② 参见〔德〕黑格尔《法哲学原理》，第258页。

③ 贺麟：《黑格尔著〈法哲学原理〉一书述评》，〔德〕黑格尔《法哲学原理》，第12页。

论中的那个先验性的假设，即去掉那个其所谓的"自由意志"自我演变的抽象假设，即可以看到其认识中正确部分。那个被其称之为"抽象的法"的法律，与道德相结合而成为伦理，因此伦理与道德不同，它与法律并不是并列相关的各自存在，而是法律存在之渊源。黑格尔由此点明了的是，法律固然不可能离开道德而独立存在，但道德并非是法律，但同时存在的事实是，伦理是法律的渊源。以此，我们可以使前面的观点变得更加清晰起来："引礼入律"，并非是引"道德"入"律"，而是以那个被称之为"礼"的社会一般性行为规则体系，即"伦理"作为"律"的渊源。

正如同黑格尔所论的"抽象的法"是以个人的自由意志在物上的体现，即所有权，这个理论上的设定开始，其法哲学理论从而被认为起始于民法哲学一样，中国古代"礼法"的产生，虽有"引礼入律"的通常之论，且"律"主要是指刑律而论，与之相比较，似有不同，但"礼"的规则显然不属于"律"。"引礼入律"一方面是为了使"律"以实现伦理目的为标准，另一方面，则是为了对违背"礼"的行为给予处罚。因此，"律"因为引入了"礼"而成为附属，仅就"入律"之"礼"而论，"律"中包含了"礼"对民事行为的规范，是不言而喻的，因为"礼"的世俗化存在，即起源于"交换"。

虽然在关于"礼"的起源问题上，说法有多种，但归纳起来，应该只有两大类：即以"礼"的世俗化存在为前提，认为"礼"起源于对人们之间的财产关系和身份关系的规范需要；和以"礼"的宗教性存在为前提，认为"礼"起源于祭祀。① 正如同古罗马法学被认为是"关于神和人的事物的知识"一样，"礼"也是以关于人与人之间关系，和人与神（上天和祖先）之间关系为内容的。然而，中国古代祭祀之"礼"和西方宗教之"自然法"，其实并非仅是因为信仰的需要而以权威使其规则获得的普遍性存在，从而成为它们存在的根本依据，而且还在于宗教除了关于"神"或"上帝"的前提以外，其规范的内容和目的，是在于人事。"出礼则入刑"表明"刑"本身，是"正常生活之外的东西"，但这正好说明"礼"即是

---

① 参见〔美〕伯尔曼《法律与宗教》，梁治平译，中国政法大学出版社，2003，第 14～15 页；〔法〕马塞尔·莫斯：《礼物》，汲喆译，陈端桦校，上海人民出版社，2002，第 7、192 页；杨向奎：《宗周社会与礼乐文明》，人民出版社，1992，第 244 页；徐忠明：《"礼治主义"与中国古代法律观念》，《南京大学法律评论》1998 年第 1 期；王国维：《观堂集林》卷六《释礼》，河北教育出版社，2003，第 144 页。

关于人们正常生活的东西。① 现代西方法学家伯尔曼认为法律与宗教有四种共同的要素：仪式、传统、权威和普遍性。而仪式，"即象征着法律客观性的仪节程序"。以此而论，伯尔曼所说的西方法学观念中的"法"，并非是与中国古代之"刑"或"律"相对应，而应该是与"礼"相对应。伯尔曼认为法律的仪式包括立法、执法、协商、裁判，其"也像宗教的各种仪式一样，乃是被深刻体验到的价值之庄严的戏剧化"。而"法律的仪式将所有法律制度（哪怕是最原始的法律制度）的基本前提——相同案件应当有相同判决——符号化（使之实现）：它们把这一前提从知识观念和道德义务提升为一种集体信仰"。"法律像宗教一样起源于公开仪式。"② 与西法以伦理为其渊源一样，中国古代"律"对"礼"的引入，也正是建立在以"礼"为"律"的渊源基础之上的。

　　而这里需要提及的，作为"人事"内容之一，在形式上反映人们正常生活中的交易行为及其规则的载体——契约，建立起了自我与他者的联系，"通过契约所成立的所有权"，是对单个的个人之所有权，那个自由意志所处的初级阶段的扬弃，"它的定在或外在性这一方面已不再是单纯的物，而包含着意志（从而是他人的意志）的环节"。"'不法'则是个人对自由意志实现的不能，即'特殊意志'表现为'任意而偶然的见解'而自为地与'共同意志'不同，这种向'不法'的过渡'系出于逻辑上较高的必然'"。③ 也就是说，契约作为单个的个人意志通过物的外化否定使个人意志由"特殊意志"向"共同意志"转化的中介，是黑格尔所说的作为自由意志的抽象法具有的否定之否定的变化历程于此环节必然要借助的工具，是伦理存在中必不可少的一种东西。因为黑格尔所谓的抽象法，并不可能孤立地存在，抽象法必然的发展是：自由意志在完成对"不法"的否定后，通过"道德"而被赋予正当性，最后实现向"伦理"的过渡。因此，伦理的存在作为"抽象法"的渊源（这在黑格尔那里是颠倒过来的），与之相对应，中国古代的"礼"正是伦理之"抽象法"，是"律"的渊源。契约形成之前经历了一番"援礼入法"的过程，它类似于黑格尔式的三段论逻辑，也是一个中介过程，即从最初个体的"特殊意志"借助对物的所有权，转

————————

①　参见梁治平《死亡与再生：新世纪的曙光（代译序）》，〔美〕伯尔曼：《法律与宗教》，梁治平译，中国政治大学出版社，2003，第11页。

②　〔美〕伯尔曼：《法律与宗教》，第22、23页。

③　〔德〕黑格尔：《法哲学原理》，第54、81、90页。

化为以与他人合意为基础的"共同意志"的中介过程，这是我们说中国"礼法"包含契约法规则系统的哲学依据。如果说仍然对中国伦理法之诸法合体的内容抱有怀疑态度的话，黑格尔精神哲学之包罗万象，对此则是一种可以援用的解释。尽管黑格尔本人对中国之"礼法"是完全陌生的，且在没有完全了解的情况下，给出了不当的轻率结论，① 但并不妨碍我们现在以其理论，来融通外在表现形式似乎完全不同的东、西方法律体系时，从中找到那些共同的东西，比如这里所说的伦理中的契约规则。

《隋书·刑法志》说，《北齐律》之"新令"40 卷，"大抵采魏、晋故事"，② 对我们这里的讨论是一个提示。所谓"故事"，系中国古代刑法适用中是可引为比附的事例，"故事"即为"旧事"，但"故事"在刑法适用中被引用时，则成刑法的一种特殊的表现形式，系旧的品式章程、制诏、律令之代称，与比、例大同小异，③ 但在刑法以外的语境中，仍然主要是指可以援引的旧事。④ 也正是从这个意义上说，以见之于北齐的"故事"，可以得见《北齐律》之品式章程等以外的东西，如其汇集汉魏晋以来"引礼入法"之大成——重罪十条，作为其刑法伦理化的标志，其中与市场交易行为规则相关部分的存在，是我们所要寻究的。

---

① 参见〔德〕黑格尔《哲学史讲演录》第 1 卷，贺麟、王太庆译，商务印书馆，1983，第 119、127、128 页。但正如西方学者库尔特·F. 莱德克尔所说，黑格尔对东方哲学，包括中国和印度哲学的认识，"因为他已不能阅读和消化所有为适当论述所必须的东西，加之他那个时代，知识相对不足"，导致一些人攻击他"完全不顾事实，任性、言目、随意曲解"。（〔美〕库尔特·F. 莱德克尔：《黑格尔和东方》，载〔美〕沃伦·E. 施泰因克劳斯编《黑格尔哲学新研究》，商务印书馆，王树人等译，1990，第 194、193 页。）

② 〔唐〕魏徵等撰《隋书》卷二十五《刑法志》，中华书局，1973，第 705 页。

③ 参见吕丽《汉魏晋"故事"辩析》，《法学研究》2002 年第 6 期。"故事者，百司服务及处分规程（或章程）。"（张金鉴：《中国法制史概要》，台湾：正中书局，第 25 页。曾宪义主编《新编中国法制史》，山东人民出版社，1987，第 161 页。）持此说者，皆引《晋书·刑法志》"品式章程，各还其府为故事"为证。"故事是律令以外的制书、诏浩等条删定的法律文件的汇编"（《中国大百科全书·法学》，中国大百科全书出版社，1984，第 325 页。叶孝信主编《中国法制史》，北京大学出版社，1989，第 122 页。），该论的依据主要是《唐六典》所载"贾充等撰律令，删定当时制诏之条为《故事》三十卷，与律令并行""晋之故事乃后代格式之合耳"（陈顾远：《中国法制史》，商务印书馆，1935，第 118 页。）等语。

④ 《隋书·刑法志》言北齐之《新令》40 卷，采用的是"魏晋故事"，本意是说《新令》40 卷沿用的是魏晋律，但以魏晋律或魏晋律之品式章程或律令为"故事"，与魏晋之"故事"却并不是一回事。所以对这句话的理解，还是有歧义的。当然，如果说北齐之《新令》40 卷，是以魏晋之"旧事"为比附，包括引用魏晋律在适用中的案例，来作为制定新法令的"理由"，却有些说不太通，但"故事"者，独立成语，则确为"旧事"之意。

三 和士开乱政案

——对"卖官鬻狱""秽乱宫掖"行为禁止的
法无明文及礼制规范的失序

（一）案情简介

胡人和士开为北齐恩幸集团首要人物，其本高湛王府参军，因擅胡戏，能弹琵琶为高湛亲狎，及世祖即位后"嬖幸用事"，和士开更得荣宠，时常"言辞容止，极诸鄙亵，以夜继昼，无复君臣之礼"。他与胡太后又暗地私通亲昵，且"受纳货贿，秽乱宫掖"，乃至朝政渐紊，臣僚对此多有不满。高湛死后，北齐宗亲勋贵立刻欲除掉和士开，但有胡太后阻止，一时未能成事：

> 后主以世祖顾托，深委仗之。又先得幸于胡太后，是以弥见亲密。赵郡王睿与娄定远等谋出士开，引诸贵人共为计策。属太后觞朝贵于前殿，睿面陈士开罪失，云："士开先帝弄臣，城狐社鼠，受纳货贿，秽乱宫掖，臣等义无杜口，冒死以陈。"太后曰："先帝在时，王等何不道？今日欲欺孤寡耶！但饮酒，勿多言。"睿词色愈厉。或曰："不出士开，朝野不定。"睿等或投冠于地，或拂衣而起，言词咆勃，无所不至。明日，睿等共诣云龙门，令文遥入奏之，太后不听。段韶呼胡长粲传言，太后曰："梓宫在殡，事大拄速，欲王等更思量。"赵郡王等遂并拜谢，更无余言。①

和士开得知此事后，利用后主高纬年少昏庸，得诏诱杀高睿，但后主胞弟琅邪王高俨为首的宗室及勋贵集团对其不满由来已久，从而矫诏将其杀之：

> 治书侍御史王子宜与俨左右开府高舍洛、中常侍刘辟疆说俨曰："殿下被疏，正由士开间构，何可出北宫入百姓丛中也。"俨谓侍中冯

---

① （唐）李百药撰《北齐书》卷五十《恩幸·和士开》，第 687 ~ 688 页。

子琮曰："士开罪重，儿欲杀之。"子琮心欲废帝而立俨，因赞成其事。俨乃令子宣表弹士开罪，请付禁推。子琮杂以他文书奏之，后主不审省而可之。俨诳领军厍狄伏连曰："奉敕令军收士开。"伏连以咨子琮，且请覆奏。子琮曰："琅邪王受敕，何须重奏。"伏连信之，伏五十人于神兽门外，诘旦，执士开送御史。俨使冯永洛就台斩之。①

（二）和士开之罪不属于"重罪十条"范围，且无具体罪名

和士开被杀并无具体的罪名。琅邪王高俨所言仅为"士开罪重"，治书侍御史王子宜受高俨令，而"表弹士开罪，请付禁推"，同样未说明究竟表弹和士开何罪名。《北齐书·祖珽传》中记载汉臣祖珽曾在武成帝高湛面前参劾和士开和侍中尚书令赵彦深、侍中左仆射元文遥罪状："士开、文遥、彦深等专弄威权，控制朝廷，与吏部尚书尉瑾内外交通，共为表里，卖官鬻狱，政以贿成，天下歌谣。若为有识所知，安可闻于四裔。"②《北史·和士开传》记载，在武成帝驾崩后，赵郡王睿与娄定远、元文遥等"谋出士开"，并"仍引任城、冯翊二王及段韶、安吐根共为计策"，也曾在胡太后"觞朝贵于前殿"时，面陈和士开罪状："士开，先帝弄臣，城狐社鼠，受纳货贿，秽乱宫掖。臣等义无杜口，冒以死陈。"③此陈状以为和士开"卖官鬻狱"，系同时触犯贿赂和枉法之罪，且涉及扰乱朝纲的政治犯罪，但其中关于和士开"秽乱宫掖"之所指，是说其与胡太后"通奸"，属违反礼教伦理的犯罪，且损害皇家尊严。不过，若按《北齐律》之"重罪十条"的规定，和士开的行为，尚难归于"重罪十条"中的任何一种罪名。从较近的关系是说，与损害皇家尊严有关的"大逆"，具体是指"谋毁宗庙、山陵及宫阙"④。而"奸小功以上亲、父祖妾及与和者"，方为"内乱"。⑤和士开的行为，还是难以归于此二罪。日本历史学家大庭脩对"不道"罪从汉代到唐代前后变化的研究认为，该罪名是朝着内涵缩小、定则清晰，具体

---

① （唐）李百药撰《北齐书》卷十二《武成十二王·琅邪王俨》，第 161 ~ 162 页。
② （唐）李百药撰《北齐书》卷三十九《祖珽传》，第 517 页。
③ （唐）李百药撰《北齐书》卷五十《和士开传》，第 687 页。
④ （唐）长孙无忌等撰《唐律疏议》卷一《名例·十恶》，第 7 页。
⑤ （唐）长孙无忌等撰《唐律疏议》卷一《名例·十恶》，第 16 页。

禁止范围逐步明确的方向发展的。① 事实上，不仅是"不道"罪，中国古代刑法中罪名的确立，也都存在大庭脩所说的这种发展变化趋势。

然而，像"重罪十条"中"反逆"和"大逆"这样的罪名，以现代眼光来看，其禁止范围的界定，仍是不够清晰的。因此，高俨所言仅为"士开罪重"，赵郡王睿也只是罗列和士开之具体罪状，同样没有涉及具体的罪名。当然，二王之所以说得不具体，也与有避讳之事（指和士开与胡太后通奸）有关，因为确定罪名与言及罪状的意义和影响并不一样，且确定罪名是司法行为，是以国家法律来固定对其犯罪行为的表述，并对其犯罪行为进行定性，且同时涉及处罚，与仅以某种言辞及表述其罪状（犯罪行为）的控告不同。

由于和士开事实上是未经审判而被处死的，所以其罪为何罪，并没有具体的记载。但是，若以士开没有触犯"重罪十条"而论，以其身份，② 则应入"八议"之列。在以赵郡王高睿为首的北齐宗亲勋贵欲除掉和士开，带有逼宫意味而面陈胡太后时，其实是有理由为和士开辩解的，而不必以一种感情用事的，似乎无理的方式来加以拒绝。或者说，就是即便定罪，因和士开有权获得赦免，其也不必在赵郡王高睿面前显得无据可凭，无话可说："先帝在时，王等何不道？今日欲欺孤寡耶！但饮酒，勿多言。"此言倒像是肯定高睿所奏是事实，只是自己不愿意处置此事。

《隋书·刑法志》说，《北齐律》新令"大抵采魏、晋故事"，而魏、汉、秦的刑律，是有承继关系的。秦代著名的嫪毐、吕不韦，被定为"不道"③，此二人皆有"秽乱宫掖"之事。吕不韦与太后私通，秦王渐长，乃进嫪毐于太后。嫪毐诈为宦者，又与太后私通，与和士之罪状，有相似之

---

① 参见〔日〕大庭脩《秦汉法制史研究》，林剑鸣等译，第111~112页。

② 《唐律疏议·八议》之《议贵》："谓职事官三品以上，散官二品以上及爵一品者。"〔（唐）长孙无忌等撰《唐律疏议》卷一《名例·八议》，第18页。〕《北齐书》载：和士开幼而聪慧，选为国子学生。武成帝封长广王，辟士开开府行参军。武成即位，累迁给事黄门侍郎。乾和因被疏斥，义云反纳货于士开，除兖州刺史。士开初封定州真定县子，寻进为伯。天统元年，加仪同三司，寻除侍中，加开府。四年，再迁尚书右仆射。后除尚书左仆射，仍兼侍中。成武帝寝疾于乾寿殿，以其为托孤之臣，深委任之。〔参见（唐）李百药撰《北齐书》卷五十《和士开传》，第686~689页。〕尚书左、右仆射和侍中，在北齐均为职官三品（参见卫文选《中国历代官制简表》，山西人民出版社，1987，第51页。）

③ 《史记·秦始皇本纪》云："自今以来，操国事不道如嫪毐、不韦者籍其门。"〔（西汉）司马迁：《史记》卷六《秦始皇本纪》，（南朝宋）裴骃集解，（唐）司马贞索隐，（唐）张守节正义，中华书局，1959，第231页。〕

处。但嫪毐后来反叛，吕不韦因此受到牵连，被免除相国职务，出居河南封地。不久，秦王政复命让其举家迁蜀，吕不韦担心被诛杀，于是饮鸩自尽。然而，和士开并无反叛行为，却又与嫪毐、吕不韦不同。不过，根据日本历史学家大庭脩的研究，《汉律》中的"不道"罪，是一个在律文中并不设定其禁止的犯罪行为范围，对此罪仅有原则性规定的"罪名"。即所谓"不道无正法，以所犯剧易为罪"①。而"无正法"，是说"律中未写明不法行为以及应处的刑罚。因此，'比'即判决例受到重视，没有"比"的东西就要依靠天子的决断"。因为臣子之道是人伦之道中最主要的内容之一，所以，"凡背弃为臣之道，祸乱民政，危害君主及国家，颠覆当时社会体制的行为，一般称为不道"。这里的"不道"是范围较宽的犯罪概念，其中又以"大逆"为首来统领诸多小概念："欺骗天子的行为（诬罔）；袒护臣下欺骗天子的行为（罔上）；政治主张缺乏一贯的原则，使天子与朝议困惑的行为（迷国）；对天子及当前政治公然进行非难的行为（诽谤）；以非法手段收受大量金钱或浪费以及侵吞公款的行为（狡猾）；蛊惑民心，以及因失误导致动乱的行为（惑众）；损害皇恩的行为（亏恩）；给天子、王室或国家带来严重危害的渎职行为（奉使无状）之罪。"② 以此"口袋罪"，和士开之罪为"不道"之"大逆"，即大逆不道罪，应属"重罪十条"的范围，对此，倒是不适用后来的《唐律疏议》中对"不道"和"大逆"罪的分别定义。

（三）和士开案反映的北齐商人地位的提高及商人入仕所生之政治乱象

也许是巧合，秦朝的吕不韦与相距七百多年后北齐的和士开，二人的身世，有某种相似。本为阳翟的大商人吕不韦在到邯郸去做生意时，遇到被派到赵国做人质的秦昭王庶出的孙子楚，得以子楚为"奇货"，献上金银和珍奇，并使子楚得以继位，子楚即后来的秦庄襄王。于是吕不韦终因"奇货可居"得到回报，成为秦之相国。而和士开"其先西域商胡"，即其祖父是商人。不过，也有研究认为，史书上的记载有误，和士开为魏初拓跋集团中的素和部落后裔，主要依据是 1975 年 9 月出土于河南省安阳县安

---

① 《汉书·陈汤传》："廷尉增寿议，以为：'不道无正法，以所犯剧易为罪，臣下承用失其中，故移狱廷尉，无比者先以闻，所以正刑罚，重人命也。'"〔（东汉）班固：《汉书》卷七十《陈汤传》，（唐）颜师古注，中华书局，1962，第 3026 页。〕
② 参见〔日〕大庭脩《秦汉法制史研究》，第 114～117 页。

丰公社张家村的北齐和绍隆墓志记载，其父为"从事府君"和延穆，其兄为"司空、文贞公"和安，而和安即为和士开之父，可见其祖并非"西域商胡"。① 即使如此，如李百药毒语相讥的"心利锥刀"之"刑残阉宦、苍头卢儿、西域丑胡、龟兹杂伎，封王者接武，开府者比肩"的北齐弄臣中如和士开者，其中出身为胡商而买官的不算少数，如安吐根、何海、何洪珍。齐后主高纬执政时期，得以开府封王的胡商、胡人乐士为数众多，"诸宫奴婢、阉人、商人、胡户、杂户、歌舞人、见鬼人滥得富贵者将万数，庶姓封王者百数，不复可纪。开府千余，仪同无数"②。而和士开与商人往来密切，其母丧，有邺城的富商"丁邹、俨兴等并为义孝"，受其托付，"咸往奔哭"，其中"有一士人，亦哭在限"③，号叫甚哀。《北史·和士开传》云：其"自河清、天统以后，威权转盛，富商大贾，朝夕填门，聚敛货财，不知纪极"④。而"富商大贾"，何以"朝夕填门"？当然是和士开者"自河清、天统以后，威权转盛"，但"富商大贾"意欲何求？一是为"买官"以"富"求"贵"，二是北齐时代，"官"与"商"之间因"权"与"利"之间相互利用关系，北魏文成帝拓跋濬时，就有"富商大贾"勾结官府，要射时利，"第因发调，逼民假货"，"旬日之间，增赢十倍"⑤。虽然一方面因战乱不息，导致了魏晋南北朝时期巨大的经济波动，北魏的前半叶——即太和以前，商品经济若有若无，"魏初至于太和，钱货无所周流"⑥，但是另一方面富商大贾却又在周流天下。

由于统一了中国北方的拓跋权贵，对"雕文刻镂，锦绣纂组"等"纷华靡丽"的奢侈品追求，加之"官由财进，狱以贿成"的政治黑暗，贿赂公行，上行下效，而行贿又非价值昂贵的珍奇宝货不可，造成了"奇怪时来，珍异物聚"，给富商大贾之周流天下或远走异域创造了大显身手的机会。所以尽管民间还是"钱货无所周流"，即普通商业还在若有若无之中，但这种特殊贸易业却十分兴旺，经营这种贸易的商人已多如过江之鲫，比比皆是，仅以魏都洛阳一市而论，就有很多这种富埒王侯的大商人。

---

① 参见罗新《北朝墓志丛札（一）》，北京大学历史系：《北大史学》（9），北京大学出版社，2003，第363~367页。

② （唐）李百药撰《北齐书》卷八《帝纪八》，第112页。

③ （唐）李百药撰《北齐书》卷二十一《封隆之传封孝琰传》，第308页。

④ （唐）李延寿撰《北史》卷八十《和士开传》，第3046页。

⑤ （北齐）魏收撰《魏书》卷五《高宗纪》，中华书局，1974，第119页。

⑥ （北齐）魏收撰《魏书》卷一百一十《食货志》，第2863页。

别有准财、金肆二里，富人在焉。凡此十里（按指通商、达货、调音、乐律、退酤、治觞、慈孝、奉终等八里，合准财、金肆二里，共十里），多诸工商货殖之民，千金比屋，层楼对出，重门启扇，阁道交通，迭相望临。金银锦绣，奴婢缇衣，五味八珍，仆隶毕口。神龟年中，以工商上僭，议不听（衣）金银锦绣。虽立此制，竟不施行。①

防止商贾"上僭"的法令之所以"竟不施行"，是因为这些富商大贾不但财力雄厚，还能与王侯权贵相结托，"上下通同，分以润屋"②。官吏经商日渐盛行，有所谓"牧守之官，颇为货利"③ 之说。如北齐中散大夫李岳，"尝为门客所说，举钱营生，广收大麦载赴晋阳，侯其寒食以求高价"④。虽然这一时期的商业贸易中，为满足社会上层需要的贸易占了很大比重，且从事这种贸易的主要是富商大贾的官商，但当时弃农经商的小商贩也不少。北魏恭宗拓跋余曾下令，"禁饮酒、杂戏、弃本沽贩者"⑤，可见私营商业也在逐步恢复。并且，农村中的商品交易活动也逐渐兴盛。如元淑在"孝文帝时为河东太守，河东俗多商贾，罕农桑，人至有年三十，不识末耜"⑥。说明河东地区从事商业活动的人很多，贸易关系比较发达。自孝文帝改革以来，北魏与西域各族的贸易也的较大的发展，与南朝的通商互市也十分活跃。如史载"自魏德既广，西域东夷，贡其珍物，充于王府。又于南垂立互市，以致商货，羽毛齿革之属，无远不至"⑦。及宣武元恪即位后，这种经济交往更盛于太和之时，邢峦曾上书宣武帝说："逮景明之初，承升平之世，四疆清晏，远迩来同。于是藩贡继路，商贾交入。诸多献贸，倍多于常。"⑧

虽然北魏在孝文帝改革后经济获得了发展，商业也因此得以兴旺一时，但由于其在此后即迅速灭亡，商业发展被迫中断，但北齐建立后，商业又逐渐得到恢复。如北齐都城邺城，营构建筑比魏时更加宏伟，邺城内有东

---

① （北魏）杨衒之：《洛阳伽蓝记校笺》卷四《法云寺》，杨勇校笺，中华书局，2006，第177页。
② 参见傅筑夫《两晋南北朝社会经济史》，人民出版社，1981，第352～354页。
③ （北齐）魏收撰《魏书》卷一百一十《食货志》，第2851页。
④ （北齐）李昉等编《太平御览》卷八百三十八引《三国典略》，孙雍长、熊毓兰点校，河北教育出版社，1994，第802～803页。
⑤ （北齐）魏收撰《魏书》卷四《第帝四下·恭宗景》，第109页。
⑥ （唐）李延寿撰《北史》卷十五《常山王遵传附元淑传》，第573页。
⑦ （北齐）魏收撰《魏书》卷一百一十《食货志》，第2858页。
⑧ （北齐）魏收撰《魏书》卷六十五《邢峦传》，第1438页。

西二市，"四民辐凑，里闾阗溢"①，是河北地区的商业中心。②

事实上，由于东魏、北齐拥有的地区，地处黄河南北，本是当时最富庶的产粮区。魏末大破坏，主要是在黄河以北地区。战争中耗减的人口，却由于六镇人进入中原而得到补充。东魏孝静帝武定元年（公元543年），有人口共200.8万户。二年，高欢派孙腾、高隆之为"括户大使"巡行郡县清理户籍，又查出无籍户百余万。加上这时对外战争掠来的人口，到北齐初，北齐拥有户近300万，人口2000余万。东魏时颁布了七条"劝田事"，③并宣布对新降附地区免除十年租调，开官仓出粟130万石赈济穷人，又给衣服、种粮，派使者到各地"问人疾苦"。④东魏农业恢复得比较快。元象、兴和年间（公元538~542年），由于连年丰收，谷粟一斛只卖到9钱，⑤同魏末斗粟值练数匹，⑥形成鲜明对比。⑦北齐建立后，兴办水利和屯田。《隋书·食货志》说，齐废帝乾明中（公元560年），在石鳖等地屯田，岁收数万石，自后"淮南军防粮察充足"。孝昭帝时，又开幽州督亢旧陂，在长城左右屯田，岁收稻粟数十万石，"北境得以周赡"。又于河内郡（今河南沁阳）等地屯田，用来保证河南的军粮。在水利方面，除了对北魏时期的旧渠加以利用外，又开了一些新渠：如在邺城附近决漳水，建"万金渠"（又称"天平渠"）；在南荆州"开立陂渠"；斛律羡在幽州导引高梁水等，皆有利于农业之发展。东魏初，很重视海盐的生产，政府在沧、瀛、幽、青四州（今河北、山东地区）的沿海地区设盐官傍海煮盐。沧州有盐灶1484口，瀛州452口，幽州180口、青州546口，每年可产盐20.97余万斛。民间盐户向政府交纳一定税金后，也可以煮盐出卖。海盐的生产，对东魏北齐经济极有裨益。《魏书·食货志》说，扩大海盐生产后，仅盐业一项的收入就能保证政府军费和日常开支了。有时用盐税、调绢折卖粮食，使仓库充实，有水旱灾，即能随时赈济。此期钱币，仍然沿用北魏的"永安五铢"。但私铸盛行，东魏北齐一再三令五申，并铸新钱"常平五铢"

---

① （明）崔铣辑《嘉靖彰德府志》卷八《邺都宫室志》，上海古籍出版社，1964，据宁波天一阁藏明嘉靖刻本印。

② 参见高敏主编《魏晋南北朝经济史》下册，上海人民出版社，1996，第918页。

③ 参见刘静夫《中国魏晋南北朝经济史》，人民出版社，1994，第118页。

④ （唐）李百药撰《北齐书》卷二《神武纪下》，第22页。

⑤ （唐）魏徵等撰《隋书》卷二十四《食货志》，第676页。

⑥ （北齐）魏收撰《魏书》卷五十七《崔挺传附子孝芬弟孝暐传》，第1269页。

⑦ 参见刘静夫《中国魏晋南北朝经济史》，第119页。

（公元 553 年铸），以重刑严禁私铸，但私铸之风"至于齐亡，卒不能禁"①。

不过，钱币混乱似乎对商业影响甚微，商业活跃异常，不仅商人数量增加，地位也比北魏时高。政府颁布法令保护商人，规定无故夺取商人财物者，要受免官处分。商人与政权、达官贵人的联系也更加紧密。李延寿说：北齐宗室诸王"多取富商群小，鹰犬少年"为臣佐幕僚。② 尚书右仆射段孝言掌选举，"富商大贾，多被铨擢"③。齐后主时，"州县职司，多出富商大贾"④。纵观北齐一朝，不与商人来往的官僚贵族，几乎如凤毛麟角。《北史·杨愔传》说，杨愔与太保、平原王高隆之为邻，一天看见高家大门外有胡商数人，禁不住感叹："我家门前幸好没有这些东西！"⑤ 可是，这一时期的商业的繁荣和商人地位的提高，并非与商品经济发达有关，而是与政治腐败有关。⑥

（四）北齐政治中的"官""商"关系反映的伦理关系与社会现实的内在矛盾

北齐政治的腐败，与为满足统治者对奇货异珍需求而畸形扩大的商人阶层有关，只是这二者之间的联系，还是有值得探究其因的地方。北齐后期不仅中央政府官员，而且"州县职司"，都是"多出富商大贾"。无论是官员经商还是商人买官，都是因为其官商一体的政治、经济体制导致他们作出这样的趋利性选择，对这种情形，并非仅以"北齐政治腐败"就能加以概括的。虽然北齐商业的繁荣和商人地位的提高并非是其商品经济发达所致，但毕竟商业的繁荣还是带动了商品经济的发展。显然，以"官"与"商"的关系所反映的政治权力与经济利益之间的关系，并以此进一步显示的政治与经济的关系，以后者决定于生产关系而与政治作为上层建筑建立的联系，是已为现代政治经济学所揭示的基本规律。然而，这一客观规律，因儒家哲学及其世俗化所推演形成的政治和经济理论，受到的来自其伦理化特质影响，而呈现出独特的相互矛盾的社会现象。即在儒家哲学观念指

---

① （唐）魏徵等撰《隋书》卷二十四《食货志》，第 691 页。
② （唐）李百药撰《北齐书》卷十《襄城王淯传》，第 136 页。
③ （唐）李百药撰《北齐书》卷十六《段荣传附子孝言传》，第 215 页。
④ （唐）李百药撰《北齐书》卷八《后主纪》，第 114 页。
⑤ （唐）李延寿撰《北史》卷四十一《杨播附逸弟愔》，第 1504 页。
⑥ 参见刘静夫《中国魏晋南北朝经济史》，第 118 ~ 120 页。

导下的政治经济伦理，与其以伦理关系所表达的社会基本关系难以与社会实现"融合"的内在矛盾，使"官"与"商"之间形成了奇特的相互矛盾的关系，与"重农抑商"之基本经济政策相适应的以伦理规则对出仕者"重义轻利"的行为规范，却无时无刻不在与"官商一体"现实所表现出的对个人行为的约束失范现象相并存。

孔子对个人追求财富的物质欲求是持肯定态度的，其言："富与贵是人之所欲也，不以其道得之，不处也。贫与贱是人之所恶也，不以其道得之，不去也。"（《论语·里仁》）并且，对在符合"礼"的规范前提下追求"利"的行为，孔子也是有明确认识的："礼以行义，义以生利，利以平民，政之大节也。"（《左传·成公二年》）孔子对追求"利"的行为，以"礼"来进行规范，即是要求追求私"利"的行为要做到"以其道得之"的意思，即做到"义然后取"（《论语·宪问》）。通过"礼"以"义"来实行个人行为的价值追求，是儒家"天下为公"社会本位思想的体现。而孔子以"礼"的规范来使个人行为体现"义"的要求，并以之为社会行为规则，是因为"礼"可以使"义"的概念具体化、制度化。[①]

孔子以符合于"礼"的规范而取"利"的思想，是儒家经济思想的基础。儒家经济思想贯彻于国家经济政策中，则是以"重农抑商"，对以"商"取"利"行为给予有界限的包容。关于"重农抑商"之所以贯穿于中国古代社会地主制经济之始终，许涤新、吴承明等在《中国资本主义发展史》（第 1 卷）中，对此有过较为深刻的揭示：中国古代社会的商业一向比较发达，"货币权力与土地权力的矛盾自始即很尖锐，早期封建统治者的'重本抑末'政策，就是证明"[②]。货币权力本来与土地权力的对立，是"重农抑商"经济政策产生并需要长期维系的根源。儒家将"商"与"利"等同，认为需要以"礼"来约束交易行为，是来自对商品经济的概括性认识，这当然也反映出儒家经济思想并未深入对作为自然经济必要组成部分的商品经济的具体认识。

而以"礼"作为"以其道得之"的具体行为规则的给出，是被当作符合于"道"的社会一般行为规则的，但在实现其规范作用时，则仍然需要

---

① 参见朱家桢《孔子经济思想研究》，杨荫楼主编《儒家经济思想研究》，中华书局，2003，第 8～9 页。

② 许涤新、吴承明主编《中国资本主义发展史》第 1 卷《中国资本主义的萌芽》，人民出版社，2003，第 707 页。

借助伦理规则所具有的约束力。也正因为这样的局限，"礼"的规则效力，必然要受到的来自于伦理秩序范围以外行为的排斥（丧失效力）或者说是否定（形成对立），因为对此最直观的认识是：商业行为是与伦理无关的或者说实现交易的过程，往往是暂时隔离了伦理关系的，虽然这种认识同样也是以抽象替代客观事实本身（现实中的个人实际不可脱离于伦理关系中），但以这样的抽象所给出的前提，是为突出实现交易秩序的需要而设置的，因此是必要的。

　　虽然儒家的入世之道存在着难以调和的内在矛盾，但其伦理法建立的基础，却是以人与人之间的关系，包括以交易关系为出发点的人们之间的关系。儒家这一正确的选择方向，在相当程度上是适应于其实现秩序的目的的。以中国古代社会长期的超稳定社会结构本身，就是证明。具体来说，"重本抑末"，即将农业生产，视为经济发展之本，而将商品经济视为末。这样的经济政策，来自土地权力对货币权力的抑制，反映了地主制经济的本质，且是以儒家经济思想来予以表达的。而以"礼"作为宗法伦理关系的表现形式，并以此为基础而形成的儒家经济思想，所维护的是以土地所有权制度为核心的封建制，这二者的结合是相对完整的，所以超稳定社会结构的存在，是有充分理由的。

　　但是，"重本抑末"，仅只是对地主制经济的静态表达，如许涤新、吴承明等所提出的地主制经济中的地主、商人和商利贷者"三位一体"分配机制中，地租、商业利润和利息自由流动、相互转化的观点，[①]相对较为准确地描述了地主制经济的动态状况。另外如关于以押租制和永佃权所表现的土地经营权商品化，是对上述观点的补充，[②]它们实际上都间接地说明了土地所有权者与商人的本质联系。中国古代社会长期推行的"重本抑末"经济政策，与"官商一体"的社会现象之间的矛盾，只是表面现象，维护封建地主土地所有权制的政治经济体制，必然需要容纳包括土地使用权的商品化，才能保证再生产的继续。而农业产品的商品化因分工的出现而成为必然，商品生产、分配、流通和消费同样是贯穿于地主制经济再生产的环节。

　　正是由于存在这样的政治和商业的关系，决定了主要代表地主阶级利益的掌握政治权力的官员与实现商业资本利益最大化的商人之间的关系，

---

①　参见许涤新、吴承明主编《中国资本主义发展史》第 1 卷《中国资本主义的萌芽》，第709 页。

②　方行：《地主制经济容纳商品经济问题》，《中国经济史研究》2008 年第 3 期。

是地主制经济中自给自足的自然经济与商品经济关系的反映，而并非仅只是通常所认识的，由于政治腐败导致商人买官鬻爵，对官员进行贿赂，利用政治权力谋取不正当利益，以及官员贪政卖官，亦官亦商，从商人那里瓜分和攫取商业利益。事实上，作为土地权力代表的政治权力和货币权力之间各自独立存在，且相互关联（以商品经济对自然经济的补充所实现的关联），这种关联转换为直接的兑换，并不符合正常经济规律，而是贪政所致，因此任何政权都要予以禁止。

如前所述，儒家的治世之道，以对伦理关系的维系，来实现对社会秩序的掌控，而具体实现这种掌控的工具，即是通过对"礼"的规则的推行，来规范一般性社会行为。因此，对土地权力的维护，使之不至于异化为货币权力，适当保持这二者间的距离，应当是在"礼"的规则调整范围内的。对官员与商人之间关系的控制，正是这种调整的具体表现，而儒家是以关于官员个人操守的系列"教义"来实现这一目的。如孔子所言："君子喻于义，小人喻于利。"（《论语·里仁》）是对官员只应为实现公共利益的"义"有所作为，并对其涉及与个人私"利"予以禁止的一种训诫。这里的"君子"即为天子、诸侯、各级臣僚的统称。①但类似的"礼"的规则，却是鼓励官员为公共利益而努力的，如孔子所言："邦有道，贫且贱焉，耻也。"（《论语·泰伯》）这是对国家（"邦"）所行之"道"（政治经济政策）不能致富的否定。而孔子对人的趋利性的肯定，是以"不以其道得之"为前提的。"富与贵是人之所欲也，不以其道得之，不处也。贫与贱是人之所恶也，不以其道得之，不去也"（《论语·里仁》），这与其所说的"君子谋道不谋食。耕也，馁在其中矣；学也，禄在其中矣"（《论语·卫灵公》），强调官员作为公务人员食禄来自公众，应杜绝其在职而谋利经商的行为相联系，自成体系。

虽然孔子关于"君子谋道不谋食"，被孟子概括为"或劳心，或劳力；劳心者治人，劳力者治于人，治于人者食人，治人者食于人；天下之通义也"（《孟子·滕文公》）。在通常的解说中，被认为是对强调身份等级而对"劳力者"的贬低，但孟子此论却存在着防止"治于人"的"劳心者"脱离其应有职守的含义。因此，以儒家的礼治，是将国家政治经济政策以及法律制度，与对官员和商人的行为规范包括在内的，虽给予了明确的禁戒，

①　匡亚明：《论孔子的经济思想》，杨荫楼主编《儒家经济思想研究》，第34页。

但并无具体的一般性行为规范。

结　语

北齐后期出现官商利益兑换的乱政，显然是违反"礼"的伦理规范的。虽然和士开被处死未公开定罪，但其罪行昭著，也是公认的。和士开卖官鬻狱所触犯的受贿罪加上与胡太后通奸之"大逆不道"，列入"十条重罪"，却在律法并无所据，其时对此则少有议论，到是以其官爵之显赫，应可进入"八议"之内。琅邪王高俨等人在事前对此也应当有考虑的，因为和士开有胡太后这个靠山，该等人不会不顾虑事后的交代，故弹劾和士开是要出之有据的。和士开落得如此下场，并非与篡夺皇权等行为有关，而是与其本人的贪欲有很大关系。其中与商人之间保持的权钱交易，占了相当的成分。和士开因"重罪"被处死，对北齐后期官员与商人之间保持过度的密切关系，是一种警示。虽然北齐有良法而无法治，引礼入法却礼治不张，且以《北齐律》之"重罪十条"，对和士开定罪处罚，并无所据，但此处显然是以"礼法"来适用的。也就是说，和士开之罪，与商人对其货币权力的过度主张有一定关联性，而北齐之"礼法"设置，于此而有所显示。

虽然北齐正式建立至其灭亡，只有短短的二十多年，且有法不依也是这个由北方少数民族建立的政权统治时期特有的现象，[①] 但对和士开定罪于法无据，则是礼制伦理性规范向社会一般性行为规范转化过程中失序的表现。虽然北齐刑法中"礼"的伦理规则是向社会一般性行为规范的转化过程中形成的具体规则，也应该是有一些实际存在的，但从和士开案，却尚难解析出这些具体的东西。不过，有一点是可以肯定的，那就是《北齐律》以儒家伦理为其渊源，其实现这种转化的目的和作为，是有所体现的，并且从相反方面可以印证这样的事实，即以"官商一体"在北齐后期演变为以政治权力所代表的土地权力与商人的货币权力的价值兑换，以和士开等人堪称惊世骇目的所为，而有充分的表现。所以有李百药、李延寿二人的极尽嘲讽憎恶之语，以"西域丑胡"蔑称，此言被认为所指即是和士开。[②]

---

① 《隋书·刑法志》言："军国多事，政刑不一，决狱定罪，罕依律文。"［（唐）魏徵等撰《隋书》卷二十五《刑法志》，第704页。］

② 吕思勉言："和士开之先，为西域商胡，姓素和氏，思好是言，盖有所指。"（参见吕思勉《两晋南北朝史》，上海古籍出版社，1983，第1100页。）

虽然关于和士开的家族是否确为胡商，尚有争议，但史评者将其官员之身份杂糅进了胡商之异味，于言语背后所据之评判标准，即是"礼"之规则。这些规则不仅对官员行为有所禁戒，而且对商人行为，也是有所规范的。也就是说，官员和商人之间以土地权力和货币权力价值所做的交易，即使是"对价"的，也是违反了"礼"的禁条的。这并不是说由于官员之买官鬻爵，或借用政治权力获取超出正常交易利益回报的行为侵入政治领域，破坏了"礼"通过伦理规则所建立的秩序，而是说商人的交易行为本身，就是在这个秩序的规范之内的。只不过由于儒家以伦理关系对社会关系的表达，社会现实难以实现完全"融合"。由于与市场规律相适应的商人行为规范具有相对独立性，要实现以礼制建立社会秩序就要求对商人行为规范的合法性做出说明。但不仅《北齐律》"重罪十条"作为通过儒家伦理规范向社会一般性行为规范过渡的典型，并没有解决好这个问题，而且中华法系作为儒家伦理制度化的一种实现，也一直没有解决好这个问题，这与儒家政治经济伦理制度化的实现途径与现实需要确实存在间距有关，或可表述为，其尚未实现以国家作为"伦理的整体"得以借外物（特别是财产）完善自身而成为"抽象法"，这个借助于比较法视野的说法，或在一个侧面可以有较为清晰的透视。

The Northern Qi Law and Institutionalized Problem of Confucian Political and Economic Ethics: No Norm of the Relationship of Social General Ethical Rights and Obligations by "Law and Discipline Rite" Reflected by the Crime of "Innocence" in the Case of He Shikai Corrupting Politics

Fan Yiding

(Guizhou Qianyun Law Firm, Duyun 558000, China)

Abstract: The norm of the social relationship of ethical rights and obligations by 10 High Crimes in *The Northern Qi Law* is the middle transition of the law confucianization of individual general social behavior norms by "rites". It is quite typical. However, the Northern Qi Dynasty had good law but no rule of law. Confucianism was introduced into laws, but the rule by rites was not good. Powerful ministers and Shikai were in the political circle of the Northern Qi Dynasty. He was put to death due to "selling official position" and "taking bribe". However, there was no description of his crimes in the related record. Shikai did not commit "10 high crimes". Due to his status, he should be included into "eight considerations". According to *The Northern Qi Law*, there was the legal basis of release. The "story" about the killing of He Shikai at least shows at the system level that the social relations expressed with ethic relation in Confucianism cannot completely "integrate" with social reality. Therefore, "officers" and "merchants" had an outstanding and peculiar relationship at that time. The code of conduct of "valuing justice above material gains" of officials by the ethical rules adapting to the basic economic policy of "encouraging agriculture rather than trade" always coexisted with no restriction of individual behaviors by political and economic ethics reflected by "integration of officers and merchants". The behaviors of "officer" and "merchant" and the norms of the relationship between them are involved, which indicates that the institutionalization of Confucian political and economic ethics did not solve the problem of relative independence the code of conduct of merchants adapting to the rules of the market and the problem of the inclusion of its "legality" in the scope of order establishment.

Keywords: 10 High Crimes; *The Northern Qi Law*; Ethics Law; Relationship between "Officer" and "Merchant"; Merchant Behaviors

文化视点

与牛共舞：徽州牛文化探秘[*]

与牛共舞：徽州牛文化探秘 [*]

黄交军　李国英 [**]

摘　要　牛乃中国传统文化中的重要对象与组成部分，牛文化源远流长，而徽州牛文化颇具特色、引人瞩目。以徽州牛文化为考察目标，以布尔迪厄的场域理论为契入点进行深入剖析后发现：古往今来徽州百姓高度认可牛的恩德奉献，大量含牛之地名彰显人们"舐犊情深、根植故土"的牧牛归牛家园情怀；明清时期崛起的徽商身上弥漫着"埋头苦干、发愤图强"的牛劲、牛力、奋斗精神；以黟县宏村为代表的徽风古村落始终蕴含着"天人合一、与牛共舞"的建筑美学与生态哲思，给中华民族文化自信注入正能量，高歌好声音。

关键词　牛　徽州　徽商　与牛共舞　天人合一

引　言

"牢豗渐肥堪奉祭，耕牛已买不求租"①，自古以来牛乃中国关涉三农

* 基金项目：2018 年国家社科基金西部项目"西南地区少数民族媒体语言生活调查研究"（18CYY020）；2020 年贵州省哲学社会科学规划课题"语言类型学视阈下贵阳方言声调的实验研究"（20GZZD42）；2016 年贵州省教育厅高校人文社会科学研究项目"文化人类学视野下的身份困惑与民族秘史——话说贵州穿青族的前世今生"（2016ZC011）；贵阳学院院级项目立项资助课题"《说文解字》与中国先民生态文化研究"（10976200903）。

** 黄交军，湖南新邵人，博士，贵阳学院文化传媒学院讲师，主要研究方向为文字训诂与汉字文化学；李国英，贵州贵阳人，硕士，贵阳市青岩贵璜中学教师，主要研究方向为功能语言学。

① 张春林编《陆游全集》（下册），中国文史出版社，1999，第 917 页。

（农业、农村与农民）的主要工具，给经济生活和社会稳定提供畜力支持及物质保障，堪称维系中华文明稳定的锚碇、压舱石，东汉应劭即明确指出："牛乃耕农之本，百姓所仰，为用最大，国家之为强弱也。"（《风俗通义·佚文》）① 强调牛在农耕社会中举足轻重、地位不凡，故被亿兆国民所敬仰爱戴，它亦为"上古先民'筚路蓝缕，以启山林'（《左传·宣公十二年》）民族秘史的见证者、同盟者、书写者"②，是中国传统文化形成史的重要组成部分。历史上徽州文化自成体系，极具地域特色。作为中国迈向世界的三大地方显学（徽学、敦煌学与藏学）之一，徽州文化被学界盛誉为"后期中国封建社会的典型标本"③，蕴含其内的牛文化尤值得称道，可揭秘"具有（徽派风情）地理文化单元的人类文化学、移民文化与中国封建社会后期社会文化发展典型的标本范例等切中肯綮、涵义深远的研究价值"④。如早至汉代，牛就被皖北地区民众绘成五色神牛（见图1、2，淮北市南山汉文化博物馆藏）⑤，拴于扶桑树上，凸显自然力量的强大与人类斗争精神的顽强不屈，延至中古时期牛也是斩蛟伏魔、庇佑苍生的英雄化身，乾隆版《歙县志》卷二十载："（唐天宝末年）牛与蛟斗数日，牛出，潭色赤，人谓蛟死。"⑥ 徽州文化作为一个文化圈（即独立性的社会空间），构成了安徽文化的文化子场与主干肌理，"在高度分化的社会里，社会世界是由具有相对自主性的社会小世界构成的，这些社会小世界就是具有自身逻辑和必然性的客观关系的空间"⑦，而场域作为社会学的基本概念、支柱理论与全新范式，对社会学及文化现象具有超强的洞察力、解释力、说服力，正如皮埃尔·布尔迪厄所云："一个场就是一个有结构的社会空间，一个实力场有统治者和被统治者，有在此空间起作用的恒定、持久之不平等关系，同时也是一个为改变或保存这一实力场而进行斗争的战场。"⑧ 故以场域理论

---

① 齐豫生、夏于全主编《风俗通义》，北方妇女儿童出版社，2006，第77页。
② 黄交军、李国英：《牛行华夏：〈说文解字〉牛部字涵括上古牛文化意识斠诂》，《漯河职业技术学院学报》2021年第3期。
③ 刘伯山：《徽州文化研究的学术意义》，《新华文摘》1998年第4期。
④ 刘伯山：《徽州文化研究的学术意义》，《新华文摘》1998年第4期。
⑤ 朱永德：《皖北抱鼓石形汉代画像石祠堂》，顾森等编《大汉雄风——中国汉画学会第十一届年会论文集》，高等教育出版社，2008，第485页。
⑥ 宋正海主编《中国古代重大自然灾害和异常年表总集》，广东教育出版社，1992，第533页。
⑦ 〔法〕皮埃尔·布尔迪厄、〔美〕华康德：《实践与反思——反思社会学导引》，李猛、李康译，中央编译出版社，1998，第341页。
⑧ 〔法〕皮埃尔·布尔迪厄：《关于电视》，许钧译，辽宁教育出版社，2000，第46页。

为视阈精心阐析徽州牛之文化内涵，发现其主要涉及徽州诸多含"牛"地名文化（地理场域）、徽商奔牛拓荒精神（经济场域）与牛形古村落徽派民居（建筑场域）诸层面，别有洞天，是解读古代中国牛文化的关键节点与绝佳样本。

图1 "后羿射日图"汉画像石

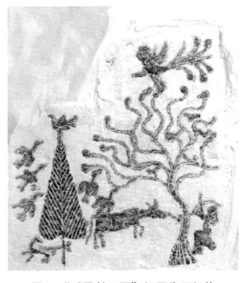

图2 "后羿射日图"汉画像石拓片

一　舐犊情深、根植故土：徽州含"牛"系列地名之文化解读

"村东买牛犊，舍北作牛屋。饭牛三更起，夜寐不敢熟"（陆游《农家歌》）①，牛替先民辛勤耕作、劳苦功高，士卒对其感情甚深，关怀备至。古谚云："生在苏州，葬在徽州。"徽州民众对牛情有独钟，且从中获益良多，因他们自古具有顽强、勤奋、开拓、进取等积极态度与拼搏精神，博得了"徽州牛""徽州骆驼"的传世美名，这些美名乃徽州人士的一张亮丽标签与金字招牌。难能可贵的是，徽州人虽累积巨额的金银财富，仍恪守省吃俭用的传统美德，可见徽州百姓赓续祖志、继往开来。牛"作为中国史书典籍中的核心词汇，几乎贯穿古代宗教、哲学、政治乃至军事等各个方面"②，鉴古知今，早至诗经时代人们已将养牛数量多少视为自身拥有丰赡财富的普遍象征，如"谁谓尔无牛，九十其犉"、"尔牛来思，其耳湿湿"、"三十维物，尔牲则具"（《诗·小雅·无羊》）③，同时也是向天神上帝、先烈先考献祭的隆重贡品，如"我将我享，维羊维牛，维天其右之"（《诗·周颂·青庙之什·我将》）④、"自堂徂基，自羊徂牛"（《诗·周颂·闵予小子之什·丝衣》）⑤，并将祭祀宗庙所用之牛雅号"一元大武"，《礼记·曲礼下》："凡祭宗庙之礼，牛曰一元大武。"唐孔颖达正义："元，头也；武，迹也。牛若肥则脚大，脚大则迹痕大，故云一元大武也。"⑥鉴于牛事关国计民生，周代官府甚至专门设置有"牛人"一职以掌管牛政牛务，见《周礼·地官·牛人》："牛人，掌养国之公牛，以待国之政令。"郑玄注："公，犹官也。"贾公彦疏："训公为官者，恐有公君之嫌，但王家之牛若公廨之牛，故须训公为官，是官牛也。"⑦考诸汗青典册喂牛饭牛者不乏圣贤高士，

---

① 张春林编《陆游全集》（下册），第803页。
② 黄交军、李国英：《为鬼为蜮：华夏民族鬼之元语言审视》，《安徽广播电视大学学报》2019年第1期。
③ 高亨：《诗经今注》，上海古籍出版社，2017，第288页。
④ 高亨：《诗经今注》，第633页。
⑤ 高亨：《诗经今注》，第661页。
⑥ 俞仁良译注《礼记通译》，上海辞书出版社，2010，第30页。
⑦ （东汉）郑玄注，（唐）贾公彦疏《四库家藏：周礼注疏（一）》，彭林整理，山东画报出版社，2004，第345页。

足见牛曾被视为彬彬君子的心灵知音，故常有感而发、讽咏时世，"颜阖古有道，躬耕自衣食"（苏轼《颜阖》）①，相传战国时鲁国著名隐士颜阖以饲牛养牛为业，不愿出仕，"鲁君闻颜阖得道之人也，使人以币先焉。颜阖守陋闾，苴布之衣，而自饭牛"（《庄子·让王》）②，据典载宁戚亦曾饭牛，见《史记·鲁仲连邹阳列传》"宁戚饭牛车下"。裴骃集解引汉应劭曰："齐桓公夜出迎客，而宁戚疾击其牛角商歌曰：'南山矸，白石烂，生不遭尧与舜禅。短布单衣适至骭，从昏饭牛薄夜半，长夜曼曼何时旦？'公召与语，说之，以为大夫。"③据场域理论观之，布尔迪厄认为：概念的真正意涵不能孤立界定，而是"来自于各种关系。只有在关系系统中，这些概念才获得了它们的意涵"④。牛作为一个场域磁核与意义焦点，在国民心目中是有着生命活力、智慧启迪与信息交换的社会存在，乃串联各种社会关系的目标动物与文化载体，表现极为活跃突出，在地域文化及社会空间具有强大正能量，故能引起古往今来无数仁人志士的情感共鸣、托物言志，成为中国文化史上的永恒主题与叙事对象，且始终处于吟咏的核心地位，是破译史前以来中华民族秘史无法忽视的文化现象。

"该秉季德，厥父是臧。胡终弊于有扈，牧夫牛羊？……恒秉季德，焉得夫朴牛？"（《天问》）⑤屈原"天问"震烁千古绝非空穴来风，而是缘来有自，相传"殷人之王，立皂牢，服牛马，以为民利，而天下化之"（《管子·轻重戊》）⑥，徽州古属中原辖领，乃中原文化强力辐射核心区域，以移民史论之，徽州是中原世家大族大规模移民的首选要冲福地，据明程尚宽《新安名族志》记载，至明朝中期，新安（即徽州）"名族"共84个，追本溯源，大约有80%以上来自中原地区。⑦迁入人口聚族而居，抱团取暖，依靠宗族势力维护自身利益，往往对本族始祖与进取英雄格外看重缅怀。南宋以降，理学盛行，徽州宗族更是强调礼乐教化的社会功用，凸显祖先在宗族谱系的开创之功，同时紧密结合当地民间信仰习俗，做到珠联璧合、

① 段书伟、杨嘉仁主编《苏东坡全集》第1册，燕山出版社，1998，第532页。
② （明）陆西星：《庄子副墨》，华龄出版社，2018，第328页。庄子，名周，字子休（一作子沐），宋国蒙（今安徽蒙城）人，战国时期伟大的思想家、哲学家、文学家。
③ （西汉）司马迁：《名家注评史记》（下），邹德金整理，天津古籍出版社，2010，第927页。
④ 〔法〕皮埃尔·布尔迪厄、〔美〕华康德：《实践与反思——反思社会学导引》，第133页。
⑤ （战国）屈原：《楚辞》，北方文艺出版社，2019，第47页。
⑥ 刘枫主编《管子》（下册），阳光出版社，2016，第479页。
⑦ 张海鹏：《徽学漫议》，《光明日报》，2000年3月24日，第3版。

相得益彰。考中原地区有殷一代华裔远祖名叫王亥，以服牛贩牛为生，拓宽了商民的经济财源，扩大其氏族活动疆域，属殷商史上声名显赫之关键人物。《天问》篇内“该”指王亥（兄），“恒”即王恒（弟），“季”为王亥之父冥。据王国维考证，《世本》“胲作服牛”、《山海经·大荒东经》“有人曰王亥，两手操鸟”、《帝系篇》之“核”、《楚辞·天问》之“该”、《吕氏春秋》之“王冰”、《汉书·古今人表》之“垓”、《史记·殷本纪》及《三代世表》之“振”等均“实系一人”。[①] 商民先公王亥，在甲骨卜辞内或称“高且（祖）亥”“高且（祖）（夒，即王亥）”，在亥字头部加“隹”或“鸟”为王亥之专用字，表明上古商民以鸟为图腾，胡厚宣精辟地论述道：“祭祀其先公先王中最显赫的高祖王亥时，头上总要冠以鸟形，以记其不忘祖源之义。”[②] 史载王亥善服牛，用牛负重致远，且常以牛群与各部落进行商品贸易、互通有无，堪称上古社会闻名遐迩的第一“商人”（王亥对后世徽商崛起不无裨益）。遍检甲骨刻辞，殷民常以数量丰富的牛牲厚币来祭祀王亥，目的在于慎终追远，并祈求祖先英灵庇佑子孙后裔繁荣昌盛，例如“燎于河、王亥、上甲十牛，卯一宰。五月”（合 1182）、“贞告于高且（祖）（夒）三牛。共五牛”（合 30447）、“高且（祖）亥，卯于上甲，羌……祖乙，羌五……牛，亡壱”（屯南 665）、“辛巳卜，贞：来辛卯酒河十牛，卯十牢，王（亥）尞十牛，卯十牢，上甲尞十牛，卯十牢”（屯南 416）、“贞：侑于王亥唯三白牛”（合 14724）、“四羊四豕五羌（于王）夒”（库 1064）。[③] 诸多考古史料凸显牛在殷民祭祀远祖王亥仪轨中扮演着重要角色，因此后世亦可知晓古人纷纷尊牛为姓氏、取牛为字号的真实动因，“孔子弟子冉伯牛名耕，司马耕字子牛，晋国的力士名牛子耕等等。这种在名字上把‘牛’与‘耕’连在一起，有力地证明当时已存在牛耕史实”[④]。究其因既是对牛崇拜民族心理的历史投影，也是古代牛耕科技发达的精确注脚。民间传统观念中牛亦属一感恩图报、温情脉脉的通灵动物，古有“舐犊情深”“舐犊之爱”“舐犊之念”“老牛舐犊”等说法，亦有牛郎织女之动人传说，上述有关牛的知识经验大力奠定了徽州地域乃至古代中国牛文化的基调。

---

① 王国维：《王国维讲考古学》，团结出版社，2019，第 40 页。

② 胡厚宣：《甲骨文所见商族鸟图腾的新证据》，《文物》1977 年第 2 期。

③ 吴浩坤、潘悠：《中国甲骨学史》，武汉大学出版社，2018，第 244 页。

④ 金景芳：《中国奴隶社会史》，上海人民出版社，1983，第 274 页。

"南上欲穷牛渚怪，北寻难忘草堂灵"（王安石《雨花台》）①，牛渚矶（安徽省当涂县西北）位于长江边，留下了东晋温峤"犀照牛渚"、袁宏高吟"牛渚咏"和唐李白"捉月"戏水等脍炙人口的精彩典故。通览徽州，含牛地名文化亦不遑多让，② 意蕴隽永，如黄山市徽州区有牛市坦，该地历史上原属牛市交易场所，地势大而平坦，故得名牛市坦。③ 有地片谓牛形，据地理特征命名，因其旁边山峰形似牛背。有地片叫牛头坑，源于地形似牛头，且地势低注。有山峰名牛鼻尖，因山形如牛鼻而得名。黄山区有农村居民点叫牛家，村庄以牛姓人家居多故称。有村庄称牛栏当，因其村庄形状与牛栏相似。也有居民点谓牛郎荡、牛郎宕，源于历史传说，据说牛郎曾在此地放过牛。有亭名伏牛亭，据地理位置而命名，因其位于伏牛岭附近。有山峰称牛鼻峰，因峰上有石如犀牛故名。屯溪区有牛蚣塘，因此塘内牛蚣较多故得名。有山峰名牛山崖，因山形犹如牛头，且山之东面十分陡峭故得名。休宁县有居民点谓牛岭，源于地貌标志，因村中两座小山，看似一对牛头，称为牛岭。有地片称牛坞，据用途命名，因该地为人们放牛羊之所。有山峰名牛角门，因山峰形状像牛角故得名。有牛公筒水库，因邻近村庄牛公冲其"冲"字通筒而得名。祁门县有农村居民点唤牛车，因该村上有牛车水碓而得名。亦有居民点叫牛屋山，因此处为养牛之所，且周边多山，以动物标志命名。有山峰谓牛头岭，因山形似牛头故名。有洞穴称金牛洞，源于故事传说，相传西湖有个牛妖怪，往西逃跑，逃到此洞，县长夫人长期生病，不见好转，县长听说该洞内有仙水，便差人来取，后夫人病好，县令大悦便赐名金牛洞。有风景名胜叫牯牛降景区、牯牛降国家地质公园，因其峰顶有黑色巨石，酷似静卧的大牯牛，得名牯牛降，因风景资源集中、环境优美，具有一定规模和游览条件，可供人们游览欣赏、休憩娱乐而成为景区。歙县有居民点叫牛泉坑，因地理位置而得名，相传山顶一泉，面积约万丈，为牛跑所至，故得名牛泉；又因村庄建于牛泉坑旁，又以坑名村，属以其地势特征和标志性地物而命名。亦有农村居

---

① （北宋）王安石撰，（北宋）李壁注，李之亮补笺《王荆公诗注补笺》，巴蜀书社，2002，第489页。

② 通过中国·国家地名信息库对黄山市（古徽州）含牛地名进行穷尽性搜索，结合百度地图、高德地图及360地图等大数据核对总计134例，充分折射出徽州人对牛之重视喜爱，故频繁将它作为地名纪念。

③ 限于本文篇幅，行文表述时笔者仅例举徽州各处含牛代表性的地名景观，下同。

民点称牛龙坑，因其地形前像牛后像龙，且地势较低而得名。亦有农村居民点谓牛竹尖，源于该处地势高竹子较多，居民常在此放牛。有山峰称牛角岭，因地形似牛角故得名。黟县有居民点称牛鼻坑，因天井窟有座山峰形似牛鼻，加上地势低洼，故以其地理位置与地势特征命名。亦有农村居民点谓牛角山，源于村庄地形与牛角相似。有山峰名牛鞍岭，因山形像牛鞍（挂于牛脖上的犁田器具）故得名。有河流唤牛泉河，据其发源地命名，因该河流发源于宏村镇牛泉山。地名乃"行走的活化石"①，徽州地区大量牛类地名焕彰远古以来神牛图腾崇拜与民族迁徙的华夏秘史。审视黄山市含"牛"系列地名，造词理据或地形地貌似牛，或以牛之部位命名，或宗族姓氏为牛，或交易物品为牛（买牛卖牛），或放牧畜养牛群，或历史传说如牛郎织女等，充分表明古徽州地区牛文化几乎无处不在、蔚为大观。在徽州文化场域（文化圈）内牛宛若一条灵魂红线，妙手缀联起州内各地的山山水水，尽显徽州地域宗教信仰、民俗风情，是学界解密徽州文化语言编码赖以生存的关钥钤键。

二　牛劲充沛、发愤图强：古代徽商
崛起奔牛精神之历史揭秘

"君不见奔牛吕城，南人北人千百舟。龙庭贵种西域贾，更敢与渠争性命"②（方回《奔牛吕城过堰甚难》），牛在徽州百姓农耕生活中不仅充当耕畜，亦为肉食来源，经过当地独门菜谱调制，回味无穷，如明医学家徐春甫（安徽祁门人）生动描绘"徽州炒牛肉法"为"嫩牛肉二斤为率，直切成条，复横成薄片，用酱拌令匀，先烧铁锅极热，浇香油半杯煎滚，方下牛肉炒煿（同爆），待本汁煮干，再加熟水一碗，酒、醋半碗，煮干，入椒末或姜丝，再炒，食松香味美"③（《古今医统大全·通用诸方·饮食类第五·脯鲜》）。牛不仅满足徽州人民的日常生存需求，更是丰富人民精神生

---

①　黄交军、李国英：《与鼠同行：〈说文解字〉鼠部字文化意蕴发微》，《漯河职业技术学院学报》2020 年第 3 期。

②　（元）方回：《桐江续集》卷十四，（清）纪昀等编纂《文渊阁四库全书》第 398 册集部五别集类，台湾商务印书馆，1983 ~ 1987，第 438 页。方回（1227 ~ 1305 年），宋元间徽州歙县（今属安徽黄山市）人，字万里，号虚谷，元朝诗人、诗论家。

③　（明）徐春甫编集《古今医统大全》（下册），余瀛鳌、项长生审校，安徽科学技术出版社，1995，第 1054 页。

活、传承商业帝国命脉的认知利器与长盛法宝，居功至伟。著名教育家陶行知（安徽歙县人）即引以为豪，点赞赋诗《游牛首山·劝赠绩溪某同伴》："何处牛头坠地？角化双峰堪异。我自绩溪来，寻到南京游历。游历，游历，从此不须穿鼻。"自注云："吾乡称绩溪人为绩溪牛，人以为侮辱，我以为是尊敬，因为牛是农家之友，没有牛，我们哪里来的饭吃呀。"① 陶氏所言非虚，"绩溪牛""徽州牛"等名号如雷贯耳，传遍大江南北、长城内外，借此可揭示徽州地区自古以来徽商崛起、强盛数百年的历史之谜，一言以蔽之，牛构成了徽州文化的经济场域与精神底座。布尔迪厄针对场域提出了"资本"的概念，"在场域中活跃的力量是那些用来定义各种'资本'的东西"②。换言之，指积累起来的人类劳动、社会资源（具有排他性，不是平均分配的，而是历史累积的结果），既可是物化的，也能以"肉身化"的形式呈现。布尔迪厄将资本细分为经济资本、社会资本、文化资本与象征资本等四类，并明确指出："社会学家和历史学家的职责在于对社会的运作进行科学分析，既然有一个研究社会的科学（即社会学），它就不可避免地要发掘隐秘，特别是统治者不愿看到的被揭露的隐秘。"③ 从而将资本概念与权力概念相联通，并延伸到文化符号领域内，牛成为徽商发展壮大经济场域的社会象征与文化符号。

"野云如火照行尘，会绩溪边去问津"④（罗隐《送刘校书之新安寄吴常侍》）。溯其源，牛乃大型野兽，亘古以来，淮河流域气候温暖湿润，物种蕃息，人类活动频繁，在 6000 年前，安徽地区的人类已开始驯化野牛，以安徽省濉溪县石山子遗址（位于淮北平原，属新石器时代）为例，出土牛之遗骸达 32 块，占动物骨骼总数的 5%，经专家鉴定属短角牛，与姜寨和磁山遗址中出土的牛掌骨相近，据此判断短角牛完全可能是当时人们饲养的家畜，其"训养后作为一种运输工具是非常理想的"⑤。徽州先民对牛

① 陶行知：《游牛首山·劝赠绩溪某同伴》，顾明远、边守正主编《陶行知选集》（三卷本）第 3 卷，教育科学出版社，2011，第 262 页。

② P. Bourdieu, L. D. Wacquant. *An Invitation to Reflexive Sociology*. Chicago：The University of Chicago Press，1992，p. 98.

③ 〔法〕皮埃尔·布尔迪厄，〔美〕汉斯·哈克：《自由交流》，桂裕芳译，生活·读书·新知三联书店，1996，第 53 页。

④ （唐）罗隐：《罗隐集校注》，潘慧惠校注，浙江古籍出版社，1995，第 263 页。

⑤ 安徽省文物考古研究所：《安徽省濉溪县石山子遗址动物骨骼鉴定与研究》，《考古》1992 年第 3 期。

畜的改造、利用从未止步，"何谓天？何谓人？北海若曰：'牛马四足是谓天；落马首，穿牛鼻是谓人'"（《庄子·秋水》）①。这表明古人已用牛鼻环来驾驭蛮牛，"牵牛要牵牛鼻子"，体现出先民驯服动物时讲究有的放矢、抓住要害，从而加速了人类驯化蛮牛、调教牛畜的历史进程，功不可没。被誉为"中国原始第一村"的安徽蒙城尉迟寺遗址（属大汶口时期）发掘出数量可观的牛、猪等动物骨骼，说明该族群聚落"已饲养黄牛与家猪，且积累丰富的驯养经验，改变了牛爱角触的特性"②，为庶民借助缰绳牵引牛牲进行耕田辟地的先决条件。而安徽寿县出土的牛铸造品与灵璧县城关七里乡发现的战国铁犁铧（犁铧呈"V"字形，前锐后阔）③ 证实早至战国时期牛耕已传入安徽淮北及淮河流域，是先进生产力的历史体现；新郑遗址新发现有盗墓分子尚未来得及盗走的汉代铁犁铧两部及陶罐、汉瓦等文物，经文物部门初步鉴定，出土的两把铁犁铧（见图3）属春秋末期或汉初铸品，每把重约30斤，④ 进一步确认铁器牛耕在徽州地区于汉时已得到普遍推广。而汉代画像石是以石为地、以刀代笔的绘画艺术，"禀三代钟鼎玉器雕刻之工，开两晋唐宋绘画之先河"，因其真实再现当时社会风俗，是研究汉代的第一手资料，具有重要的考古史料价值被著名史学家翦伯赞盛赞为"一部绣像的汉代史"⑤ "汉代社会的缩影"⑥，例如泗洪（原属安徽）出土的东汉牛耕图画像石（见图4）⑦ 更是彰显汉朝牛耕"耦犁"（俗称"二牛抬杠"）技艺与中华民族的创造智慧。以经济场域论之，在徽州黔首眼中牛是农耕社会的主要畜力，乃先进生产力的上佳代表，有力地推动了当地人民在农业生产、经济贸易、团队精神等方面的快速发展，成为徽州文化乃至中华文明的一个显著象征与民族精神。

《淮南子·说山训》："杀牛，必亡之数。"高诱注曰："牛者所以植谷者，民之命。是以王法禁杀牛，民犯禁杀之者诛，故曰必亡之数。"⑧ 鉴于

---

① （明）陆西星：《庄子副墨》，第186页。

② 张帆、华庆主编《安徽农具发展史图说》，安徽人民出版社，2006，第39页。

③ 张秉伦、吴孝铣、高有德等编著《安徽科学技术史稿》，安徽科学技术出版社，1990，第32页。

④ 《太和：夜挖遗址被发现，俩蟊贼仓皇逃离（图）》，安徽网，2017年8月18日，https://item. btime. com/0069mm65rm1siqvqam99bljuo34。

⑤ 翦伯赞：《秦汉史·序》，北京大学出版社，1983，第5页。

⑥ 中国国家博物馆：《藏在文物里的中国史4：秦汉》，二十一世纪出版集团，2017，第95页。

⑦ 张春辉编著《中国古代农业机械发明史（补编）》，清华大学出版社，1998，第115页。

⑧ 陈广忠译注《全本全注全译淮南子》（上下册），中华书局，2012，第628页。

图3 新郪故城遗址汉代铁犁铧

图4 泗洪（原属安徽）东汉牛耕图画像石

牛在经济生活中的显要作用，很早就受到朝廷法律专门保护，《淮南子》之记载应该是汉时官方保护耕牛政策在淮河流域实施的真实反映，延至中古亦然，贞观十七年（公元643年）唐太宗颁诏云："自汉魏以来，或赐牛酒。牛之为用，耕稼所资，多有宰杀，深乖恻隐。其男子年七十以上，量给酒米面。"① 唐太宗深知耕牛维护稼穑耕种、社会稳定的必要性、重要性，一举革除了逢庆典宰牛赐酺的旧习，并垂范天下。"官家不知民馁寒，尽驱牛车盈道载屑玉"（刘叉《雪车》）②。事实上牛不仅能耕种，亦能耐劳负重、驮运致远，《诗·小雅·黍苗》云"我车我牛"，朱熹集传云："牛，所

---

① （唐）李世民：《赐酺三日诏》，吴云，冀宇校注《唐太宗全集校注》，天津古籍出版社，2015，第461页。

② 马茂元选注《唐诗选》（下），上海古籍出版社，2017，第572页。

以驾大车也。"① 牛成为商贸运输、交通国中的主要工具，被商人货主视为身家所系、创业功臣。中国古代社会长期重农抑商，然延至宋元时代，随着工商业环境的逐步宽松，东南淮河流域一带商业空前繁荣，牛在载物贩盐中的主力作用日益突出，成为徽商淮商发家致富不可或缺的力畜役畜，全国的经济重心出现历史性转变，开始不断东迁南移，"南宋两税（农业税）在财政结构中所占比重越来越小，北宋仁宗时尚占百分之五六十，而南宋则下降为 20.4%（绍兴末年）和 15.3%（淳熙末年），工商税上升至百分之七八十。这是两宋赋税制度、国家财政结构中的再一大变化"②。体现商人拼搏视角与奋斗历程的文学作品开始纷纷出现，"比起前代文学来，在元末诗文中，肯定商人的声音相对多了，非难商人的声音相对少了，这就已经可以说是一种进步了"③，元代著名文学家杨维桢《牛商行》诗云："黄牛商，水牛商，驱牛渡淮道路长。淮天喘热淮月黄，老商爱牛视如伤。淮民耕稼禾上场，皮角有令恐牛殃。"④ 生动刻画出淮地牛商唯恐牛群染病而折本的辛酸场景。盐是人体必须补充的元素之一，盐业盐政在古代国计民生中居于首位，在徽商崛起过程中承载着至关重要的历史功绩，"人生不愿万户侯，但愿盐利淮西头。盐商本是贱家子，独与王家坰富豪。亭丁焦头烧海榷，盐商洗手筹运握。大席一囊三百斤，漕津牛马千蹄角"（《盐商行》)⑤。一夜暴富、富可敌国发财梦的实现背后是无数徽商以牛为道德楷模与励志典型的结果，胡适（安徽绩溪上庄村人，出生徽商世家）亦认为："近几百年来的食盐贸易差不多都是徽州人垄断了。食盐是每一个人不可缺少的日食必需品，贸易量是很大的。徽州商人既然垄断了食盐的贸易，所以徽州盐商一直是不讨人喜欢的，甚至是一般人憎恶的对象。你一定听过许多讽刺'徽州盐商'的故事罢！所以我特地举出盐商来说明徽州人在商界所扮演的角色。"⑥ 典籍文献彰显出徽州士子敢为天下先、勤劳致富、前赴后继的现实写照与历史投影，而徽商"徽州牛""绩溪牛""徽骆驼"等响亮外号不胫而走、驰名中外，成为古代中国乃至世界经济史上一道靓丽

① （南宋）朱熹注《新刊四书五经：诗经集传》，中国书店，1994，第 177 页。
② 漆侠：《宋代经济史》（上），中华书局，2009，第 444 页。
③ 邵毅平：《中国文学中的商人世界》，复旦大学出版社，2016，第 165 页。
④ （元）杨维桢撰，孙小力校笺《杨维桢全集校笺》，上海古籍出版社，2019，第 596 页。
⑤ （元）杨维桢撰，孙小力校笺《杨维桢全集校笺》，第 599 页。
⑥ 胡适：《胡适口述〈胡适的自传〉》，曲彦斌主编《中国典当手册》，辽宁人民出版社，1998，第 1041 页。

倩影。

"不负薛刍惠，终成稼穑资"（丁谓《牛》）①，牛属于徽州百姓一种重要的经济资本，给人类提供了源源不断的农耕畜力、精神动力与哲学启示。先民谨守"信如心手，亲用若神，远取诸物，近取诸身，比物立象，直明真理，治法方论"②的认知原理与实践法则，牛的坚忍不拔、无畏艰险、拓荒向前、团结协作等优点向来为世人激赏，徽州童谣云："徽州骆驼绩溪牛。"一代国学大师胡适③更是手书"努力做徽骆驼（见图5）"以自勉，甚至病逝前夕仍念叨"我是安徽徽州人"。检视台湾中华书局出版的《辞海》释"徽骆驼"云：

图 5　上庄村胡适故居手书

徽州不产骆驼，此乃喻徽州人正义奋斗、宁死不屈之性格。据史料记载：明末清初，金声抗清被停于绩溪丛山关，他密令部属退守皖、浙边界的荆州山区，利用地形，封锁四岭，不降异族，要做徽骆驼，意为不畏艰难，不怕牺牲，任劳任怨，跋涉不止的精神，徽骆驼之名由此不胫而走。④

---

① 〔日〕池泽滋子：《丁谓研究》，巴蜀书社，1998，第128页。
② （金）刘完素：《素问病机气宜保命集·自序》，张克敏、宋志萍、刘雅玲等主编《河间六书》，山西科技出版社，2010，第206页。
③ 胡适，安徽绩溪人，以倡导"白话文"、领导新文化运动闻名于世，中国现代思想家、文学家、哲学家。
④ 台湾中华书局辞海编辑委员会编著《辞海》（全4册），台湾中华书局，2000，第3776页。

据普方古三角理论观之，徽州没有沙漠戈壁地形，亦无骆驼，"骆驼"之名缺乏本土事实依据支撑，考徽州方言尤其歙县当地人称"老大"曰"le to"（屯溪音），极类"骆驼"，故音近致讹，加上徽商极善经营、富可敌国，"一千多年来，我们徽州人都是以善于经商而闻名全国的。一般徽州商人多半是以小生意起家；刻苦耐劳，累积点基金，逐渐努力发展。有的就变成富商大贾了。中国有句话，叫'无徽不成镇！'那就是说，一个地方如果没有徽州人，那这个地方就只是个村落……徽州人的生意是全国性的，并不限于临近各省"①。徽商乃徽州（府）籍商人的总称，俗称"徽帮"，又叫"徽州商人""新安商人"，与潮商、晋商齐名，位列中国十大商帮。徽商以资本雄厚、活动范围广、经营项目多、兴盛时间长且崇尚文化为特点，成为中国历史上最大、最有影响的商帮之一。因徽商群体坚守勇于开拓、诚实经营、艰苦朴素的"绩溪牛""徽州牛"精神，普遍累积起雄厚的商业资本，"百万以下者，皆谓之小商"②，有"无徽不成镇，无绩不成街""无徽不成市，无绩不成铺"③"钻天龙游遍地徽州""钻天（尽力经营）洞庭（此指太湖洞庭山，借喻苏南商人）遍地徽（指在苏州府经商的洞庭商人与徽州商人最为活跃）"④之说。《娱目醒心编》卷一亦载："常言道：'钻天洞庭，遍地徽州。'故徽州人做客最多，出门不忧无伴的，即家中妻小亦以远行为常，绝不阻留。"⑤甚至相传"扬州之盛实徽商开之，扬盖徽商殖民地也⑥，"绩溪牛""徽州牛"之商业口碑闻名遐迩，在西南地区，徽商的足迹远涉四川、贵州、云南、湖南诸省，⑦明清时期徽商经济实力强大，惊人的历史事实是徽商凭着"绩溪牛""徽州牛""徽骆驼"等奋斗精神与顽强意志鼎盛时期一手创造了"总资产曾经达到全国的七分之四"⑧的

---

① 胡适：《胡适口述〈胡适的自传〉》，第 1041~1042 页。
② 小横香室主人：《清朝野史大观》卷十一《清代述异》，上海科学技术文献出版社，2010，第 1184 页。
③ 肖鹏：《画说徽州民居》，湖北教育出版社，2012，第 54 页。
④ 施显卿：《古今奇闻类纪》卷三，张海鹏、王廷元主编《明清徽商资料选编》，黄山书社，1985，第 214 页。
⑤ （清）草亭老人：《娱目醒心编》卷一《第二回》，汪原放校点，上海古籍出版社，1988，第 7 页。
⑥ 陈去病：《五石脂》，殷安如、刘颖白编《陈去病诗文集（下）》，社会科学文献出版社，2009，第 574 页。
⑦ 阮文生：《徽州物语》，新华出版社，2016，第 81 页。
⑧ 赵华富：《徽州宗族研究》，安徽大学出版社，2004，第 486 页。

财富神话与经济奇迹，堪称商界龙头老大，故"徽老大"不慎误解讹读作"徽骆驼"。从这个角度而言，明清时期崛起的徽商精神实事求是地说应称作"徽州牛""绩溪牛"精神。

常言道："一方山水养一方人，一方山水有一方风情。"地理环境往往对人类产生潜移默化的影响，环境决定论者认为，受自然环境的影响，不同生存环境如平原、高原、森林、湖泊、岛屿都会影响到人类利用该环境从事生产活动的方式。经过长时期积累，通过竞争和选择，形成相对稳定的物质文化、精神文化模式，并随着环境的变化作出适当的调整适应。① 早至古希腊时期的柏拉图、亚里士多德均持环境气候决定人类性格与智慧的观点，如亚里士多德主张寒冷地区的民族勇敢无畏却缺乏智慧与技术，亚洲人聪明却缺乏勇敢进取精神，而希腊民族兼具两者的优点，能自立并统治其他民族；柏拉图认为海洋使国民的思想中充满着商人的旗帜，以及不可靠的、虚伪的性格，② 启蒙思想家孟德斯鸠甚至提出"土地贫瘠使人勤奋、俭朴、勤劳勇敢和适宜于战争；土地所不给予的东西，他们不得不以人力去获得。土地膏腴使人因生活宽裕而柔弱、怠惰、贪生怕死"③ 的极端论断（因西方哲人缺乏对古代中国实情的准确了解，类似言论充斥着西方式的"傲慢与偏见"），并诬称"由于中国的气候，人们自然地倾向于奴隶性的服从"④。黑格尔也过分推崇海洋生态环境对人类的影响，且错误地得出地中海才"是世界历史的中心"的结论，因为"大海邀请人类从事征服，从事掠夺，但是同时也鼓励人们追求利润，从事商业"⑤。这些西方学者恰恰没有注意到以徽商为代表的古代中国经济史现象。饶有意味的是徽州六县民众常用典型动物来区分彼此的地形地貌与人物性格：休宁蛇、歙县狗、黟县蛤蟆、绩溪牛、祁门猴子、婺源龙。⑥ 徽州地处皖南崇山峻岭之中，四

---

① 方媛媛、汤书昆：《中国国家创新文化系统构成研究》，中国科学技术大学出版社，2018，第73页。

② 周尚意、张萌：《不同区域尺度中的人地关系探讨》，《地域研究与开发》2004年增刊，第1~5页。

③ 〔法〕孟德斯鸠：《论法的精神》（上册），张雁深译，商务印书馆，1959，第337页。

④ 〔法〕孟德斯鸠：《论法的精神》（上册），第337页。

⑤ 〔德〕黑格尔：《历史哲学》，王造时译，上海书店出版社，1999，第96页。

⑥ 休宁人士四方经营，能干精明似蛇，民谚云"蛇出洞"；歙县百姓重视乡邻情谊，讲究团结，类尽忠尽义之犬；绩溪人能吃苦耐劳，具有牛般勇往直前的实干精神；祁门民众善于随机应变，适应性强，灵活如猴；蛤蟆好静静守，隐喻黟县人善于勤俭守业；婺源多出博学大儒、一代宗师，故常比拟为通灵龙兽。

周群山环绕，地理环境相对封闭，逐渐演变成一独立的民俗单元与文化概念，散发出奇特的风俗韵味。徽州地理环境素有"八山一水一分田，一分道路和庄园"之说，明代史学家王世贞尖锐地指出："新安僻居山溪中，土地小狭、民人众，世不中兵革，故其齿日益繁，地瘠薄，不给于耕，故其俗纤俭习事。"① 徽州地少人多，且土质相当差，"地隘斗绝，厥土骍刚而不化。高山湍悍少潴蓄，地寡泽而易枯，十日不雨则仰天而呼；一骤雨过，山涨暴出，其粪壤之苗又荡然空矣。"② 康熙版《黟县志》卷一《风俗》亦载："厥土刚而不化，农人终岁勤劬，亩收不给，多远取池饶。贫不能负者，仰采岩谷薇葛以充。"③ 恶劣的生存环境、严峻的地域现实迫使每一个徽州民众必须直面发展问题和人生挑战，世界著名史学大师阿诺德·约瑟夫·汤因比强调人类文明存亡绝续的关键在于"挑战与应战"，即"人类文明起源于人与自然的斗争，人类文明的成长源于少数人与社会的斗争。在斗争过程中，少数人如果能带领群众，不断地保持自身的创造力，就能推动文明成长，反之就会令文明停滞"④。徽州恶劣的生存环境显然不适宜于农耕推广，然与孟德斯鸠等西方学者主张贫穷导致向外扩张、巧取豪夺的殖民行径迥异的是，徽州人民立足大地、师法耕牛，从牛之韧劲耐劳等方面积极汲取精神食粮，激发磨炼了徽州游子吃苦耐劳、诚实守信、奋勇拼搏的生命韧性、商业嗅觉与贸易才华，走出了一条具有地域特色的求生诀、致富路、创业史，让世界刮目相看。

徽州曩时流传《前世不修》民谚云："前世不修，生在徽州。十三四岁，往外一丢。三年吃苦，拼搏出头。发达是爷，落泊歙狗。"⑤ 徽州人士家族上下清醒地认识到"吾邑地狭人稠，则无田可耕，故人多逐末，奔走江湖，车马舳舻，几半天下"（万历《歙西岩镇百忍程式本宗信谱》卷十一《族约篇第九》）⑥ 的社会现实，故必须"以贾为生意，不贾则无望"，"商

① （明）王世贞：《弇州山人四部稿》卷六十一《赠程君五十叙》，伟文图书出版社，1976，第3016页。
② 《徽州府志》卷十二《舆地志·风俗》，清道光年间刻本，1821～1850年。
③ 张海鹏、王廷元主编《明清徽商资料选编》，黄山书社，1985，第28页。
④ 〔英〕汤因比著，贾永梅导读《〈历史研究〉导读》，天津人民出版社，2009，第7页。
⑤ 庄寿宝：《古徽州传奇》（明清部分），中国文史出版社，2007，第10页。
⑥ 卞利、胡中生主编《明清以来徽州社会经济与文化研究》，安徽大学出版社，2017，第54页。

为四民之末，徽州殊不然"①，村野乡间亦盛行"（谚语以贾为生意，不贾则无生）人人皆欲有生，人人不可无贾矣。故新安之贾，岂惟如上所称之大都会者皆有之，即山陬海蠕、孤村僻壤，亦不无吾邑之人"②之说，流风所及，从者如云，以至连徽州女子亦以勤俭持家贤名远播，"女人尤号能俭，居乡数月，不占（沾）鱼肉，日挫针治缝纫，故俗能蓄积，绝少漏卮，盖亦由内德焉"③。徽州古谣云："黟县蛤蟆、歙县狗，祁门猴狲翻跟斗。休宁蛇、婺源龙，一犁到塍绩溪牛。"④ 徽州共一府六县，辖地山川人多地少，生存环境相当恶劣，特殊的地理自然环境，塑造了绩溪乃至徽州人如耕牛般脚踏实地、吃苦耐劳、自力更生的实干禀性、坚韧品格与拼搏精神，"绩俗极俭，而守本分，为诸邑所不及。语云：惟绩溪人真老实"⑤。绩溪人、徽州人亦常以"绩溪牛""徽州牛""徽骆驼"自喻自勉自戒，催生了一大批商界才俊，如清代徽墨大师胡开文、红顶商人胡雪岩、茶商汪裕泰等徽商巨贾，以"绩溪牛""徽州牛""徽骆驼"为特色的徽商精神堪称徽州文化之根之本之魂之酵母，例如安徽绩溪的伏岭下古村邵氏先贤前辈凭借"一犁到塍不回头（形容牛只顾埋头力耕，不知道回头转弯，一直犁到石塍边）"的牛筋牛劲，硬是将一手皖南风味的徽菜美食技巧发挥得炉火纯青、淋漓尽致，并成功使得徽菜脍炙人口、香飘世界，甚至远涉重洋，为国外老饕吃货们所钟爱。"以伏岭下邵氏为首的徽州徽菜师傅甚至把徽馆、徽菜酒楼开到越、缅边境，开到东南亚一些国家。'一根擀面杖打到苏门答腊。''绩溪牛'做大的徽菜事业，让徽州人格外荣光自豪。"⑥ 著名徽学研究专家方利山教授不禁由衷夸赞曰："徽州先人能把徽菜、徽剧、徽墨、徽茶、徽盘、徽州三雕等做成绝活，做成好评如潮的知名品牌，都是靠这种'一犁到塍不回头'的牛劲。"⑦ 尤要指出的是徽商非常具有前瞻与危机意识，为了能在波澜诡谲的商场竞争中始终立于不败之地，"打铁还需自身硬"，徽

① 许承尧：《歙事闲谭·歙风俗礼教考》，李明回等校点，黄山书社，2001，第601页。
② 黄宾虹：《新安货殖谈》，上海书画出版社、浙江省博物馆编《黄宾虹文集：杂著编》，上海书画出版社，1999，第102页。
③ 许承尧：《歙风俗礼教考》，张海鹏、王廷元主编《明清徽商资料选编》，黄山书社，1985，第7~8页。
④ 张小平：《徽州往事·徽州人的属相与风水术》，文化艺术出版社，2009，第84页。
⑤ 许承尧：《歙事闲谭·歙风俗礼教考》，第601页。
⑥ 中共黄山市委宣传部、黄山市社会科学界联合会编《徽州故事》，中国科学技术大学出版社，2017，第113页。
⑦ 中共黄山市委宣传部、黄山市社会科学界联合会编《徽州故事》，第113页。

州人相当重视文化知识，即使经商也遵循"先儒后贾""儒而兼贾""先贾后儒"等入世路径与行事法则，不仅经济空前鼎盛，文化事业亦异常繁荣，大师群现，名家辈出。"'绩溪牛'与'徽骆驼'作为徽商之形象概括，体现的是坚忍不拔、勤恳务实和趋势求变、抢抓机遇、开拓进取的统一"①，徽州商人背井离乡，注重互帮互助，形成规模效应，故徽州社会经济有"天下之民寄命于农，徽民寄命于商"②"十三在邑，十七在天下"③的醇冽风俗。徽商艰辛崛起之路堪称中国经济史上的旷古奇迹，明代硕学鸿儒顾炎武即喟然长叹曰："新都（即徽州）勤俭甲天下，故富亦甲天下。"④ 谢肇淛亦精辟论述道："富室之称雄者，江南则推新安，江北则推山右。新安大贾，鱼盐为业，藏镪有至百万者，其它二三十万，则中贾耳。"⑤ 可见徽州人民善于吸纳牛奋发图强、自力更生的生存智慧与精神内核。据史论之，古代徽州人民通过学习借鉴"绩溪牛""徽州牛"的精神实质走出了一条艰苦奋斗、持之以恒、挑战成功的示范性新道路，而古代中国能成为文明古国、"世界之中"，开创的也正是一部自力更生、奋发图强的民族创业史，给人类命运共同体普遍价值理念提供了最有力的历史注脚、知识经验及经典范例，而绝非西方列强侵略扩张、以邻为壑、烧杀掳掠的以"征服、掠夺、压榨"为鲜明特征的殖民行径与霸权道路。

今日一提到"拓荒牛"字眼，国人往往不假思索率先联想到深圳，普遍视其为改革开放的现代象征，事实上据经济场域观之，徽商才是中国拓荒牛的最佳代言者，乃中华民族艰苦创业、实干兴邦的时代弄潮儿。我们必须继续弘扬牛劲牛力的民族精神，让"绩溪牛""徽州牛"这一古老文化品牌响彻寰宇、造福世界。古为今用，以"绩溪牛""徽州牛""徽骆驼"为精神内核的徽商文化对安徽经济转型与可持续增长发展模式甚为重要，尤其在党和国家实施中部（中部地区指山西、江西、河南、湖北、湖南与

---

① 凌宏彬：《徽商的创新精神及其启示》，王小锡主编《中国经济伦理学年鉴2009》，南京师范大学出版社，2010，第167页。
② （清）何应松修，方崇鼎纂《道光休宁县志》卷一《疆域风俗》，《中国地方志集成·安徽府县志辑》，江苏古籍出版社，1998，第6页。
③ （明）王世贞：《弇州山人四部稿》卷六十一《赠程君五十叙》，第3016～3017页。
④ （明）顾炎武：《肇域志·江南十一·徽州府》，顾廷龙主编，《续修四库全书》编纂委员会编《续修四库全书》第588册，上海古籍出版社，2002，第361～362页。
⑤ （明）谢肇淛：《五杂俎》卷四《地部二》，上海书店出版社，2001，第167页。

安徽六省）崛起战略的新时代、新形势、新常态背景下，正日渐引起学界乃至官方高度重视，如前绩溪县委书记赵敏生多次撰文强调要大力发掘绩溪徽商经验，"要努力做徽骆驼、绩溪牛，继续弘扬徽商'绩溪牛'与'徽骆驼'精神"①，学会运用新徽商的创业精神发展绩溪经济，造福绩溪人民。黄诗义亦明确指出："折射在绩溪徽商身上的'绩溪牛'精神，激励着一代代绩溪商人在商海中执着地拼搏。无论是'徽骆驼'还是'绩溪牛'，都是对徽商精神的形象概括。透视徽州成功的历程，徽商精神是关键性的因素。"② 2008 年，温家宝总理对徽州文化生态整理保护问题作重要批示一周年之际，安徽省徽州学会顾问郭英教授、省徽州学会副会长鲍义来教授、学会副秘书长方利山教授联名上书温总理，呼吁全体徽州人抓住历史崛起机遇，"要用徽商当年开拓事业的豪气和志气，义字当先，以众帮众，不搞内讧，继续发扬徽骆驼、绩溪牛、徽州牛的精神"③，建设好徽州文化生态保护区，巩固与保护好"徽州万年不拔之基"（陶行知语）。

三　与牛共舞、天人合一：黟县宏村牛形古村落群之生态启示

"鞭牛县门外，争土盖蚕丛"（元稹《生春二十首》其七）④，牛在民俗活动中具有特别意义与宗教内涵，安徽地区保留着"鞭打春牛"的传统习尚，南宋释绍昙《偈颂一百零二首（其二十三）》诗亦曰："春日打春牛，一击百杂碎。"⑤ 鞭打春牛俗称"打春牛""打土牛""打春""鞭春""鞭牛""杖牛"等，旧俗立春日造土牛以劝农耕，州县及农民鞭打土牛（泥巴糊做的牛，也可制成木牛），"立春前一日，开封府进春牛入禁中鞭春"⑥，象征春耕开始，以示丰兆。起源于祭祀春神的句芒古俗，可上溯至西周，其目的在于《周礼·月令》的"出土牛以送寒气"，陈澔注："月建丑，丑

---

① 赵敏生：《论徽商的"绩溪牛"精神》，《黄山学院学报》2004 年第 1 期。

② 黄诗义：《徽商》，中央文献出版社，2008，第 82 页。

③ 方利山：《徽州文化生态保护需要合力》，《徽州学散论续集》，中国戏剧出版社，2009，第 304 页。

④ 谢永芳编著《元稹诗全集》（汇校汇注汇评），崇文书局，2016，第 305 页。

⑤ 傅璇琮、倪其心、许逸民等主编《全宋诗》第 65 册，北京大学出版社，1998，第 40733 页。

⑥ （南宋）孟元老：《东京梦华录》卷六《立春》，吴玉贵，华飞主编《四库全书精品文存》二十七，团结出版社，1997，第 161 页。

为牛，土能制水，故特作土牛以毕送寒气也。"① "周公始制立春土牛，盖出土牛以示农耕早晚。"（高承《事物纪原·旧时风俗部第四十二·土牛》）② 曩时阜阳流行以劝农桑、励农耕为主旨的打春牛习俗，清乾隆二十年（1755）《阜阳县志》前编卷五《风俗篇》载："立春前一日，城关各坊，金翠绣饰儿童，扮剧加以帷幔众异之至。县署点阅，曰演春。此日，随府县彩仗鼓吹，率各官至东郊，演武厅，迎芒神。土牛入城，曰迎春。老幼杂边竞观为乐。"③ 该节俗活动由官府主办，热闹非凡。徽州休宁县板桥乡迄今仍孑遗打春牛之遗俗古习，立春前用泥土捏塑好春牛，妇女们抱小孩绕春牛转三圈，民间相信可收获不生病之奇效。待到立春日，村里推选一位德高望重的老者用鞭子象征性地抽打春牛三下，然后村民们纷纷将泥牛打烂弄碎，且分土而回，洒在各自的农田以祈求五谷丰登。④ 婺源篁岭村（原属徽州）每年亦定期举行"鞭春牛迎立春"（见图6）的传统活动，村民将木质春牛披红绸、挂红花，抬着"春牛"从祠堂出发，擎迎春旌旗，敲锣打鼓，沿古村天街巡游至梯田，并高唱"迎来芒神，鞭打春牛，一打风调雨顺、二打国泰民安、三打五谷丰登、四打六畜兴旺、五打万事大吉、六打天下太平……"等喜庆祝词，引发村民与游客竞相围观。澳大利亚昆士兰大学唐纳德·盖茨（Donald Getz）教授认为："节庆是一种公众的、有主题的庆祝仪式；节庆活动是一种文化类事件，游客通过参与到节庆活动中，从而了解和体验古老的文化传统，了解当地的文化传统。"⑤ 据场域理论观之，中国历朝历代沿袭的春牛土牛活动，牛凝结为节庆仪式的强力磁场，官府主导、地方教化与民众参与共同打造了一种庆典狂欢，一起通过惯习将春牛场域构建成一个被赋予价值与意义的礼仪世界，其活动全程实质贯彻执行统治阶级垂范天下、重农劝耕、与民同乐的国家意志与思想观念。从这个意义而言，民俗节庆通过"鞭牛祈福"历史情境的再现，将它定型为一个具有民族特色的文化事件，传播了中华民族自强不息、薪火

---

① （元）陈澔注《礼记》，金晓东校点，上海古籍出版社，2016，第209页。
② （南宋）高承：《事物纪原》（全4册），李果订，中华书局，1985，第259页。
③ （清）潘世仁修，王麟征纂《阜阳县志》二十卷首一卷，清乾隆二十年（1755）刻本。
④ 《休宁县板桥民间"鞭春""打春"习俗》，黄山文明网，2015年2月6日，http://hs. wen-ming. cn/wmdjr/201502/t20150206_1579754. html。
⑤ Donald Getz. *Festival*, *Special Events and Tourism*, New York：Van Nostrand Reinhold, 1991, p. 374.

相传的精神理念与核心价值，无形中给游客留下积极美好的直观印象，传统节令转化为可持续发展的旅游产品过程中牛无疑起到了催化剂的显著功用。

图6　婺源篁岭村鞭打春牛古俗

"朝耕及露下，暮耕连月出。自无一毛利，主有千箱实"（王安石《耕牛》）①，牛在文人骚客笔下，不但有辛勤耕作、任劳任怨的优良秉性，更兼一毛不取、无私奉献的可贵品质，其精髓内核为开拓者带来无穷动力，给艺术家启发创作灵感。徽州古宅建筑即常以牛为装饰进行精心设计，艺术效果最为醒目者乃厅堂立柱上的牛腿（又称"撑栱"，指梁柱之间的三角形木质构件，见图7），上面雕牛刻鸟或人物，文化底蕴厚重，堪称明清古建筑最精华的部位，牛可谓率先闯入徽派建筑场域的主题视野。"建筑必然以场域为主体，场域类似于一种氤氲在人的胸中，幻化在园的草木里，生发性的而非挥发性的'原气''生气'，正是老子所谓'无中生有'之'无'，释迦所谓'缘起性空'之'空'。'无'和'空'在庄禅合流的背景下熏染着建筑文化之审美意境的诉求，使得建筑超越了工匠的技术操弄，熔铸为文人内心寄托情思的'单元'。"② 中国园林及城市建筑讲究因地制宜、浑然天成，并非刻板地追求欧美式几何对称、机械罗列，诚如著名建筑学家童

---

① 余冠英、周振甫、启功等编《唐宋八大家全集》，国际文化出版公司，1998，第286页。
② 王耘：《中国建筑美学史》，山西教育出版社，2019，第193页。

图 7　徽州古民居牛腿造型

寓所云："虽师法自然，但中国园林绝不等同于植物园。显而易见的是没有
人工修剪的草地，这种草地对母牛具有诱惑力，却几乎不能引起有智人类
的兴趣。"① 牛于国人眼中不仅有生命韧性、勤劳禀性，更具灵性神性，如
牛属"土畜"，先民笃信土能克水，故古人治水患时常设置石牛、铜牛、铁
牛镇降水魔河妖。这种情况在建筑领域表现尤为明显，"青州城俗名卧牛
城，以其形似也；府官有边姓者，至则城必坍损"②，无独有偶，相传安徽
亳州不兴鞭打土牛之俗源于最初仿牛形图案建造城池，《颍州府志》："立春
先日，有司设土牛，以彩仗迎春至日，各处多以鞭击土牛，独亳州否以俗，
俗传城形似牛也。"③ 先民筑城用牛来压邪镇怪，然牛最怕鞭打，百姓相信
如击伤弄痛牛就会失去庇佑，招来殃祸，《光绪亳州志》卷二《舆地志·风
俗》载："立春不鞭牛，俗传城形若卧牛，鞭之则人灾。"④ 据说绩溪县城犹
如卧牛盘伏，北宋国师赖文俊精通堪舆风水，曾撰诗赞曰："绩溪形势若牛
眠，荆州九华为头角；翚岭作背分南北，大会金山是尾蹄。（人文之盛，莫

①　童寯：《园论》，百花文艺出版社，2006，第 3 页。

②　（明）郎瑛：《七修类稿》卷二《天地类》，上海书店出版社，2001，第 14 页。

③　（清）王敛福：《颍州府志》，安徽省阜阳市地方志办公室整理，黄山书社，2006，第 694 页。

④　（清）钟泰、宗能征纂修《光绪亳州志》，《中国地方志集成·安徽府县志辑》，江苏古籍
　　出版社，1998，第 70 页。

可量也）"① 将形胜壮美之福地要塞譬喻为牛是古代中国相术大师的地理术语，而隐喻作为人类语言表达与认知世界之间的重要桥梁，并非只是辞藻润色的单纯修辞技巧，它还是全人类认识世界、观照世界、解译世界的普遍思维工具②。绩溪人常以牛自比自喻，20 世纪 20 年代陈独秀与胡适交往期间直呼他为"绩溪牛"，胡适坦然受之，1953 年 4 月 1 日曾手书"努力做徽骆驼"题词③赠旅台绩溪同乡，并强调"徽州人正如英伦三岛上的苏格兰人一样，四出经商，足迹遍于全国"④。今绩溪民众于县城东门桥头立有一座黄牛雕塑。该县上庄镇旺川村民亦以"七都牛"自况自勉，县内民谚云："七都牛，宅坦狗，八都腔。"村东屹立一座高大的牛石雕像，沉稳健硕，足证绩溪人民对牛热爱尊敬之情，"绩溪牛"称号名副其实。中国古典哲学推崇全息映射、润物无声，"'天人合一''天地人合一''天人感应'等话语已成为中国古代哲学理论的高度概括和经典表述，这种独特的世界认知具有浓厚的人文意识"⑤，牛作为一种与人类生活密切相关的熟悉动物，常常成为昔圣先达、智者禅师进行悟道剖理、别有怀抱的事物首选、关注载体、生成意象。

　　"鞭索人牛尽属空，碧天辽阔信难通。红炉焰上争容雪？到此方能合祖宗"（廓庵《人牛俱忘》）⑥。廓庵禅师用一幅空圈来表征万物皆空的禅意图像，告诫信徒参透物我、生死、主客、得失等二元对立的本质，认识必须兼顾且超越事物彼此对立的两个方面，方可做到"（著语云）凡情脱落，圣意皆空。有佛处不用遨游，无佛处急须走过"⑦。"人牛俱忘"可谓"不以物喜，不以己悲"（范仲淹《岳阳楼记》）的人生妙境，正如吴汝钧指出："一归于无，只划出一个圆相，表示三昧到此，已臻于圆熟。这亦美学的最

---

①　绩溪县地方志编纂委员会编《绩溪县志》第三十六章《杂记·地方文献选》，黄山书社，1998，第 1076 页。

②　黄交军、李国英：《鼠相求真：认知隐喻学视域下汉语"鼠"之文化释疑》，《安徽广播电视大学学报》2020 年第 4 期。

③　刘富道：《汉口徽商·绩溪那一方水土》，武汉出版社，2015，第 39 页。

④　程金淦编《胡适研究资料》，十月文艺出版社，1989，第 412 页。

⑤　黄交军：《从〈说文解字〉看中国先民的"天、地、人"全息意识》，《广东技术师范学院学报》2013 年第 10 期。

⑥　（南宋）廓庵：《十牛图颂》十首，〔日〕前田慧云、中野达慧等编《卍续藏经》64 册，新文丰出版公司，1975，第 773 页。

⑦　（南宋）廓庵：《十牛图颂》十首，〔日〕前田慧云、中野达慧等编《卍续藏经》64 册，第 774 页。

高境界；在这个阶段，宗教和美学可以说结合在一起，这是三昧之美。"[1]
放眼古今建筑真正融入"与牛共舞、天人合一"无缝境界之经典作品首推
黟县古民居牛形村（即宏村[2]，见图8），整个村落采用仿生学的"牛"型
布局（见图9），平面结构科学得法，水系设计别出心裁，融艺术、生态与
实用于一体，堪称古代中国以牛为中心建筑群的神来之笔、巅峰之作。观
象取法"山为牛头树为角，桥为四蹄屋为身"，村边的石碣头状如"牛头"，
石碣水口神似"牛口"，宛若水牛昂首、生意盎然；村口两棵参天古树［银
杏树（村民称白果树）与枫杨树（当地叫红杨树）］恰如"牛角"峥嵘；
雷岗山隆起类"牛背牛脊"；二反房碓形似"牛肺"；傍泉眼挖掘的月沼
（又称月塘，为半月形池塘）好似"牛胃"；九曲十弯的人工水圳（水渠）
好像"牛肠"，当地村民甚至根据水流的粗细将月沼以上部分的水渠比作
"牛小肠"，月沼以下部分称为"牛大肠"；村边的南湖仿佛"牛肚牛腹"；
西溪上的四座古桥形成"牛腿牛脚"；[3] 井然有序、鳞次栉比的徽派民居古
建筑群构成"牛身牛体"；东山龙排庙的旗杆作牛尾，牛形牛状惟妙惟肖、
巧夺天工，牛形象牛图腾呼之欲出。整个村庄如同一条惬意悠闲的水牛静
卧于湖光山色之中，青山绿水与层楼叠院和谐共处，自然景观与人文内涵
交相辉映，其建筑风格独树一帜、不落窠臼。作为皖南村落中的代表，宏
村负阴抱阳的选址思维、奇特巧妙的水系设计、依山傍水的村落布局、静
谧幽深的街巷处理、如诗似画的水口景观、淡雅明快的建筑色调、精湛华
丽的装饰风格，将天、地、人、牛、物（民居建筑物等）五者融为一体、
幻化无形，它真正践行了"天人合一、物我两忘"的古典意境与生态美学，
故被誉为"中国画里的乡村""中国传统的一颗明珠""研究中国古代水利
史的活教材"[4]。世界著名建筑大师贝聿铭欣然题词颂云："黟县宏村建筑文
物是国家的瑰宝。"[5] 宏村以牛铸形立魂，生态环保，乃徽学文化的精彩演
绎，是货真价实的"梦里水乡""世界名镇"。

---

[1]　吴汝钧：《游戏三昧：禅的美学情调》，《国际佛学研究》1992 年第 2 期。

[2]　宏村镇又称弘村、七侠镇，古取"宏广发达"之意，2000 年被联合国教科文组织列入世界
文化遗产名录。

[3]　图片上列出了三座桥的名称，即"宏际桥""际泗桥""东山下转桥"，还有一座桥"源民
桥"未能标识出来。

[4]　王小婷编著《青少年应该知道的民居》，泰山出版社，2012，第 120 页。

[5]　汪双武：《中国皖南古村落：宏村》，中国文联出版社，2001，第 16 页。

图 8　黟县宏村鸟瞰图

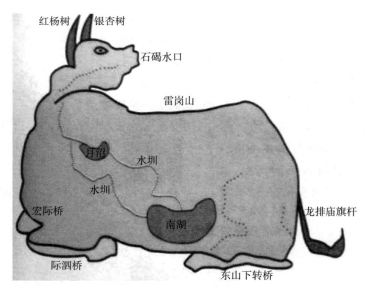

图 9　宏村牛形布局示意图

结　语

　　"欲识金银气，多从黄白游。一生痴绝处，无梦到徽州"（汤显祖《吴序怜予乏绝，劝为黄山白岳之游，不果》）①，观汤显祖此诗，点明徽州两大特征：一为徽州人士重商；二是徽州多奇山秀水。细品诗文并无有关人士着重指出汤显祖讽刺徽州之意，相反汤氏对徽州青山绿水甚为钦慕，"予尝闻海阳（今安徽休宁）之地，松萝奇秀，不让匡庐、九嶷、巫峡，心窃慕之"②，且于1608年9月亲赴休宁游览当地名胜。汤氏此诗已成宣传徽州文化的口头禅、最佳广告语，以牛为代表的徽风、徽韵和徽文化的人文诱惑让民众欲罢不能，它编织了一个卓异而强大的文化场域、人间绮梦，紧紧吸引无数游客士子去徽州山水寻梦追梦。究其因，无外乎两种。其一，古代中国以农为本，以农立国，"牛是农家宝，有勤无牛白起早"。牛是黎民百姓天然的同盟军，为亿兆国子敬仰膜拜，相传中华始祖炎帝"（神农氏，姜姓也）有神龙首感生炎帝，人身牛首"（《史记·五帝本纪正义》）③，表明炎帝其氏族一以牛为图腾标志，二以龙为部落徽识。《宋书·符瑞志上》亦载："炎帝神农氏，母曰女登，游于华阳，有神龙首感女登于常羊山，生炎帝。人身牛首，有圣德，致大火之瑞。嘉禾生，醴泉出。"④ 上古时代九黎部落酋长蚩尤亦尊牛为圣物，《述异记》卷上云："蚩尤人身牛蹄，四目六手，耳鬓如剑戟，头有角。"⑤ 而黄帝乃"少典之子，姬姓也。龙颜，有圣德，受国于有熊，居轩辕之丘"（皇甫谧《帝王世纪》卷一《自开辟至三皇》）⑥。帝尧亦感龙而生，《宋书·符瑞志上》："帝尧之母曰庆都，生于斗维之野，常有黄云覆护其上。及长，观于三河，常有龙随之。一旦龙负《图》而至，其文要曰：'亦受天祐。'眉八彩，鬓发长七尺二寸，面锐上丰

① （明）汤显祖：《汤显祖全集》（二），徐朔方笺校，北京古籍出版社，1999，第782页。
② （明）汤显祖：《坐隐乩笔记》，刘德清，刘宗彬编注《汤显祖小品》，上海三联书店，2008，第338页。
③ （唐）张守节：《史记正义》，李学勤主编《十三经注疏》，北京大学出版社，1999，第297页。
④ （南朝梁）沈约：《宋书》，中华书局，2018，第472页。
⑤ （南朝梁）任昉：《述异记》，栾保群点校《述异记·鹂砭轩质言》，文物出版社，2020，第85页。
⑥ （晋）皇甫谧著，（清）宋翔凤辑《帝王世纪》，叶长青编著《中华名医皇甫谧》，宁夏人民出版社，2009，第288页。

下，足履翼宿。既而阴风四合，赤龙感之。孕十四月而生尧于丹陵，其状如《图》。及长，身长十尺，有圣德，封于唐。"① 事实上，"'龙有九似（《尔雅翼》："（龙）耳似牛'。）'、'龙生九子（其一子为囚牛）'均可窥见牛之身影，龙是以牛为主要原型的想象复合体"②，牛魂牛神已深深渗入中华民族的基因，要之，龙的传人其实是牛之传人。"大一统是中国历代王朝立国兴邦的基本观念，牛乃中华民族共同体形成史的'万有引力'、青春秘诀、致胜法宝"③，功勋卓著，徽州牛文化是上古中华民族牛图腾意识的忠实继承者。其二，徽州文化亦为牛文化的布道者、弘扬者、佼佼者，徽州地区自古以来普遍重视教育，"十户之村，不废诵读"（《婺源县志·风俗》）④，书院遍布，文化发达，即使被迫经商为业，亦满腹经纶、格调高雅，"虽为贾者，咸近士风"（《戴震全集·戴节妇家传》）⑤，"贾而好儒"浸染为徽商行走天下、笑傲江湖的职业本色与地域特征，"儒风独茂的人文环境，培养了他们贾而好儒的文化精神和团队精神"⑥，造就了"无徽不成镇""无绩不成街"的古今奇观。尤为称道的是，徽商坚守诚实守信、奋发图强、不折不挠、乐观向上、敢为人先的牛文化精神，且将"绩溪牛""徽州牛"文化名片流播神州、声震寰宇。南宋理学大师朱熹（徽州婺源人）"与问牛山客，何必泪沾衣"（《水调歌头·隐括杜牧之齐山诗》）⑦ 虽化用唐人诗句却充满积极乐观精神，一扫"古往今来只如此，牛山何必独沾衣"（杜牧《九日齐山登高》）⑧ 的颓废消极格调。无怪乎以牛为底蕴的徽商（代表人物如清朝"红顶商人"胡雪岩，安徽绩溪人）缔造了中国近代史、商业史的不朽传奇。其实徽州地域不光山河壮丽，以牛为魂为代表的牛文化更能彰显徽州地域的精气神，徽州士子既重视维护优良文化传统，大量含牛地名流露出感恩牛与土地的乡土情结，又审时度势、活学活用，汲取

---

① （南朝梁）沈约：《宋书》，第 473 页。

② 黄交军：《从〈周易〉到〈说文解字〉——论"龙"在中国先民文化中的形象流变》，《贵阳学院学报》（社会科学版）2013 年第 1 期。

③ 黄交军：《汤盘孔鼎有述作：〈说文解字〉宝鼎文化意识钩沉》，《商丘师范学院学报》2021 年第 5 期。

④ （清）陈士元修《婺源县志》，清乾隆二十二年（1757）刻本，第 274 页。

⑤ （清）戴震：《戴节妇家传》，戴震研究会等编《戴震全集》，清华大学出版社，1995，第 2697 页。

⑥ 李琳琦：《话说徽商》，中国工商联合出版社，2006，第 109 页。

⑦ （清）朱彝尊、汪森编《词综》（上册），上海古籍出版社，1978，第 305 页。

⑧ （南宋）蒲积中编《古今岁时杂咏》，徐敏霞校，三秦出版社，2009，第 409 页。

牛精神开辟一条地少人多、生存不易的解救之道［如洪亮吉（祖籍歙县）人口论］，且做到"贾而好儒"，义利兼顾，使得徽商崛起为近代中国最成功的商帮群体，其影响深远，甚至左右中国的时局走向。"中国徽商以'重商、好儒、担当、奉献'为特色的'徽骆驼''绩溪牛'精神，正是中华民族'自强不息、厚德载物'精神的生动体现。"① 淮军统帅李鸿章（晚清四大名臣之一）亦获益于"徽州牛"精神影响，曾感慨"（人以利聚）但非名利无以鼓舞俊杰"②，"天下熙熙攘攘，皆为利耳，我无利于人，谁肯助我？"③ 并敏锐洞察到列强包藏祸心觊觎国土，中华民族面临"各国通商传教，来往自如，麇集京师及各省腹地，阳托和好之名，阴怀吞噬之计；一国生事，诸国构煽：实为数千年来未有之变局"④。尤为特别的是，因徽州地区教育发达、整体素质领先全国，其徽派风格民居村落以宏村为例，真正践行了"天人合一、人牛俱忘"的古典意境、建筑美学与生态智慧，为世界提交了一份宜居环境的优秀答卷，是人类命运共同体的早期实践、成功范例。一言以蔽之，牛古往今来气场强大、牛劲十足、负重致远，中华民族对牛之热爱推崇使它发展"成为中国传统文化的合理内核与嬗变动力"⑤，给中华民族共同体、人类命运共同体提供了历史注脚、思想源泉、生动案例。牛（及牛精神）乃"路漫漫其修远兮，吾将上下而求索"（屈原《离骚》）⑥ 的践行者，为中华民族的文化自信注入安如磐石的民族魂，系亿兆国民赖以生存的"我们的根"，始终是徽州人民乃至中华民族的正能量、好声音、主旋律，替 21 世纪民族伟大复兴续写新华章。

① 赵焰：《阅读徽州》，安徽大学出版社，2015，第 178 页。
② （清）李鸿章：《致李瀚章》，顾廷龙、戴逸主编《李鸿章全集 31：信函三》，安徽教育出版社，2008，第 131 页。
③ 雪珥：《李鸿章政改笔记》，线装书局，2013，第 60 页。
④ （清）李鸿章：《筹议海防折》，田永秀主编《中国近现代史纲要参考资料选读》，西南交通大学出版社，2016，第 122 页。
⑤ 黄交军、李国英：《〈康熙字典〉"龙"部字的汉字记忆与文化认同抉微》，《连云港师范高等专科学校学报》2021 年第 2 期。
⑥ （战国）屈原：《离骚》，（清）姚鼐纂集《古文辞类纂》，胡士明、李祚唐标校，上海古籍出版社，2020，第 683 页。

Dancing with the Cattle: A Probe into the Cattle Culture of Huizhou

Huang Jiaojun[1], Li Guoying[2]

(1. School of Culture & Media, Guiyang University,

Guiyang 550005, China; 2. Qingyan Guihuang

Midschool in Guiyang, Guiyang 550027, China)

Abstract: Cattle is an important object and component of Chinese traditional culture, which has a long history, and the Cattle Culture of Huizhou is quite distinctive and attractive. Based on Pierre Bourdieu field theory, this paper makes an in-depth analysis of the cattle culture of Huizhou, finding that the people of Huizhou highly recognize the devotion of cattle through the ages, and a large number of places with cattle show people's feelings of "licking the calf aim at deep mother love and returning them to their homeland". The rising merchants come from Huizhou in the Ming and Qing dynasties are permeated with the spirit of "working hard and striving for strength". The ancient village with style of Huizhou represented by Hongcun in Yixian County, always exudes architectural aesthetics and ecological philosophy of "heaven-and-man combination, dancing with the cattle", injecting positive energy and good voice into the confidence of Chinese culture.

Keywords: Cattle; Huizhou; Merchants Come from Huizhou; Dancing with the Cattle; Heaven-and-man Combination

善书《了凡功过格》思想意蕴探析

林志鹏　朱宇航[*]

摘　要　作为传统善书，《了凡功过格》附于《了凡四训》之后广泛流传，脍炙人口。该功过格内容包含"功格五十条""过格五十条"，相较于《太微仙君功过格》，形式上更直观，操作上更便捷，道教色彩进一步淡化。中国传统的因果报应观念是实践《了凡功过格》的内部动力机制，其罗列的"功""过"条目反映了当时的伦理道德和价值观念，呈现儒释道思想融合的特色。该功过格的流通与传播，客观上助推了儒家伦理的世俗化与民间化。

关键词　袁黄（了凡）　《了凡功过格》　《了凡四训》　善书

善书，亦称劝善书，是一种流传于中国传统民间社会，旨在教化人心、劝人为善的文本。功过格作为中国善书的重要门类，在袁黄（了凡，1533～1606）等人的大力推动下，自晚明以来获得了持久不息的生命力。明末清初张履祥（1611～1674）站在批判的立场，道出了当时士人群体奉持《了凡功过格》风气之盛，"袁黄功过格，竟为近世士人之圣书"[①]。清代彭绍升（1740～1796）指出，"了凡既殁百又余年，而功过格盛传于世。世之欲善者，虑无不知效法了凡"[②]。美国学者包筠雅在《功过格——明清社会的道德秩序》一书中强调，"功过格本身得以广泛流行却是 16 世纪以

---

　　* 林志鹏，一名林耕旭，河北石家庄人，哲学博士，广东省社会科学院副研究员，主要从事中国哲学、文化产业与文化发展研究。朱宇航，广东梅州人，法学硕士，肇庆学院马克思主义学院讲师，主要从事马克思主义中国化研究。
　　① （清）张履祥：《杨园先生全集》，中华书局，2002，第 117 页。
　　② （清）彭绍升：《居士传》，赵嗣沧点校，成都古籍书店，2000，第 242 页。

后的事。此后，主要通过一位名叫袁黄的浙江籍士大夫的努力，它们才在文人当中普及开来，并一直持续到 20 世纪早期"①。凡此种种，都表明功过格确实曾经对中国传统社会（士庶阶层）产生深刻影响，而其盛行于世则与袁黄其人大有关系。

功过格并非袁黄首创，但是直至袁氏《了凡四训》及其提倡的"立命之学"闻名于世，以实践性、操作性为特色的功过格才与"立命之学"两相结合、相得益彰。在近千年发展过程中，流衍于中国社会的各类功过格名目繁多，而《了凡功过格》无疑是最具代表性的一种。深入分析《了凡功过格》文本，有助于吾人探究善书文化背后所蕴含的思想渊源，并从一个侧面观照儒家伦理道德及其价值理念从精英走向民间（亦即世俗化、民间化）的历史。

一　袁黄（了凡）其人、其学

《了凡功过格》肇始于明儒袁黄。袁黄初名表，后改名黄，字坤仪，初号学海，因"悟立命之说，而不欲落凡夫窠臼"，故改号了凡。明世宗嘉靖十二年（1533）生于浙江嘉善魏塘，神宗万历十四年（1586）进士，万历十六年（1588）至万历二十年（1592）任宝坻知县，后升任兵部职方司主事。时值朝鲜"壬辰倭乱"，袁氏以"军前赞画"身份入朝抗倭。因与提督李如松意见不合，不逾年即遭削籍，返乡后定居吴江赵田，万历三十四年（1606）去世。明熹宗天启元年（1621），吏部尚书赵南星"追叙征倭功"，被追赠为"尚宝司少卿"。据统计，"袁黄"之名在《明史》中共出现 17次，大多作为《艺文志》所载著述的作者，此外并无专传。黄宗羲著《明儒学案》，袁氏亦未能名列其中，柳存仁曾就此指出："林兆恩和袁黄这两个人都是《明儒学案》所不收，而他们和《明儒学案》中的若干位又实在不无交涉的人。"② 袁黄虽然不为代表大传统（big tradition）的正史及《明儒学案》所载，但其人其学却对后世尤其是民间社会产生广泛影响，成为别具一格的思想史现象。

提起袁黄，很多人自然而然想到《了凡四训》。四百多年来，该书流传

---

① 〔美〕包筠雅：《功过格——明清社会的道德秩序》，杜正贞等译，浙江人民出版社，1999，第 26 页。
② 柳存仁：《和风堂文集》（中），上海古籍出版社，1991，第 836 页。

极为广泛，篇首"余童年丧父，老母命弃举业而学医"更是家传户诵，很多人也由此形成袁氏家境贫寒的刻板印象。事实上，袁氏出身于"吴下推为文献世家"的大家族，其曾祖袁颢、祖父袁祥、父亲袁仁三代都有诠释解析儒家"五经"的论著传世，他本人更延续了家学传统，撰有《袁氏易传》《毛诗袁笺》《尚书大旨》《春秋义例全书》《四书疏意》《四书删正》等解经著作。袁黄一生历经"六应秋试（乡试）"又"六上春官（会试）"①的漫长举业生涯，走的是一条由"儒生"而"儒士"、由"儒士"而"儒吏"、由"儒吏"而"乡绅"的典型儒家士大夫道路。据载，他自幼"好奇尚博，四方游学，学书于文衡山，学文于唐荆川、薛方山，学道于王龙溪、罗近溪"，于"河洛、象纬、律吕、水利、河渠、韬铃、赋役、屯田、马政及太乙、岐黄、奇门、六壬、勾股、堪舆、星命之学，靡不洞悉原委，各有撰述，盖其家学然也"②，足见其博采精择、学无常师。作为王守仁高第王畿（字汝中，号龙溪，1498～1583）的及门弟子，袁黄常以阳明后学自居，自称"在学问中，初受龙溪先生之教，始知端倪"③，又言"从先师闻阳明先生之教"④。他绍述王畿"现成良知"之说，无论在本体论抑或工夫论方面，都与王氏的相关论说如影随形。他同时深受罗汝芳"明明德"之学影响。此外还要指出，袁黄延续了王守仁、王畿在儒释道三教观问题上的精神向度，其人其学的一个显著特色是"三教汇通"，他主张儒佛互证，支持援佛入儒，超越了三教畛域分明的旧立场。

借助于佛教寺庙、居士团体等民间力量，袁氏《了凡四训》在中国社会各个阶层流通传播，逐渐成为与《太上感应篇》、《文昌帝君阴骘文》、《关圣帝君觉世真经》（亦称"中国善书三圣经"）并驾齐驱的善书经典。不可否认，《了凡四训》一书弥漫着浓重的佛教因子（当然亦蕴含儒、道二家思想元素），因果报应的思想尤其一以贯之。数百年间，随着此书的盛行，袁黄的思想史形象经历了一个由"儒者"到"佛教居士"的变迁过程。在时人殷迈（1512～1577）的眼中，袁黄是一位"博洽淹贯之儒"⑤；晚明

---

① （明）袁黄：《袁了凡文集》，线装书局，2006，第 1337 页。
② 吴江汾湖经济开发区、吴江市档案局编《分湖三志》，广陵书社，2008，第 13 页。
③ （明）袁黄：《袁了凡文集》，第 9 页。
④ （明）袁黄：《四书删正》，日本内阁文库藏明刊本，第 12 页。
⑤ （明）袁黄：《袁了凡文集》，第 877 页。

刘宗周（1578～1645）亦云，"了凡，学儒者也"①；在明末清初的朱鹤龄（1606～1683）看来，他是汇通三教的"通儒"②；而在成书于清乾隆四十年（1775）的《居士传》中，在具有居士身份的彭绍升的笔下，袁氏俨然成为一位"真诚恳挚""以祸福因果导人"的虔诚佛教居士。③ 诚然，由于家庭熏陶及个人学术兴趣，袁黄身上带有较为浓厚的儒释道三教汇通色彩，其晚年居家修持，亦确有"了凡居士"之名；但是，倘若认真考察他的人生历程，了解他"六应秋试（乡试）"又"六上春官（会试）"的科举生涯，知晓他以"兵部职方司主事"身份"调护诸军"出征朝鲜，"以亲兵千余破倭将清正于咸境，三战斩馘二百二十五级，俘其先锋将叶实"的历史，就知道民间习以为常的袁黄形象是有失偏颇的。"居士"仅是袁黄的面相之一，他更是深得儒家"内圣外王"之学真传的儒家士大夫，是汇通三教的阳明后学，是"上马杀贼、下马著书"的豪杰之士。

二　《了凡功过格》产生的思想背景

功过格，顾名思义，就是度量并记录修持者"功""过"的格册簿子，属于一种中国传统善书类型。功与过、善与恶，本为主观抽象的概念，很难进行度量，功过格则通过一定形式将其量化，使之在最大限度上契合修持者的道德实践需求。这既是中国人的创建，也是传统文化"实用价值理性"的一种体现。功过格对于中国社会特别是民间价值观念的影响相当深远，直到现在，假如某人的善行得到众人肯定和赞扬，按照通俗表述——可以为他"记上一功"，这一观念正是源于功过格。功过格之所以称"功过格"而不称"善恶格"，应与中国传统文化包容、含蓄、内敛的特色有关。在道德主义盛行的中国传统社会，若将人的行为径以"善""恶"断之，无疑过于直接尖刻；若以"功""过"代之，则其表达便趋于委婉含蓄，相对易于接受了。

在《了凡功过格》出现之前，功过格这一体裁的善书早已流传。现存

---

①　（明）刘宗周著，吴光主编《刘宗周全集》（第 2 册），浙江古籍出版社，2007，第 1 页。
②　（清）朱鹤龄：《愚庵小集》，上海古籍出版社，1979，第 740 页。
③　被彭绍升列入《居士传》中的儒家人物大有人在，以晚明时期为例，主要有赵大洲、管志道、杨起元、陶望龄、王肯堂、焦竑、李贽等。参见（清）彭绍升《居士传》，赵嗣沧点校，成都古籍书店，2000。

最早的功过格，是作于金"大定辛卯之岁"的《太微仙君功过格》。① "大定辛卯"为金世宗大定十一年，南宋孝宗乾道七年（1171）。该功过格声称为"太微仙君"所授，据作者"西山会真堂无忧轩又玄子"称，其"于大定辛卯之岁仲春二日子正之时，梦游紫府朝礼太微仙君，得受功过之格，令传信心之士"②。究其内容，即所列善恶条目，分为"功格""过律"两大部分。前者包括救济门十二条、教典门七条、焚修门五条、用事门十二条；后者包括不仁门十五条、不善门八条、不义门十条、不轨门六条；条目共计七十五条。每条内容，既有"质"的判定，又有"量"的区分。比如，"以符法针药救重疾一人为十功，小疾一人为五功，如受病家贿赂则无功"③；又如，"故伤杀人性命为百过，误伤杀性命为八十过"④；等等。需要特别注意的是，作者强调，"依此行持，远恶迁善，诚为真诚，去仙不远矣"⑤。也就是说，该功过格作为一种道教戒律，终极目标是帮助奉持者"远恶迁善"、跻身仙列，体现了道教的信仰与追求。在创作时间上，该功过格稍晚于成书于北宋末年的《太上感应篇》。在形式上，《太微仙君功过格》是功过格类善书，《太上感应篇》则属于"说理式"善书；在流通上，前者起初为道教中人所奉持，逐渐扩展到世俗民间，后者流布尤广、影响尤大，乃至成为"中国善书三圣经"（《太上感应篇》《文昌帝君阴骘文》《关圣帝君觉世真经》）之首。二者均收录于道家思想典籍《正统道藏》。

关于功过格的奉持方法，《太微仙君功过格》篇首云：

> 凡受持之道，常于寝室床首置笔砚簿籍，先书月份，次书日数，于日下开功、过两行。至临卧之时，记终日所为善恶。照此功过格内名色数目，有善则功下注之，有恶则过下注之，不得明功隐过。至月终计功过之总数，功过相比，或以过除功，或以功折过，折除之外者明见功过之数。当书总记讫，再书后月，至一年则大比，自知罪福，不必问乎休咎。⑥

---

① 张继禹主编《中华道藏》（第3册），华夏出版社，2010，第449页。
② 张继禹主编《中华道藏》（第3册），第449页。
③ 张继禹主编《中华道藏》（第3册），第451页。
④ 张继禹主编《中华道藏》（第3册），第453页。
⑤ 张继禹主编《中华道藏》（第3册），第449页。
⑥ 张继禹主编《中华道藏》（第3册），第449页。

也就是说，奉持者根据功过格给出的功过条目以及功过数量，对照自己一日之中所行善恶，在临睡之前于"簿籍"上登记功过的数量。善言善行为"功"，登"功格"；恶言恶行为"过"，记入"过格"，在月终及年终进行核算（"比"）。实践原则主要有三项：一是不得"明功隐过"，强调对奉持者的内在约束；二是功过可以相抵，奉持者能够"以过除功"或者"以功折过"；三是功多者得福，过多者则得祸。必须指出的是，功德积累与"功过相抵"的观念在道教中源远流长，最能体现功过格的特色；从某种意义上讲，这也是鼓励奉持者"改过迁善"的依据所在。

南宋以降，功过格修持方法逐渐超越道教的畛域，在儒释道三家合力推动下，深入广泛地走向士庶社会。历代编制的功过格种类繁多且层出不穷，较为著名者有《十戒功过格》《警世功过格》《石音夫功过格》《了凡功过格》《自知录》等。这些功过格无不以儒释道三教价值观念作为判定是非功过的标准，呈现儒释道三教汇通融合的思想特色。举例来说，《十诫功过格》一方面汲取了宋明理学的修养内容，一方面强调佛教的清规戒律，称"学道乃身心性命之事"，"以十戒定功过"。"十戒"指的是"杀、盗、淫、口恶、口舌、绮语、妄语、贪、嗔、痴"。《警世功过格》提倡儒正心，道存心，佛明心，"会通三教，修心为本"。因此称"变化气质，归于纯粹"为一千功，而"心怀阴险"为五百过。纵览各种功过格有关"功"和"过"的厘定，其内容不外乎仁民爱物、忠君孝亲、崇信三宝（道、经、师）之类，彰显了中国传统的伦理道德价值。

明代是功过格盛行的时期。袁黄的生命区间跨越嘉靖、隆庆、万历三朝，正是三教汇通的高峰时期。嘉靖、隆庆之后，随着阳明心学勃兴，三教汇通蔚为潮流，"心学盛行之时，无不讲三教归一者也"[1]。佛教经历了明代中期的低迷，至晚明高僧辈出，禅宗著述也相当丰硕，步入了"中国佛教复兴的时代"[2]。道教方面，最高统治者的崇奉，导致许多道教中人参与政治，直接影响到当时政治生态，道教的多神崇拜、内丹修养、行善积功等观念广泛渗透至思想文化各个领域。晚明佛道二教的影响，不仅存在于精英思想家的言行著述中，更体现在世俗社会的方方面面。在三教汇通的背景下，儒家修身正念的思想、佛教为善去恶的教化以及道教修持法门，

---

① （清）纪昀总纂《四库全书总目提要》卷一百三十二，子部四十二，杂家类存目九，河北人民出版社，2000，第3378页。

② 圣严法师：《明末佛教研究》，宗教文化出版社，2006，第3页。

使功过格以及与功过格类似的修身工具在庶民大众乃至精英群体中习以为常。

袁黄的老师之一、泰州学派学者——罗汝芳（1515～1588）早年便有"日记功过"的习惯，其门人记载：

> 辛卯学宪东沙张公刻颁二子粹言，师（笔者注：罗汝芳）悦玩之，内得薛文清公一条云："万起万灭之私，乱吾心久矣，今当一切决去，以全吾澄然湛然之体。"若获拱璧，焚香叩首，矢心必为圣贤。立簿日记功过，寸阴必惜，屏私息念，如是数月，而澄湛之体未复。壬辰（1532年），乃闭户临田寺中，独居密室，几上置水一盂、镜一面，对坐逾时，俟此中与水、镜无异，方展书读之。①

辛卯为明世宗嘉靖十年（1531年），罗氏年方17岁。"立簿日记功过"，到底受何人影响，文中没有交代，但从后文"独居密室，几上置水一盂、镜一面，对坐逾时"的修持方式来看，显然带有净明道的修行色彩。净明道属于道教的一大门派，亦称"净明忠孝道"，南宋绍兴年间发端于江西，其本山玉隆万寿宫，位于南昌郊外西山。罗汝芳生于江西南城，距南昌不远，受其熏陶浸润亦情理中事，只不过罗氏的修持目的显然不是得道成仙，而是祛除私念，复其"澄湛之体"，进而成为儒家圣贤。

袁黄同乡挚友冯梦祯（1548～1606）也曾奉持类似的功过格以为修身之资，其《刻净土三经缘起》云：

> 余辛巳（1581）夏，尝与净侣结制拙园，扁其堂曰：净业一事一念之失，必至佛前籍而记之，以验功夫之进退、用心之疏密，目之曰"净土资粮"，佩之胸前，出入卧起必俱，然精进勤勇才数月耳，其后渐殆渐弃，并册子亦不知何在。忽忽八年矣，吾郡季居士某笃信净业，既佩所所"净土资粮"，结净侣修持无替矣，而又刻净土三经。②

---

① （明）罗近溪：《盱坛直诠》，台北：广文书局，1960，第219页。
② （明）冯梦祯：《快雪堂集》卷三十《刻净土三经缘起》，明万历四十四年（1616）黄汝亨朱之蕃等刻本。

冯氏设置"净土资粮"小册子，并佩戴胸前，随身携带，"净业一事一念之失，必至佛前籍而记之，以验功夫之进退、用心之疏密"，既属于类似功过格的修持方法，又带有较强的佛教修行意味。

不独道家、儒家大力弘扬功过格，佛教对此修身功夫的倡导也很积极。晚明高僧云栖袾宏（1535～1615）就曾于万历三十二年（1604）亲自创制了一种功过格——"自知录"，其《自知录序》曰：

> 予少时见《太微仙君功过格》而大悦，旋梓以施。已而出俗行脚，匍匐于参请。既归，隐深谷，方事禅思，遂无暇及此。今老矣，复得诸乱帙中，悦犹故也。乃稍为删定，更增其未备，而重梓焉。①

由此可知，云栖袾宏在其"少时"便深受道教《太微仙君功过格》的影响。在晚年，他更是站在佛教立场，对该功过格"稍为删定，更增其未备"，创制出一种新型功过格并刊刻推广。

以上三个事例颇具思想史价值，值得学者瞩目。罗、冯二人均属具有"进士出身"以及仕宦经历的儒家士绅。二人一位受道教影响，一位受佛教影响，一为袁黄之师，一为袁黄之友，都与袁氏关系非常，又都曾以类似功过格的方式作为修身手段。此外，云栖袾宏生活年代基本与袁黄同时，其以知名僧人的身份，创制佛教色彩浓厚的"自知录"功过格，集中体现了三教汇通融合的晚明时代特征，因此极具代表性。必须指出，这种"类似功过格"的修身方式广泛流行于袁黄提倡"立命之学"及其《了凡功过格》盛行之前。从三人的行为、事迹，可以看出晚明时期士庶阶层在作为正统的儒家思想与佛、道二教氤氲感染之下，自觉修持功过格的风尚已然深入人心、相当普及。以上所述，构成了《了凡功过格》产生的渊源与思想背景。

三　《了凡功过格》的内容与特色

所谓《了凡功过格》，是指袁黄在其《了凡四训》中所倡导、并附录于《了凡四训》（或《立命篇》《立命文》《训子言》《省身录》《阴骘录》等）

---

① （明）云栖袾宏撰，明学主编《莲池大师全集》，上海古籍出版社，2011，第855页。

文后的功过格文本。明末以来，《了凡功过格》往往与《了凡四训》等袁氏所著善书并列刊行，因此得以广泛传布。

在"立命之学"中，袁黄自述平生经历，涉及功过格修持的内容共有三处。其一，"云谷出功过格示余，令所行之事，逐日登记；善则记数，恶则退除，且教持准提咒，以期必验"①。可见袁黄是受到云谷法会（1500～1575）的指导，才开始实践功过格的，时间为隆庆三年（1569），袁氏37岁。其二，"余行一事，随以笔记；汝母不能书，每行一事，辄用鹅毛管印一朱圈于历日之上。或施食贫人，或放生命，一日有多至十余圈者"②。可见功过格具有简便易行的特色，不仅适用于男子或读书人，即便不识字的妇女，也可以奉持实践。根据功过格开列的"功""过"条目，在日历本上画圈记录"功""过"数量，以便将来统计。其三，"余在任置空格一册，名曰治心篇。晨起坐堂，家人携付门役，置案上，所行善恶，纤悉必记。夜则设桌于庭，效赵阅道焚香告帝"③。这表明，功过格本是记录并度量"功""过"的格册簿子，其名称并无一定之规，奉持者可以"治心篇"等具有个人色彩的名称命名之。同时，这是袁黄任职宝坻知县期间（1588～1591）实践功过格的经历，表明袁氏已经将其融入日常工作生活当中。

现存较早、流传较广的《稗乘》版《训子言》，其内容与"立命之学"（《了凡四训》首篇）相同，后附《了凡功过格》行世。1701年，日本以崇祯版《阴骘录》为蓝本刻印的元禄版《阴骘录》，收录了所谓"云谷禅师功过格款"。这种功过格与《了凡功过格》内容基本相同，仅在个别条目表述上稍有出入。该刻本显然受到"立命之学"中袁氏所述内容的影响，而将功过格冠以"云谷禅师"之名。为讨论方便，下文统称之为《了凡功过格》。

《了凡功过格》所列条目分为"功格五十条""过律五十条"。其中主要内容（"百功百过""五十功五十过""三十功三十过""十功十过"）如下：

---

① （明）云栖袾宏撰，明学主编《莲池大师全集》，第879页。
② （明）云栖袾宏撰，明学主编《莲池大师全集》，第881页。
③ （明）云栖袾宏撰，明学主编《莲池大师全集》，第881页。

表 1　《了凡功过格》（部分）

百功	1. 救免一人死 2. 完一妇女节 3. 阻人不溺一子 4. 阻人不堕一胎	百过	1. 致一人死 2. 失一妇女节 3. 赞助人溺一子 4. 赞助人堕一胎
五十功	5. 延续一嗣 6. 收养一无依 7. 瘗一无主骸 8. 救免一人流离	五十过	5. 绝一人胤 6. 破一人婚 7. 抛弃一人骸 8. 致一人流离
三十功	9. 度一受戒弟子 10. 劝化一非为人改行 11. 白一人冤 12. 施一地与无主之家葬	三十过	9. 毁一人戒行 10. 造谤诬陷一人 11. 摘发一人隐私与行止事
十功	13. 荐引一有德人 14. 除一民害 15. 编纂一济众经法 16. 以方术活一重病	十过	12. 排摈一有德人 13. 荐用一匪人 14. 受触一原失节妇 15. 畜一杀众生具

　　通过分析以上条目，能够明显看出该功过格与《太微仙君功过格》等功过格的不同之处。

　　一是形式上进一步化繁为简。《太微仙君功过格》分为功格三十六条（包括救济门十二条、教典门七条、焚修门五条、用事门十二条）、过律三十九条（包括不仁门十五条、不善门八条、不义门十条、不轨门六条），每个"门"下按照程度不同，进一步量度"功""过"大小。《了凡功过格》则是直接按照"准百功""准五十功""准三十功"等"功""过"大小进行分类，每类再设条目，整体上更加简单明快、一目了然。这一变化体现了功过格这种操作性善书，为迎合奉持者的需求，在其流传过程中趋向简单化、便捷化和易操作化。

　　二是道教色彩趋于淡化。功过格源于道教，以《太微仙君功过格》为代表的功过格往往带有道教神灵崇拜的内容以及各种仪轨。如《太微仙君功过格》序言中明确指出该功过格来自"紫府太微仙君"，并强调"上天真司考校"在功过体系中的巨大作用，而在开列的"教典门""焚修门"中，存在"法箓""章醮"等大量道教仪轨。而在《了凡功过格》中，这些内容都不复存在，这使功德积累的行为变得更加现世化和人性化。包筠雅就此指出，"与较早的、明朝以前的功过体系相比，（《了凡功过格》）强调的重点不再是人对这种超自然体系的依赖，而是他驾驭它的能力，决定自己现世命运的能力"①。

三是佛教仪轨融入其中。如《了凡功过格》将"修置三宝寺院，造三宝尊像及施香烛灯油等物"作为"百钱一功"，就体现了佛教信徒要求修造佛教经像的观念。笔者认为，这一方面反映了袁黄本人支持三教融合的态度及其家庭信仰，因为其父袁仁、母亲李氏均为在家居士；另一方面，也是晚明民间社会三教融合逐步升级的一种体现。需要特别指出的是，相较于以往功过格，《了凡功过格》的宗教色彩在总体上淡化了。

四是世俗道德伦理增加。在宗教色彩淡化的同时，《了凡功过格》吸收了大量世俗伦理道德的内容。诸如"完一妇女节""为人延一嗣"等，迎合儒家宣扬的"三纲""五伦"；"赞一人善""掩一人恶""阻人一非为事""劝息一人争"等，是传统社会正人君子所强调的基本涵养；"修造路桥河渡""疏河掘井以救众"等，是以农民为主体的士绅社会所倡导的个人美德。总之，《了凡功过格》诸条目，可以视为世俗伦理之于社会个体要求的一种综合。

五是修习目的旨在获取个人"福报"。《太微仙君功过格》作为道士修道的法门之一，无疑是为道教的终极目的"成仙"服务的。与之不同，《了凡功过格》与袁黄"立命之学"可谓一体两翼，旨在实现袁黄所倡导的"立命"目标。包筠雅强调，"通过将功过格关注的焦点从宗教的、来世的目的，转变到世俗的、现世的目的，他们（笔者注：指袁黄等人）改变了功过体系的基本性质。人现在能更有力、更直接地控制他的命运——无须等到他来生或此生结束的时候才享受善的果实。《太上感应篇》和《太微仙君功过格》提供的报答主要是长寿和成仙，而云谷和袁黄却许诺可以报答以考试功名及地位上升"②。袁黄在其"立命之学"中论证了"造命者天、立命者我"的道理，强调"力行善事，广积阴德，何福不可求哉？"③ 这就为个人通过积德行善，求得功名、子嗣、长寿等世俗"福报"打开了一扇门。而如何"积德行善"，进而把握乃至改变自己的命运，其依据正是《了凡功过格》。

以上围绕《了凡功过格》与《太微仙君功过格》的不同之处进行探讨，借以说明《了凡功过格》所呈现的新趋势、新特色。其实，这两种功过格

---

① 〔美〕包筠雅：《功过格——明清社会的道德秩序》，第108页。
② 〔美〕包筠雅：《功过格——明清社会的道德秩序》，第108页。
③ （明）云栖袾宏撰，明学主编《莲池大师全集》，第897页。

相通之处颇多，毕竟它们同为善书经典，传统报应观念（尤其是佛教"因果"观）是二者共同的思想支撑。

结　语

功过格具有独一无二的中国文化特质。有学者指出："用分数来表现行为的善恶程度并有这种指导书的国家，除中国外大概再也没有其他国家了。"[①]　作为善书的功过格，既宣扬了传统儒家伦理规范，又呈现强烈的实用性、操作性，将伦理价值与道德实践结合起来，是它在漫长历史中保持蓬勃生机的原因所在。倘若以思想史视角观照袁黄及其《了凡功过格》，就会发现一个饶有趣味的事实：袁氏自幼接受儒家"四书五经"的教育，本身亦以儒者自许，走的是一条儒家士大夫道路；而他所倡导的"立命之学"及功过格实践，却是在融摄中国传统民间信仰尤其是佛道二教思想的基础上进行的。换句话说，袁黄身为一介儒者，恪守的是格物、致知、诚意、正心、修身、齐家、治国、平天下的儒家精英教义，在传统中国社会属于"大传统"（Big tradition）的范畴；而其《了凡功过格》，却在强化"大传统"的同时，附着浓重的"小传统"（Small tradition）特色。[②]　一方面，《了凡功过格》的流通与传播旨在导人向善，其所倡导的"善"（或"功"）的本质内涵是精英儒者塑造的伦理价值；另一方面，该功过格宣扬道德实践的方式，尤其是为获取"福报"而提供的思想观念的基础（或者"保障系统"），则来自中国传统民间信仰尤其是佛道二教倡导的报应理论。中国传统社会的"大传统"与"小传统"由儒家士大夫袁黄截长补短，在《了凡功过格》这一善书中得到完美的汇合融通。

其一，善恶报应观念是《了凡功过格》的思想之基和动力之源。功过格产生的思想根源是中国源远流长的善恶报应思想和功德积累（功过相抵）传统。人的行为自有善恶报应的观念，在中国先秦时期就已形成。佛教大

---

①　〔日〕窪德忠：《道教入门》，萧坤华译，四川人民出版社，1996，第117页。
②　大传统与小传统是美国人类学家罗伯特·雷德菲尔德（Robert Redfield）在1956年出版的《农民社会与文化》中提出的一种二元分析的框架。根据他的定义，大传统指代表着国家与权力、由城镇的知识阶级所掌控的书写文化传统；小传统则指代表乡村的、由乡民通过口传等方式传承的大众文化传统。学者将大小传统的概念运用于中国文化研究，并对应于雅文化（精英文化）和俗文化（通俗文化）。

行于中国后，其"因果报应"观念在民间社会得到深入传播，善有善报、恶有恶报成为中国人根深蒂固的信念。《了凡功过格》所以被中国社会普遍接受并乐于奉行，正是因为善恶报应观念为"积功累行以积厚福"（《了凡四训》）提供了理论依据和实践动力。其二，中国传统伦理道德为《了凡功过格》提供价值遵循。任何功过格都离不开功过善恶的计算与度量，而判别功过、厘定善恶的价值标准就是儒家伦理道德。儒家思想理念是传统社会的主流价值观念，功过格作为一种行之有效的价值传播与道德实践工具，恰恰可以为儒家道德教化所用。其三，实践性、操作性是《了凡功过格》的主要特色。同为善书，《太上感应篇》、《文昌帝君阴骘文》、《关圣帝君觉世真经》以及《了凡四训》等擅长讲授为善去恶的道理，提供宏观深刻的伦理原则，而《了凡功过格》则注重伦理道德的实践层面，以具体的行动指南直接指导、规范人的行为。《了凡功过格》甚至为妇女及下层民众作出安排（"每行一事，辄用鹅毛管印一朱圈于历日之上"），尽显其道德实践特色。

总而言之，所谓儒学的"小传统"，并非一种与"大传统"截然对立的价值系统，而是在大传统引导、辐射、渗透的脉络化过程中形成的一种民间儒学形态。从历史发展的事实来看，儒家伦理道德之所以能够深入传统民间社会，恰恰不是由于高文典章的"大传统"，而是仰赖不登大雅之堂的民间"小传统"。更进一步说，正是"小传统"与各种民间信仰结合起来，构成了世俗大众安身立命和精神皈依的价值系统，维护着以农业文明为根基的社会秩序和道德水平。宋明以降，儒家伦理不断"世俗化"与"民间化"的过程，是儒者不断推动儒家道德秩序在庶民社会实现的过程，同时又是儒家伦理道德与民众心理诉求不断冲突、融合的过程。一方面，儒家伦理道德深入民间社会，不仅对普通民众日常生活的言行加以外在"秩序性"的规范，而且通过外在的行为规范孕育了民众对儒家伦理规范本身的内在归属感和依从性。另一方面，庶民大众是从现实生活和心理诉求出发来解读并践行儒家伦理道德规范的，儒家伦理规范在成为世俗民众普遍认可的行为准则和道德标准后，逐渐显现出实用性和功利化的特征。在此过程中，功利倾向、"神道设教"等世俗因素日益加重，演变成为一种与精英儒学既有区别又有千丝万缕联系的世俗儒学。这一儒学形态与民间信仰尤其是佛道二教教义结合，成为一种支配民间信仰和世道伦理的世俗文化。现实的看，儒学固然是"生命的学问"，但它更应该是面向大众的学问。当代儒学价值的实践应当把个体教化、社会教化和国家治理相融合，注重发挥"文以化人"的价值功能。从这个意义上说，《了凡功过格》不啻为三教融合背景下儒家伦理道德世俗化、民间化的极佳样本，更为当今儒学活化，进一步探求中华优秀传统文化的创造性转化和创新性发展提供了镜鉴。

Analysis on Ideological Implication of
Book of Liaofan's Merits and Demerits

Lin Zhipeng[1], Zhu Yuhang[2]

(1. Guangdong Academy of Social Sciences, Guangzhou 510000, China; 2. Zhaoqing University, Zhaoqing 526000, China)

Abstract: As a typical traditional Chinese book of good deeds, *Book of Liaofan's Merits and Demerits* is popular along with Yuan Huang's *Four Lessons of Liaofan*, exerting huge effects. 50 merits and 50 demerits are included in this Book, in which the form tends to be simplified with diluted religious overtones. It is more suitable for Shi class and multitude class to behave, compared to *Book of God Tai Wei's Merits and Demerits*. There have introduced more contents on mundane ethics in this *Book of Liaofan's Merits and Demerits*, showing the characteristic of integration of Confucianism, Buddhism and Taoism. The traditional concept of retribution is the motive system to practice this Book as its merits and demerits reflect the ethical morality and values at that time. Since Ming and Qing Dynasty, the spreading of this Book has been playing a role in promoting the secularization and popularity of Confucian ethical morality.

Keywords: Yuan Huang (Liaofan); *Book of Liaofan's Merits and Demerits*; *Four Lessons of Liaofan*; Book of Good Deeds

当代思潮

当代儒学研究中的"情理"
概念及其反思[*]

李海超[**]

摘　要　"情感理性"、"情理结构"和"血亲情理"是当代儒学研究中的三个基础性的"情理"概念，这三个概念本质上是对"自然情感——理性——理性化情感"之动态立体关系的静化、截取或误解，因而它们各得情感与理性真实关系之一偏。故而，将情感与理性之动态立体关系凝缩为一种更为优化的"情理"概念，即"缘情用理"概念，对当代儒学特别是儒家情本哲学的开展具有重要的意义。

关键词　情理　情感理性　情理结构　血亲情理　缘情用理

"情理"是汉语中古已有之的词汇，其含义有多种，有时指人的情绪和思虑，有时指人情和道理，还有时候指事件的实情与事理。此外，中国古代哲学中还有较为复杂的涉及"情"与"理"之关系的观念，这些观念在今天亦被很多学者称为"情理"。但在中国古代哲学中，那些表达情、理之关系的观念并没有与"情理"一词相结合，并将其作为一个重要的概念使用，这一情形一直延续到现代。在现代儒学研究中，除了梁漱溟用"情理"表述其独特的"理性"概念外，其他儒家学者亦未将"情理"提升为重要的哲学概念。所以，真正将"情理"一词与儒家义理关联起来，形成重要

---

* 本文是国家社会科学基金青年项目"中国哲学现代转型中的情感转向研究"（18CZX035）阶段性成果。文章部分内容收录于作者《心灵的修养——一种情感本源的心灵儒学》（四川人民出版社，2020）一书中。

** 李海超，河北承德人，南京大学马克思主义学院副教授、南京大学中国传统文化研究中心研究员，主要从事儒家哲学研究。

的哲学概念，并用以阐述或发扬儒家之情、理观念的特性与关系，主要是当代的事情。不过，在当代儒学研究中，学者们所使用的"情理"概念间有着极大的差异和分歧，其原因既有学术关注重点的不同，也有对原始儒家义理的误解，更重要的，是对情感与理性关系的认识存在分歧。本文将对当代儒学研究中学者们使用的"情理"概念进行考察，着力澄清其内涵与分歧，反思其局限，并对儒家情理概念进一步开展的可能及其意义做出探讨。

一 三种"情理"概念

在当代儒学研究中，明确运用"情理"概念梳理、阐发儒家文化特性、儒家道德哲学原理或具体儒学观念的相关著作和文章极多，且学者们所使用之"情理"概念间往往有较大的差异。这里无法详尽地对各种观点加以罗列和陈述，只能最大限度地排除泛论与浅论，择其中真正涉及儒学根本问题，具有较大影响，而且形成了独特概念表述的代表性概念加以介绍。经过筛查，以下三种"情理"概念是当代儒学研究不可绕过的，它们构成了其他学者探讨儒家"情理"概念的基础。

第一，情感本身即具合理性的"情感理性"概念。

"情感理性"概念是蒙培元"情感儒学"中的核心概念，是儒家"情理"观的一种当代诠释和发展。蒙培元认为，与西方哲学不同，儒家哲学并不主张情感与理性的二分，而是强调情感与理性的不可分离性。他指出，传统儒学中的"性理"观念是一种非抽象化的、不离于情感的实践理性或道德理性。他说："在儒家学说中，除了荀子、董仲舒等人之外，都讲性命之理（义理、性理）。性理就是德性，也就是理性；不过，不是'理论的'理性，而是'实践的'理性。但是，又不同于康德所说的'纯粹的实践理性'，而是和情感联系在一起并以情感为其内容的'具体理性'。这才是儒家理性学说的真正特点。"[①] 由于这种"具体的理性"不离于情，"以情感为内容"，蒙培元又称其为"情理"或"情感理性"。"我们承认，儒学是理性主义的，但儒学的理性是'情理'即情感理性而不是与情感相对立的认知理性，或别的什么理性……是'具体理性'而不是纯粹形式的抽象

---

① 蒙培元：《情感与理性》，中国社会科学出版社，2002，第19页。

理性。"①

需要注意的是，并不是仅仅因为实践理性不可与情感相分离，蒙培元便称其为情感理性，"情感理性"所要表达的是，此理性是先天蕴含在情感之中的，以至于情感本身即具有合理性，而不是什么外在的原因使得情感合乎理性。不过，并不是所有的情感都具有合理性，我们在日常生活中能够明显感到有些情感表达是不理性的。蒙培元将这样的情感称为私情，他认为私情是不合理性的，但具有"共通性"的情感，也就是道德情感，却是天然合乎理性的。所以，"情感理性"确切地说是道德情感的合理性，而不是一切情感的合理性。仅就道德情感而言，其合理性是内在的，是不需要外在影响和规约的。正如蒙培元所说："道德情感本身就是人人具有的，即具有'共通性'，是'共同的情感'，它不必通过另外的理性形式使自己具有普遍有效性。"道德情感虽天然具有合理性，即情感理性，但情感理性的形式对主体而言不是自觉的，人们若想自觉地明晰情感理性的形式或者说实践理性的原则，必须通过"思"来实现。"思"是一种理智的活动，"道德情感通过'思'而获得了理性的形式"，但"思"的作用只是对情感理性做形式化的澄清和明晰，而不是赋予道德情感以理性的形式。② 不过，"思"虽不能赋予道德情感以任何理性的形式，但在个体的修养过程中，由"思"而得之情感理性的形式化原则和规范，却有助于陶养和规约私情，使私情更加合理。对私情而言，此"理"是外在的；但就此"理"而言，其根本内容始终是情，即先天具有合理性的道德情感。

第二，情感与理性互补、交融的"情理结构"概念。

李泽厚同样运用"情理"概念来论述传统儒学中情理交融的观念，但他较为注重的，是这些观念所积淀而成的文化心理结构，即"情理结构"。与蒙培元不同，李泽厚不认为情感绝对地蕴含和合乎理性原则。他认为，理性是在制造和使用工具的劳动实践基础上累积生成的，有些先天的道德原则，也不过是理性历史凝聚的结果。在道德哲学上，李泽厚赞同康德的观点，主张理性在道德观念建构中起着主导作用，而情感只是起着辅助的作用。他说："至于作为所谓道德起源的情感，如恻隐、同情，我已反复说明，它们作为自然情绪，只是重要的助力，既非动力也非来源。"③ 情感虽

①　蒙培元：《情感与理性》，第 2 页。
②　蒙培元：《情感与理性》，第 20 页。
③　李泽厚：《伦理学纲要续篇》，生活·读书·新知三联书店，2017 年，第 396 页。

然只是助力，但它具有补充理性之不足的重要意义，因此李泽厚非常强调"情理结构"中情感与理性之间的互补作用。他说："'理'是前导（阳），'情'是地基（阴），阴阳互补，才有情理结构。"① 也就是说，人的动物性情欲不可放纵，理性可以约束人的情欲；但理性原则本身有其冰冷的一面、缺乏导向实践的推动力，而情感可以增强人们对理性原则的认同和热爱，为理性原则的实践提供动力。

当然，"情理结构"不仅涉及道德哲学的问题，在道德哲学之外，李泽厚对儒家"乐感文化"的诠释，还涉及更为根本的审美问题。李泽厚将美学称作第一哲学，认为"道"始于情、亦终于情，即由审美的好奇和发现开始，到有情的宇宙观而终。一切理性的原则和作用在根本上为审美之情所包围，渗透在此审美之情中。于是，这里便形成了一个比道德哲学层面更为根本的"情理结构"。但不论多么根本，在李泽厚的"情理结构"中，情感与理性之间的交融始终是通过它们之间相互的辅助和制约而实现的，情感与理性之间原本并不具有内在的蕴含性。正因如此，李泽厚提倡人们研究"情理结构"中情感与理性合理的结合方式和比例关系。他说："历史本体论认为这里的关键是'情理结构'问题。即情（欲）与理以何种方式、比例、关系、韵律而相关联系、渗透、交叉、重叠着。从而如何使这'情理结构'取得一最好的比例形式和结构秩序，成了乐感文化注意的焦点。"②

第三，以血缘亲情原则为理的"血亲情理"概念。

"血亲情理"是一些学者在研究儒家伦理学之特质时使用的概念，其中以刘清平的研究最为著名。与蒙培元将传统儒家情理观念归结为一种不离情感或以情感为内容的道德理性不同，刘清平认为："儒家伦理在本质上是一种血亲情理观念，与道德理性根本有别。"他认为，西方所谓的理性，是人的一种认知推理能力，而道德理性是这种能力在行为领域的运用。道德理性具有两个特征：一是它"外存于感性的情感欲望，并与后者保持着严峻的张力"；二是它"具有普遍性的特征，可以适用于一切具有理性本质的人之间的伦理关系"。③ 刘清平认为，儒家伦理并不具备以上两个特点。他指出，儒家伦理是以血缘亲情原则为至上根本之理据的，情感内在于伦理之中；而且血缘亲情作为一种特殊的情感，无法包容一切人与人之间的关

---

① 李泽厚：《伦理学纲要续篇》，第 396 页。
② 李泽厚：《实用理性与乐感文化》，生活·读书·新知三联书店，2008，第 70 页。
③ 刘清平：《儒家伦理：道德理性还是血亲情理？》，《中国哲学史》1999 年第 3 期。

系。因此他说："归根到底，孔子哲学的主导精神是一种道德情理的精神，一种把道德情感当作人们从事各种行为的终极准则的哲理精神，一种主张'合情'就是'合理'的道德精神。"① 刘清平不否认，儒家也主张具有普遍性的仁、义等观念，但这些观念与血亲道德的至上性之间存在悖论，在坚持后者的前提下，普遍性的道德是不可能在儒家伦理实践中实现的。

既然儒家伦理本质上是一种特殊主义的亲缘伦理，那么它显然不利于现代社会所要求的公共性、普遍性伦理的发展。然而，尽管刘清平对儒家伦理做了激烈的批判，但他并没有对"血亲情理"做彻底的否定。他认为，儒家毕竟揭示了在道德理性之外，还存在另一种"理"，即"情理"，在西方理性主义伦理学导致亲情淡薄、人际关系松弛等问题的情况下，儒家基于血亲情理之伦理的价值反而有所彰显。② 不过，刘清平也强调，儒家"血亲情理"欲在现代社会发挥积极作用，必须处理好其自身与道德理性之间的关系。对于如何正确处理两者间的关系，他并未做进一步的探讨。

二　概念间的分歧

以上三种"情理"概念在当代儒学研究中具有重要的影响，其他很多"情理"概念的使用通常是对三者的损益与综合。因此，它们之间的共性能够代表当代儒家"情理"概念的基本特征及其大体的发展方向；而它们之间的分歧则能够呈现出当代儒学"情理"概念在发展过程中存在的根本问题。对这些分歧进行细致的疏解，有益于当代儒家"情理"概念的进一步拓展。

通过对比可以发现，上述三种"情理"概念有一个重要的共性，即他们都将"情理"纳入情感与理性关系的语境进行讨论。蒙培元明确将道德情感内含的"理"称为道德理性，李泽厚则主要探讨情感与理性的关系。虽然刘清平所谓的"理"，主要指的是血缘亲情自身的原则和秩序，这些原则和秩序本身并不是理性，但他主要的工作是将这些"理"纳入与道德理性的对比，审查其是否符合道德理性。他们所运用的理性概念，是人的心灵中的一种功能，而不是生天生地的宇宙本体，这与宋明理学所谓的情感

① 刘清平：《论孔子哲学的血亲情理精神——解读关于"三年之丧"的对话》，《江苏行政学院学报》2011 年第 2 期。

② 刘清平：《儒家伦理：道德理性还是血亲情理?》，《中国哲学史》1999 年第 3 期。

与天理之间的关系是不同的。天理被解读为理性，由宇宙本体之理转而为纯粹的个体心灵之理性功能和原则，这是近代以来的事情。由此可见，当代儒学的"情理"概念已经逐步脱离宋明理学那样的本体论架构，将研究的重心转移到个体现实心灵功能及其关系上来了。

在这样的共同倾向之下，上述学者间亦出现了诸多分歧。

第一，自然情感是否可能蕴含道德理性的分歧。这一分歧主要体现在蒙培元和李泽厚的"情理"概念之间。蒙培元认为，在自然情感之中，有一类道德情感，这类情感天然地蕴含道德理性原则，它们不需要被规约就合乎道德理性。这在很大意义上是对宋明理学"性理"观念的继承。但蒙培元在概念内涵上剔除了"性理"之上的"天理"一层，将性转化为道德情感，从而将道德理性寄寓于情感之中。而李泽厚不同，他不认为情感本身天然地会合乎理性，认为情感只能辅助理性，在理性的规约下才能合乎道德。也就是说，李泽厚认为，理性原则绝对是来源于情感之外的，而蒙培元却认为有一类情感内在地蕴含理性的原则。解决此问题的关键是要对蒙培元所谓"道德情感"之特性做深入的研究。

第二，儒家道德哲学的基础究竟是恻隐、同情等道德情感还是血缘亲情的分歧。此分歧主要体现在蒙培元和刘清平之间。蒙培元显然是以恻隐之心等情感为儒家道德哲学之基础的，道德原则不过是这些道德情感之内在理性原则的形式化；血缘亲情固然重要，但它们是私情，是需要形式化的道德理性原则之制约的。而刘清平则相反，他认为儒家道德哲学之基础是血缘亲情及其原则，以此为根本原则，公正无私的道德情感是不可能出现的。解决两者间的分歧，核心是要重新审视儒家经典文本对道德哲学之本源的论述，明确其真实的主张。

第三，在坚持情感根本地位的前提下，情感与理性之间是否能够达成一种理想的互补结构的分歧。这一分歧主要体现在李泽厚与刘清平之间。李泽厚和刘清平都坚持理性对于情感的外在性，但李泽厚认为，情感与理性之间是可以达成一种和谐的"情理结构"的，而且在"情理结构"中，情感具有"本体"性。当然，他所谓的"本体"不是万物的本体，而是指"具有最重要的意义"。也就是说，对整个人生而言，道始于情——发现的兴趣、生存欲望，而终于情——有情的宇宙观；在此包裹中的道德世界中，理性约束人情，人情辅助理性，两者可以达到互补和谐的状态。至少，在"情本体"的前提下，道德理性的实践是可能的。但由于刘清平认为儒家将血缘亲情置于根本的地位，在此不可动摇的原则之下，任何道德理性不可能得到真正的落实，于是情与理之间似乎总有隔阂存在。显然，两者对于优先、根本之"情"的理解是不同的，解决两者间的分歧，一定要澄清他们所讲情的种类，同时进一步厘清不同种类情感在人生和道德领域中的作用。

三 分歧之疏解

为了推动儒家"情理"概念进一步的发展，我们需要依据情感与理性的真实心灵特性及其关系，依据儒家的根本义理，对导致上述分歧的观点做出评判。为了论述的方便，下面首先探讨道德情感的合理性问题以及情感与理性的相互关系问题，最后再探究儒家道德哲学的本源问题。

首先，人是否具有自然合理性的道德情感？欲回答此问题，我们应对"合理性"之"理性"概念做出澄清。什么是情感合理性之"理性"？按照休谟的观点，平静的情感会被人们假定为与理性是同一的；① 梁漱溟甚至指出，理性就是平静无私的情感。② 依照这种观点，道德判断在根本上是由情感做出的，一个行为合乎此平静的情感，即合乎理性（道德理性）。在此，做出道德判断的情感即是道德理性，道德原则乃是道德情感之判断规律的形式化提炼和概括。到此，似乎一切都与蒙培元的观点相一致。不过，有一个问题我们还尚未追问，即此种做出道德判断的平静情感是自然而然的吗？按照亚当·斯密的观点，个体自然的同情心只是公正道德判断的一个基础和前提，只有它与公正的旁观者的判断相一致，其做出的判断才是公正的。而与公正的旁观者相一致的追求是需要理性的。理性不是道德赞成与不赞成的根源，但它是形成普遍性道德原则和判断的根源。③ 与斯密的观点相同，清代哲学家戴震指出，"理也者，情之不爽失也"，这里的"理"即是道德原理，但他同时也认为"情之不爽失"并不是自然的情感状态，必须通过"以情絜情"的修养才能达到。④ "以情絜情"尽管内容是"情"，

---

① 〔英〕休谟：《人性论》，关文运译，商务印书馆，1980，第451页。
② 梁漱溟：《中国文化要义》，《中国现代学术经典·梁漱溟卷》，河北教育出版社，1996，第349页。
③ 〔英〕亚当·斯密：《道德情操论》，蒋自强、钦北愚等译，商务印书馆，1997，第423页。
④ （清）戴震：《孟子字义疏证》，中华书局，1982年，第1~2页。

但情与情之间的比对，却是认知理性的工作。当代一些情感主义者认为，道德判断与个体移情（或称"共情"，即 empathy）能力有关，而移情的发生只需要较低程度的认知，不需要复杂的认知理性的能力。可是，即便是较低程度的认知，也表明道德判断需要情感之外的认知条件。况且，在复杂的社会条件下，不准确的认知，通常会引发错误的移情，而这会导致道德判断与真实情境的不相应。因此，社会条件越复杂，道德判断的准确性越需要认知理性的参与。而且根据移情心理学的研究，人的移情能力，也是随着外在规范、习惯、教育的反复熏陶、内化而得到发展的，[①] 这一过程若排除认知理性的作用，也是不能实现的。由此可见，完全合乎道德理性的自然情感是不存在的。对此，蒙培元的观点有不正确之处。

蒙培元的观点有误，并不意味着李泽厚的观点是完全正确的。若要证实李泽厚的观点，必须证明，情感在道德规则的建立中只起到辅助作用，而不具有生成性作用。道德情感有助于推动人们自觉地落实道德原则，这是众所周知的。不过，道德原则的建立过程真的不需要情感在其中发挥重要的作用吗？若真如此，古今各种道德情感主义哲学（Moral Sentimentalism）就没有对道德哲学做出任何实质性的贡献。其实，李泽厚的道德哲学主要继承的是康德哲学，而康德哲学中的那种自笛卡尔以来就一直被坚持的可以完全摆脱情感的纯粹理性观念，已经受到了诸多批评。很多研究表明，理性特别是实践理性的运行，离不开情感的支持，那种没有情感运行的纯粹理性观念是不真实的。关于情感对理性运行的支持作用，可以参考安东尼奥·达马西奥有关神经心理学方面的研究；[②] 在哲学特别是伦理学方面，迈克尔·斯洛特关于情感与理性关系的"阴阳哲学"具有重要的参考价值。[③] 这些研究不仅表明情感会始终支持着理性的运行，而且还对理性的结论具有源初的导向作用。

所以，情感其实推动并参与了理性结论的生成，并且事后还通过理性化的道德情感发挥着辅助落实理性结论的作用。在道德哲学上，前一方面的作用可称为"情感的道德生成作用"，后一方面的作用可称为"情感的道

---

① 〔英〕霍夫曼：《移情与道德发展：关爱和公正的内涵》，杨韶刚、万明译，黑龙江人民出版社，2003，第 5 页。

② 〔美〕安东尼奥·R. 达马西奥：《笛卡尔的错误：情绪、推理和人脑》，教育科学出版社，2007。

③ 〔美〕迈克尔·斯洛特：《阴阳的哲学》，王江伟、牛纪凤译，商务印书馆，2018。

德见证作用"。① 但我们必须明白，道德原则的生成并不仅仅是情感的作用，也不是情感原则的理智化、形式化，而是由情感推动的理性，在损益情感源初诉求和现实条件的情况下得出的结论。也就是说，情感为理性提供了必要的动力和源初的结论导向，这是道德原则的生成所不可或缺的。而且为道德理性提供动力和导向的，不仅仅是蒙培元所谓的同情、恻隐等情感，也包含他讲到的那些私情。私情的诉求，同样要求理性发挥作用，通过协调公共关系，以照顾其内在的秩序。但不管是不是私情，情感具有道德生成作用是无疑的，而李泽厚认为情感只在道德原则的建构中发挥辅助作用的观点显然也是一偏之见。

于是，欲消除蒙培元与李泽厚的分歧，就必须放弃他们各自的偏见，充分认识情感和理性在道德原则建构中各自发挥的作用。须知蒙培元将自然情感中的那些同情、恻隐等情感也称为道德情感其实是不确切的，因为如上文所述，自然的同情、恻隐等情感未必一定会与道德原则相吻合，故而无所谓是道德情感。而真正的道德情感一定是与道德理性和原则相一致的。所以，只有那些在道德理性原则的熏陶下而生成的与其相一致的理性化情感，才可被称为道德情感。

此外，正确把握自然情感——道德理性——道德情感之间的关系还有助于消解李泽厚与刘清平之间的分歧。在上述情感与理性的关系中，自然情感与道德理性之间并不是圆融一致的，自然情感虽然是道德理性运行的动力和导向源泉，但它只是道德理性之结论的源初内容。因此，道德理性的结论通常会与自然情感的诉求不一致，从而会对自然情感有规约作用，如果坚持自然情感秩序的绝对优先性，那么自然情感就会与道德理性发生不可调和的冲突。甚至即便不坚持自然情感秩序的绝对优先性，只要理性对自然情感存在制约性，那么两者间的冲突也必将存在。这是刘清平观点之合理性的一面。但他忽略的是，人们也可以培养出一种支持道德理性的理性化情感，而这种情感又是与道德理性完全一致、相融无碍的，若再加上美感的加持，两者的相融性就更强了。这是李泽厚观点正确的一面。不过，李泽厚还欲在此基础上探寻一种具体到比例形式和结构秩序的"情理结构"，这是可能的吗？考虑到不同时代、生活方式、个体处境的巨大差

---

① 李海超：《情感如何既"生成"又"见证"德性——评王庆节的"道德感动"说》，《中南大学学报》（社会科学版）2018 年第 2 期。

异，以及在此巨大差异下各种道德规范的建立与消解、各种情欲被严重的束缚又被极大地解放的历史经验，那种可操作的、具体的、有相当稳定性的"情理结构"恐怕是很难建立起来的。也许不去探寻情感与理性之间"最好的比例形式和结构秩序"，而是去思考情感与理性功能的理想应用模式，会更有意义？

最后，我们将关注点放到儒家义理上来，看看儒家本身究竟是如何安顿情感和理性的，这涉及对蒙培元与刘清平之分歧的疏解。蒙培元认为，儒家是以同情、恻隐等情感为道德哲学之源泉的，而私情恰恰是需要被理性化的；但刘清平正相反，认为私情（血缘亲情）才是儒家伦理道德秩序的本源。两者中，谁的观点更符合儒家的义理呢？如果我们考察原始儒家的文本，就会发现两种观点在儒家经典文本中都有涉及。先秦儒家既有"恻隐之心，仁之端也"（《孟子·公孙丑上》）的表达，也有"孝悌也者，其为仁之本与"（《论语·学而》）的论述。蒙培元与刘清平只是各择其一面，以为仁之本源和儒家伦理道德哲学之根据。实际上，在先秦儒家的义理系统中，仁作为一种本源性的情感，既有作为私情的自爱一面，也有爱他人的一面，它们都在伦理道德原则的建构中发挥作用，并通过与理性的合作最终形成伦理道德规范。比如，黄玉顺通过对先秦儒学的考察，指出先秦儒学实际是"仁→利→知→义→智→礼→乐"或者说"仁爱→利益→良知→正义→理智→制度→和谐"的思想结构。[1] 其中，仁发挥着"自利之仁"与"一体之仁"两方面的作用。我们暂且不去考察黄玉顺给出的思想结构是否完全准确，但他对仁爱之自利与利他两方面作用的结合，让我们看到先秦儒家的文献材料并不是像刘清平理解的那样分裂和矛盾，也不像蒙培元那样贬低私情的本源作用。因此，二人的情理概念恐怕亦是各取先秦儒家义理之一偏而已。

另外，关于血缘亲情原则的外推问题，若仔细考察，便会发现先秦儒家主张外推的并不是原原本本的家庭私人秩序、情感和道德原则，而是在家庭和私人关系中培养起来的爱、敬等能力，其在外推的过程中，并没有忽视根据新的人际关系调整情感的差等关系和相处模式。[2] 这也就是说，并没有忽视理性对自然情感的损益、调适作用。所以，如果将先秦儒家对理

---

① 黄玉顺：《中国正义论的重建——儒家制度伦理学的当代阐释》，安徽人民出版社，2013，第17页。

② 李海超：《儒家外推私德问题再检讨》，《哲学与文化》2019年第7期。

性作用的重视以及"门内之治恩掩义,门外之治义断恩"等原则结合起来,一种以自然情感为本源的学说,并非不能在公共场合建构起合乎公共理性的秩序和规范,私人生活中爱的等差性与公共生活中爱的平等性,两者并不是必然冲突的。

四 "情理"概念的优化

以上疏解表明,当代儒学中三种代表性的"情理"概念皆揭示了传统儒家情理观念的某个方面,但在儒家义理特别是对先秦儒家义理的理解上和在情感与理性关系的认识上也存在一些问题。那么,规避和解决这些问题,并进一步提出一种更为合理的"情理"概念,便成为当代儒学发展中的一个重要任务。下文将对上文探讨得出的有益成果做出归纳,并在此基础上提出一种更优的"情理"概念。

上文的讨论表明:当代儒学关于"情理"的探讨已经从宋明理学"天理""人情"关系的语境转化为情感与理性关系的语境。其实,这一语境的转型从20世纪现代新儒家就开始了,但在现代新儒家那里,理性的观念尚未从"天理"概念中完全脱离开来,"理性"依然具有浓烈的集存在与价值为一体的本体论意味;但在当代,理性的含义越来越落实到人类个体心灵功能及其内容上来了,情感也逐渐提高其地位,被看作是与理性相互关联、相互影响的心灵功能,而不再被看作是形上之"理"的形下表现。这是儒学现代转型的结果,是"宇宙的心"与"宇宙中的心"相区分的结果,是对宋明理学那种传统形而上学本体论架构的超越。在此基础上,人们能够比宋明理学和20世纪现代新儒家更好地也能更合乎实际地处理好"情"与"理"的关系,更好地与经验心灵研究相接洽,进而更好地处理道德心与认知心的问题。这是当代儒学"情理"观念或概念研究应该坚持的方向。另外,在分析当代儒学之三种"情理"概念的分歧时,上文其实得出了情感与理性在道德原则建构中的一种更为合理的关系,即:"自然情感(包括血缘亲情等私情,也包括同情、恻隐等利他情感)——理性——理性化情感"关系。上文已指出,这一关系与先秦儒家的思想结构具有较强的一致性,而当代儒学中的"情感理性""情理结构""血亲情理"概念反而各得其一偏。

其实,"情感理性""情理结构""血亲情理"这三个概念之所以各得一偏，主要原因是，它们都是一种偏于静态的概念。"情感理性"描述的是被道德理性熏染、陶冶后的道德情感的特征，"情理结构"追求的是情感与理性互补的结构状态，"血亲情理"论述的只是自然情感之一类的秩序特点。但"自然情感——理性——理性化情感"关系并不是一种静态的关系，现实上，三者之间永远在不停地互动。因为，自然情感是个体在具体生存情境下激发的情感，其实际诉求的内容是随着现实而不断改变的，这就意味着，理性要不断地根据自然情感诉求的变化调整理性原则和规范，而理性原则和规范的调整，又会进一步使理性化情感之合理性内容不断发生改变。这就是为什么人的良心，作为一种道德情感，在古代社会中会对"夫为妻纲"这一道德规范感到赞成，而在今天却表示反感。在上述关系中，不仅自然情感与理性有所冲突，自然情感作为个体本真的生存体验，也会与理性化情感有所冲突。自然情感永远会随着个体处境的变化而出现，它的再现不仅会在一定程度上改变自身的秩序情况，也会不断地要求理性和理性化情感在理性原则和规范上做出调适，这是一个永不止息的过程。所以，真实的自然情感、理性、理性化情感关系乃是一种立体动态的关系，"情感理性""情理结构""血亲情理"概念不过是将此过程静止，并截取其中一个片段罢了。

因此，我们若要提出一种更优的"情理"概念，就应该对上述动态立体的情感与理性关系做出概括。在这一关系中，自然情感具有本源的作用，它推动理性运行并提供源初的结论导向，它要求理性原则和理性化情感随它的改变而改变；但这只是源初要求，不代表终极的结果。所以情感的本源作用不具有传统形而上学"本体"概念那样的权威性，它作为"源"，亦即初始的"缘"——机缘、渊源、条件，提出诉求，但也接受被一定程度的规约，这是理解此处本源概念的关键。理性是实现情感诉求的工具，为情感所用，但它有一定的独立性，它不是"情感的奴隶"[1]，而是情感的助手。是故，上述动态立体的情感与理性关系可以被概括为"缘情用理"的"情理"概念，它强调的是情感和理性之间的动态作用关系，而不是静态的结构或内容关系。从"理"的视角，这一"情理"概念也可表述为：为实现本源情感诉求而被应用的理性。这样的理性，同样是始终不离于情感的理性，这既符合理性运行的真实心灵状态，也符合儒家文化理不离情的

①〔英〕休谟：《人性论》，关文运译，第453页。

传统。

"缘情用理"的"情理"概念，对儒家哲学的当代开展具有重要的意义，它为依据个体真实心灵功能而建构一种超越宋明心性儒学的儒家心灵哲学提供了可能;① 对顺应批判启蒙理性（同一性、宏大叙事的纯粹理性）的时代思潮，同时扭转后现代主义纯粹"解构"哲学之流弊，从而积极建立起儒家式的现代性观念体系也具有基础性的价值。②

Discussion and Reflection to the Concept of "Qingli" in the Research of Contemporary Confucianism

Li Haichao

(School of Marxism of Nanjing University,

Nanjing 210046, China)

Abstract: "Emotional reason", "structure of emotion and reason" and "consanguinity emotional principle" are three foundational concepts of *Qingli* in research of contemporary Confucianism. The three concepts are actually staticizing, intercepting and misunderstanding to the dynamic and stereo relationship of "natural emotion—reason—rational emotion". So they respectively get a part of the real relationship of emotion and reason. Therefore, compacting this relationship between emotion and reason into a kind of optimized Qingli concept, namely the concept of "using reason on the source of emotion", has great meaning to the development of contemporary Confucianism, especially to the development of Confucian philosophy which takes emotion as final source.

Keywords: Qingli; Emotional Reason; Structure of Emotion and Reason; Consanguinity Emotional Principle; Source from Emotion and Using Reason

---

① 参见李海超《超越"超绝的心灵学"——探索儒家心灵哲学开展的新路径》，《云南社会科学》2018 年第 6 期。

② 参见李海超《阳明心学与儒家现代性观念的开展》，博士学位论文，山东大学，2017。

从梁漱溟到黄玉顺的"情生论"建构

——从李泽厚"儒学四期"论切入

王　硕[*]

　　摘　要　李泽厚的儒学四期论、情本体论以及他认为"现代新儒学"不过是"现代宋明理学",都具有极高的启发性。其实,现代新儒学,尤其是梁漱溟的思想在一定程度上突破了宋明理学。而人们往往更关注梁漱溟的其他思想而忽视了他对"情"的领悟。对"情"的哲学思考发展到蒙培元、黄玉顺更加深入完善,由梁至黄,可以梳理出现代新儒家"情感论转向""生活论转向"的学术理路谱系。如果李泽厚儒学四期论成立,那么黄玉顺"生活儒学"恰是典型的第四期特色的成果,李泽厚与黄玉顺都想以"情"突破传统形而上本体论,但李泽厚的"情"是主体性的,而黄玉顺的"情"兼有前主体性与主体性的"双重身份",并且侧重前主体性。

　　关键词　儒学四期论　生活意欲　情感儒学　生活儒学

一　李泽厚对儒学研究的几点启发

(一)"儒学四期"理论

说到李泽厚的儒学研究,一般人首先想到的就是《说儒学四期》,因

---

* 王硕,山东济南人,中共济南市长清区委党校讲师,山东大学易学与中国古代哲学研究中心博士生,主要从事儒家哲学研究。

为：（1）作品标题上就出现了"儒学"，而李泽厚作品标题上点明"儒学"极少；（2）该理论在直观上容易把握，牟宗三提出"三期"，李泽厚提出"四期"，明显不同，简明扼要，观点凸显。但正因为如此，一些学者把"四期论"理解浅了，他们认为这无非就是多分了一期而已，甚至认为"你分十期都可以"。李泽厚反驳道：

> 三期、四期的分歧，便不是什么"分十期都可以"的问题，而是一个如何理解中国文化特别是儒学传统……的根本问题。①

这是说，三期论、四期论各自的深层理论支撑就不同：② 李氏的深层理论支撑是巫史传统、情、生活、命运、历史本体；而牟氏"以心性道德的抽象理论作为儒学根本，相当脱离甚至背离了孔孟原典"③。这种价值取向下，荀学与汉儒必然不符合其口味，所以四期论与三期论的分歧绝非仅仅表面上多了汉儒这一期这么简单。

三期论之中，"现代新儒家"就是最新的一期，而四期论之中，虽然时间上"现代新儒家"已经离我们很近了，但他们仍旧不是最新一期。李泽厚认为"现代新儒家"这一称呼应改为"现代宋明理学"，因为他们没有突破宋明理学的主题（心性论），只是宋明理学在现代的"回光返照"，④ 不能算作独立的"新"的一期。

那么李泽厚认为怎样才算是最新一期儒学呢？即：心性论之后的主题应该是什么呢？他说：孔孟荀为代表的第一期儒学，主题是礼乐论，基本范畴是礼、仁、义、诚、忠、恕，奠定了中国式人本主义的根基；以汉儒为代表的第二期儒学，主题是天人论，基本范畴是阴阳、五行、感应、相类；以宋明理学为代表的第三期儒学，主题是心性论，基本范畴是理、气、心、性、天理人欲、道心人心；第四期儒学主题是情欲论。⑤

---

① 李泽厚：《说儒学四期》，上海译文出版社，2012，第6页。
② 所以，李泽厚所批判的不仅仅是"三期"，而是对"新内圣开出新外王""超越而内在""坎陷"全都批判，甚至称之为"非常矫揉造作""附加累赘"。
③ 李泽厚：《说儒学四期》，第6页。
④ 李泽厚：《世纪新梦》，安徽文艺出版社，1998，第111、141页。
⑤ 李泽厚：《说儒学四期》，第36页。

（二）对"情"和"生活"的思考

"情""生活"，既是"四期论"最终的落脚点，也是"四期论"的"深层理论支撑"（见上文）。李泽厚认为第四期儒学的主题是情欲论，笔者赞同，理由如下。

其一，笔者发现四期之间有否定之否定的辩证发展关系。"礼"本身是为了"敬天法祖"而产生，第二期的天人论可视作第一期的"礼"的发展，但汉儒渐渐僵化，为寻章摘句所桎梏，并且崇天抑人，"个人屈从、困促在这人造系统的封闭图式中"[1]，此时佛教入华，宣传"众生平等""缘起性空""自性是佛"，启发了中国人的思想，于是第三期儒家"出入佛老"应运而生，他们明显比汉儒（尤其是后期汉儒）更具人性解放精神，但后来同样变僵化……儒学发展史辩证地、必然地会有新一轮的"人"的解放、"人"的回归。

其二，情欲论主题不是凭空而来的，它在儒学传统中有很深的根脉，只不过在第四期更突显。第一期的"乐"可视作"情"的外化，"情"本身也是儒家最重视的问题之一，早期儒家"性""情"不分的时候，能明显看出"情"是儒家孝悌忠信等许多精神的源头。[2] 汉至宋明，"性""情"逐渐有别，"情自性出""性善情邪"[3] ……理论家们默认了"性"的形而上地位后再用各种术语来推敲性情关系，才遮蔽了"情"。

其三，李泽厚所谓"情欲"，并非盲目放纵的，而是情理交融的，这在儒家有根源：

> 周公"制礼作乐"，完成了外在巫术仪典理性化的最终过程，孔子释"礼"归"仁"，则完成了内在巫术情感理性化的最终过程……产生的是情理交融。[4]

---

[1] 李泽厚：《说儒学四期》，第36页。
[2] 张祥龙：《家与孝：从中西间视野看》，生活·读书·新知三联书店，2017，第17~139页；蒙培元：《情感与理性》，中国社会科学出版社，2002，第1~16页。
[3] 沈顺福：《生活儒学与儒家情感理论的关系》，《当代儒学》（第十一辑），广西师范大学出版社，2017，第393~394页。
[4] 李泽厚：《世纪新梦》，第205~206页。

此外，蒙培元也认为儒家的情感是情理交融的，下文会展开，此不赘述。①

其四，关注点回归人的情感、回归人的生活，符合世界哲学发展的大趋势，尤其在"上帝死了"之后。② 李泽厚说："人们爱说儒学是'生命哲学'，其实，生命哲学并不在那如何玄妙的高头讲章中，而就在这活生生的人们的情理结构里。"③ 注意，他这一论断既说明了"情"在人生意义方面的重要性，又说明了"情"在儒学方面的重要性，而且这两方面的重要性恰好是有机贯穿起来的。他还说："哲学是研究人的命运的。"④ 笔者深表赞同，笔者认为哲学产生于主体对命运的迷茫（"不迷不痛无佛种"），迷茫也是一种"情"。另外，命运作为一种终极不可抗力，类似于西哲语境中的理念/上帝，黑格尔认为"辩证法在同样客观的意义下，约略相当于普通观念所谓上帝的力量"⑤。历史自有其逻辑，李泽厚常用"历史积淀"来解释个人乃至全民族心理的形成（包括各种情感的形成），甚至以"历史积淀"描述人"生命""生活"的本质，认为人是一种"历史的存在"，"历史融在心理中"，"人生的意义在于情感"。⑥ 即：按李泽厚的理解，"情"即具有"绝对精神/上帝"的本体地位，⑦ 贯穿了"历史"与"命运"，他称之为"情本体"。

（三）对"现代新儒家"/"现代宋明理学"人物谱系的分析

李泽厚说：

> 什么叫"现代新儒家"？现在议论也很多。有一种定义说，只要是

---

① 蒙培元：《情感与理性》，第 69～370 页。
② 张祥龙：《当代西方哲学笔记》，北京大学出版社，2005，第 1～11 页。
③ 李泽厚：《说文化心理》，上海译文出版社，2012，第 94 页。
④ Zehou Li & Jane Cauvel, *Four Essays on Aesthetics：Toward a Global View*, Lanham, MD：Lexington Books, 2006, p. 28.
⑤ 〔德〕黑格尔：《小逻辑》，贺麟译，商务印书馆，1980，第 179 页。
⑥ 李泽厚：《世纪新梦》，第 243 页。
⑦ 当然二者也有区别：黑格尔的"绝对精神/理念/上帝"是传统西方形而上学的思路，李氏则说："'情本体'即无本体，它已不再是传统意义上的'本体'。这个形而上学即没有形而上学，它的'形而上'即在'形而下'之中。"见李泽厚、刘绪源《该中国哲学登场了?》，上海译文出版社，2011，第 75 页。也可以说这是李氏在现当代哲学视域下比黑氏多推进了一步。

肯定儒家传统的就是新儒家，甚至只要是研究中国文化的，都算现代新儒家。这太没意义了，太广了。另一种定义是，只有熊十力学派才算，冯友兰不算，梁漱溟只算半个，因为他与熊十力有一些交情。这又未免太狭窄了。①

一九八二年十月，台湾《中国论坛》……提到的"当代新儒家"为熊十力、梁漱溟、张君劢、唐君毅、徐复观、牟宗三、钱穆。大概因为政治原因……没有……冯友兰。②

然后李泽厚提出了自己的标准：

真正具有代表性……是熊十力、梁漱溟、冯友兰、牟宗三四人。钱穆、徐复观基本上是历史学家或思想史家。张君劢、唐君毅虽属哲学家，但他们的思想及体系相对来说庞杂无章，创获不多。③

熊十力之称二王（阳明、船山），冯友兰之接程朱，牟宗三之崇陆、王、胡、刘，等等。所以，我以为用"现代宋明理学"来定义"现代新儒学"，便一目了然……既避免了这概念的无限膨胀，把明确否认自己是"现代新儒家"的学者（如钱穆、余英时），把并非承续宋明理学的哲学家（如方东美），史学家（如徐复观），甚至把仅仅研究儒学传统的人也通通囊括进来，使得这个概念变得"毫无意义"（余英时语，见《钱穆与新儒家》）；同时也避免了这概念的过分狭隘，只专指熊十力学派或牟宗三学派……④

李泽厚把"现代新儒家"筛了两轮，第一轮保留了熊、梁、冯、牟，第二轮则把这四人也筛掉了，因为他们也不是"新"儒家，他们未能突破宋明理学的思维框架，只是第三期儒学在现代的"回光返照""隔世回响"，而不符合李泽厚预言的第四期的"情欲论"主题。甚至，李泽厚认为他们根本就没明白儒学的精髓，李泽厚说："不是现代新儒家的'道德精神''德性自我'，而是那实实在在的'人活着'……才是第一位的……这也才

① 李泽厚：《说儒学四期》，第145页。
② 李泽厚：《说儒学四期》，第41页。
③ 李泽厚：《说儒学四期》，第44页。
④ 李泽厚：《说儒学四期》，第111~112页。

是真正的'生命哲学'。"①

由此，李泽厚关于儒家（尤其是"新儒家"）的三大方面思考——（1）"儒学四期"论；（2）有关"情本体"、"情欲论"、回归"生活"的思考；（3）对"现代新儒家"／"现代宋明理学"人物谱系的分析②——就形成了互相印证、环环相扣的整体，这三方面也是本文的三条思路主线，下文还会按这三方面分析黄玉顺的思想。

二　对李泽厚所说"现代宋明理学"的重新思考

总体上，笔者赞同上述李泽厚这三方面的观点。但笔者细心地发现了一个问题：他一开始筛选出了熊、梁、冯、牟四人（甚至《说儒学四期》之中还给这四人各自专门安排了一个章节），然而在上文最后一段引文中，"熊十力之称二王"这句往后，熊、冯、牟都能在宋明理学中找到承接的人，唯独梁漱溟没有，难道仅仅是李泽厚把梁漱溟遗漏了吗？并不是这样，其根本原因在于：在宋明理学中还真找不到梁漱溟承接的是哪位思想家。进一步说，其实梁漱溟突破了宋明理学的思路，而李泽厚没有发现。

其实熊十力、牟宗三、冯友兰也对宋明理学有所突破，只是不像梁漱溟这么明显。首先说冯友兰，虽然李泽厚发现了"冯友兰之接程朱"，但冯友兰仅仅用了程朱的"肉"，却自建了一套"骨"——他先确立"真际""实际"的范围，再构建理、气、道体、大全四个基本命题，这已经是站在宋明理学的局外俯视并剖析宋明理学了。关于牟宗三的争议比较大，一方面他是新儒家的一座丰碑，但另一方面，他也是"当代中国最大的别子为宗"③。牟氏涉及西哲极多，但细看就会发现他骨子里仍是宋明心性论，只是把西哲生硬地与心性论拼接。由此，他为了让原本就属于不同思路的各种概念在同一体系之中都有回旋余地，不惜把自己的理论做得十分烦琐曲折，再用"坎陷"把理论各个部分连接起来，用李泽厚的话说，这是"理

---

① 李泽厚：《说文化心理》，第 104 页。
② 其实，如果划分更细，李泽厚儒学思想还包括：（4）儒家的巫史传统；（5）中西比较视域下的儒家。由于这两方面与本文主线关系不大，且本文篇幅有限，所以本文把（4）（5）都融入（2）。
③ 林安梧：《人文学方法论——诠释的存有学探源》，上海人民出版社，2016，第 197 页。

论上的附加累赘"，"非常矫揉造作"①，而且作为万能钥匙的"坎陷"受批评最多。蒋庆说："良知只可呈现而不可坎陷。"② 郑家栋质疑"完满状态的本心性体、道德良知，何以又要坎陷自身而下开知性呢？"③ 同理，李泽厚问："这种'坎陷'的动力和可能何在？"杨泽波说牟宗三："未能说清仁的发展。"④ 然而，争议大恰恰说明牟宗三的理论构建的动作幅度大。最后说熊十力，虽然相对于梁、冯、牟来说，熊十力更像是典型的宋明理学的路数，但他在具体观点上当然也与宋明理学不同。一言以蔽之，李泽厚以"现代宋明理学"概括现代新儒家，确实很精辟，在一定程度上是成立的，但这种评价至少不适用于梁漱溟（这是从"至少"来说的，如果从"至多"来说，这种评价也不适用于熊、牟、冯）。

有趣的是：相比于熊、牟、冯三人，乃至于李泽厚没选入的唐君毅、钱穆等人来说，梁漱溟的纯理论建树是最简陋的，论证表达是最单薄的，甚至可以说他是这些人之中最不像学者的（他更是行动家），但也正是他，从"突破宋明理学的思维"这个角度来看，走得最远。按李泽厚自己的标准，突破了心性论主题，才算是突破了宋明理学，进入了情欲论主题，才真正算"新"儒家。而梁漱溟的"意欲"虽然与"情欲"有一字之差，但是其具体所指基本是相同的。例如，儒家极重视的一家人之间（尤其是出于血缘关系）本能地自然地产生的亲情，算是李泽厚说的"情欲"吗？当然算。那么算是梁漱溟说的"意欲"吗？当然也算。⑤ 即："意欲"与"情欲"虽然"内涵"有差异，但"外延"基本是重合的。梁漱溟哲学中"情"的重要性，详见下文第四节。黄玉顺评价梁漱溟为现代儒家"情感论转向"的先驱，同时，黄玉顺还评价梁漱溟为"生活论转向"的先驱，黄玉顺语境中的"生活"，往往有一种"大易生生之道""前主体性"的意义，并且，黄玉顺把存在论与性情论融为一体，以"情→性→情"三级架构彰显着"生活给出一切"。李泽厚也有对"生"的敏感，也提到"生命哲学"⑥，而且"西体中用论"的"体"就是"生活"，但这是缺乏形而上抽

---

① 李泽厚：《说儒学四期》，第113页。

② 蒋庆：《良知只可呈现而不可坎陷——王阳明与牟宗三良知学说之比较及"新外王"评议》，《中国文化》1996年第2期。

③ 郑家栋：《当代新儒学论衡》，台北：桂冠图书公司，1995，第112页。

④ 杨泽波：《牟宗三坎陷论的意义与缺陷》，《社会科学研究》2013年第1期。

⑤ 梁漱溟用"意欲"这种表述可能是受到佛家"起心动念"理论的启发。

⑥ 李泽厚：《说文化心理》，第94页、104页。

象思考的形而下的"生命"与"生活",而黄玉顺的"生活"同时涵盖了形而上者、形而下者,而且解构并超越了二者,具有现象学味道与禅机。李泽厚"历史本体论"也有回归生命、回归生活的精神,但历史本体论没有明确打出"生"的旗号,而是以"历史"为旗号,所以本文要构建一套更完善的"情生论",当然,这多亏李泽厚先生"情本论"、"情欲论(儒学四期的最后一期)"的启发。然而,李泽厚自己却未意识到梁漱溟就是自己所谓的第四期儒学(情欲论)的萌芽,而后来的黄玉顺则标志着其成型。李泽厚提出的"情本论"性质是哲学上的本体论,他提的"情欲论"性质属于"预言"(这是他对他认为尚未到来的第四期儒学的预言),黄玉顺也提出以"情"作为基础存在论,并以"情理派"归纳冯友兰→蒙培元一系。笔者受上述启发而提出的"情生论"兼有存在本体、预言、学派谱系这三重性质。

另外,有些读者会提出不同意见:梁漱溟最具有代表性的理论——以"意欲"的三个方向把人类文化划分成"西洋模式、中国模式、印度模式"——过于粗疏武断。需要注意的是黄玉顺与笔者肯定梁漱溟在儒学史乃至思想史上的意义,是因为他对"情"的敏感性(还有李泽厚未提到的对"生"的敏感性),而非针对他的"文化三态论",梁漱溟作为"情生论"中的"双重先驱"确实值得重视。至于他的"文化三态论",反而与本文关系不大。

既然笔者要展开一套"情生论"的建构,难道其中的代表人物只有作为"先驱""萌芽"的梁漱溟自己吗?不是的。在李氏"现代宋明理学"的人物之中,冯友兰在这方面与梁漱溟最近。黄玉顺认为冯友兰的新理学是"情理交融",而非宋明理学那种唯理独尊的立场,同样的,蒙培元也说冯友兰"就其终极理念而言,情感具有更加重要的意义"①。打个比方说:牟宗三绘制了一张水源勘测图(儒学三期论),李泽厚不满意,绘制了一张更精细的勘测图(儒学四期论),他找水源有合理的标准(情欲论),但是他拿着正确的地图却错过了水源(梁、冯),其重要原因是:"情"不显露,只是地下泉脉,梁、冯的地表河流(梁氏文化三态论、冯氏新理学)不易看出"情"。

① 蒙培元:《理性与情感——重读〈贞元六书〉、〈南渡集〉》,《读书》2007 年第 11 期。

三　"情感儒学" 与 "生活儒学" 的开展

　　人们通常认为：虽然梁漱溟与熊十力同属于 "新儒家三圣"，但熊十力有清晰的庞大的师门传承谱系，而梁漱溟没有。其实，梁漱溟是一个更庞大的学理谱系的先驱。① 现当代思想界有着 "生活论转向" "情感论转向"，例如冯友兰（见第二节陈来、蒙培元的评述），用上一节 "勘测水源" 的比喻来说，梁冯表面上是两个独立的泉眼（即：梁漱溟文化三态论和冯友兰新理学没有明显关联），实则有暗流相连，这股暗流就是 "情"，并且这股暗流在冯友兰弟子蒙培元提出 "情感儒学" 之后变成了明流。此外，蒙培元还提出了 "生态哲学"，把当代工业化进程中热门的生态环保问题引申到传统儒家 "仁民爱物" 的精神，由此把 "生态" 与 "情感" 两个主题结合了起来。另，蒙培元认为中国哲学语境下的 "生" 至少有三层含义：（1）它是生成论意义上的，而非西哲本体论意义上的；（2）"生" 的哲学是生命哲学而非机械哲学（这与梁漱溟 "生命哲学" 相通②）；（3）"生" 的哲学是生态哲学，在生命意义上讲人与自然和谐统一。③

　　蒙培元对 "生" 的第一条解读，被其弟子黄玉顺发展为 "生活存在"。那么何为 "生活存在" 呢？黄玉顺以文字训诂深化了这一观念："生" 为发芽情境，"活，流水声"，"存" 为人之初，"在" 为草木之初，④ "生活存在" 先于一切存在者，给出一切存在者，是一切的本源。⑤ 所以，当有人问：你理论中最根本的 "生活存在" 到底是什么东西呢？黄玉顺回答：它就不是个东西（存在者），它是 "无"（老子、海德格尔）。黄玉顺将其师蒙培元的 "情感儒学" 发展为层次更分明、思路更清晰的 "情→性→情" 架构，对应 "生活存在→形而上存在者→形而下存在者"，前一个 "情" 是

---

① 黄玉顺：《当代儒学 "生活论转向" 的先声——梁漱溟的 "生活" 观念》《存在·情感·境界——对蒙培元思想的解读》，《儒家思想与当代生活—— "生活儒学" 论集》，光明日报出版社，2009，第 149～164、165～173 页。

② 为表述严谨，笔者用的是 "相通"，而非 "相同"。

③ 蒙培元：《人与自然——中国哲学生态观》，人民出版社，2004，第 4～5 页。

④ 黄玉顺：《生活儒学讲录》，安徽人民出版社，2012，第 24－26 页。

⑤ 黄玉顺：《爱与思——生活儒学的观念（增补本）》，四川人民出版社，2017，第 233 页。

本源层级的，后一个"情"是平时一般人粗浅理解的"情"，① 又把其师公冯友兰"自然→功利→道德→天地"的四重境界化为"自发→自为→自如"三重境界，亦安置于此系统，如表1。

表1 生活境界

\	存在	形而下存在者（万物）	形而上存在者（神性的→理性的）	存在	/
		形而下学 ←	形而上学	← 源始观念	奠基关系
生成关系	生活感悟 →	形而下者 →	形而上者		
教化	诗教（情教） →	书教 礼教 春秋教 →	易教（神教→理教）	→ 乐教（情教）	
信仰			初阶 → 中阶	→ 高阶	
境界	自发 →	自为		→ 自如	

资料来源：黄玉顺《儒教问题研究》，人民出版社，2012，第98页。

冯友兰、蒙培元、黄玉顺三人之间是师门传承关系，梁漱溟在北京大学曾经担任冯友兰的授课老师。而李泽厚选定的"现代宋明理学"代表人物是熊、梁、冯、牟四人，前面笔者按"情生论"的视角分析了梁、冯，下面按同一视角分析一下熊、牟一系。熊、牟二人在"情"主题上确实创获不多，但是牟宗三的弟子林安梧受熊十力哲学的启发，提出"生命儒学"，把牟宗三的"两层存有论"发展为"存有三态论：平铺的真如、纵贯的创生、横向的执取"②，从心学转向气学（若从李泽厚的视域看，这仍是在宋明理学中打转，但林安梧的气学是有"生活世界"的视域，与梁漱溟、黄玉顺、李泽厚更近一些）。③ 形而下方面，结合马克思主义，反省"内圣开外王"的说法，④ 提出"公民儒学"，这是非常有生活性的。林安梧形而上学与形而下学的衔接在于：他"存有三态论"之中"纵贯的创生"这一

---

① 此处与本文一开始的切入点——李泽厚情本论——联系了起来，但李泽厚不及黄玉顺这样层次分明，下文详细对比。
② 有关林氏"存有三态论"，详见林安梧《存有·意识与实践——熊十力体用哲学之诠释与重建》，台北：东大图书公司，1993。
③ 林安梧：《儒学革命：从"新儒学"到"后新儒学"》，商务印书馆，2011，第107～117页。
④ 林安梧：《"内圣"、"外王"之辩：一个"后新儒学"的反思》，《天府新论》2013年第4期。

态，与他用"血源性纵贯轴：三基元加两辅元的宗法国家下的'道的错置'"来概括中国几千多年的传统社会，是相互呼应的。并且他提出，中国传统的"理性"，"非西方式之断裂型理性，非指向一对象……而是情理之性……生命的普遍性……"①。

　　除了上述学者之外，张祥龙、鞠曦等也都在一定程度上体现了对"情"主题或"生"主题的重视，只是有时在其作品中体现得不明显，由于本文篇幅有限，就不再一一展开了。总之，这是近现代以来中国哲学界（抑或是全球哲学界）的一股风潮。从上述人物思想可以提炼出一个新的学理谱系："情生论"的学理谱系。本文的切入点李泽厚也是这个谱系中的一员。黄玉顺的"生活给出一切""情→性→情"架构，蒙培元对"生"的三层解读、"情感儒学"，冯友兰的理中含情，梁漱溟的"生命·意欲"，林安梧的"生命儒学""纵贯的创生"都可追溯到先秦儒家"生生之谓易"的思想，都带着孔颜之乐的情趣。

　　以往学术皆至多认为上述学者思想有某些相同点，而今，加入了"谱系"这一思考要素，于是一个从清末民初到21世纪的儒学脉络就呈现出来了。这个脉络非常重要，因为它反映的是几千年来儒家较为依赖的传统农耕文明社会基础解构、现代化市场经济工商业文明建构的历史巨变时期的儒学思想。之前有人质疑黄氏"生活儒学"的道统合法性，例如陈勇说生活儒学"匍匐在海德格尔的存在主义'哲学'门槛之下"②，而这个谱系中，黄玉顺的学理能够追溯到"新儒家三圣"，甚至能追溯到孔子，这就有力地证明了生活儒学的道统合法性。本文第一节第三小节的引文中，李泽厚批驳某些人把"新儒家"局限在熊牟一系，上述谱系也支援了李泽厚的这一观点……总之，提炼出上述谱系，对于儒学界有深刻的意义。本文的核心就是想讲这个问题。

　　上述学者之中，冯友兰涉及"情"但不明显，基本未涉及"生"；熊十力、鞠曦主要思考"生"；张祥龙对"情""生"均涉及，但较少点明；蒙培元、林安梧对"情""生"均涉及并点明，但蒙培元侧重"情"，林安梧侧重"生"。蒙培元思想核心是"人是情感的存在"，其生态环保思想深化

---

① 林安梧：《血缘性纵贯轴解开帝制·重建儒学》，台湾：学生书局，2016，第122～123页。
② 黄玉顺：《儒教问题研究》，第168页。

到人对大自然的情感，深化到儒家"仁民爱物"精神才成为"生态哲学"；林安梧则以"纵贯创生态""血缘性的纵贯轴"展开其思想而涉及情感。梁漱溟、李泽厚对"情""生"二者均重视并把二者紧密结合，没有偏颇，但梁漱溟更多的是用"意欲"一词来表达本文说的"情"。李泽厚以"情欲论"预言第四期儒学，以"情本体"建构本体论，其"西体中用论"之中"体"则指"日常生活"，并且他自称他的"情本体"的"形而上"即在"形而下"之中，把"情"与"生活"这两个关键词结合了起来。李泽厚点明"生活"的少一些，黄玉顺则以"生活儒学"为自己理论的名称，主要内容是"情→性→情"架构，其中，前主体性之情对应着黄氏认为是"本源"的"生活存在"，由此将儒家性情论与存在论统一了起来。

四　生活儒学的儒学分期论、情感观、对新儒家人物的评价

（一）黄玉顺生活儒学的儒学分期思想

本文第一节说李泽厚儒学四期论与牟宗三儒学三期论的深层理论支撑不同，李泽厚学术理路重视"情"。第三节则说黄玉顺的思路主线之一也是"情"。然而，黄玉顺提出过儒学可以分为三期。笔者意识到，某些读者会抓住这一问题，批笔者自相矛盾，所以笔者主动提出这个问题，并澄清之。笔者认为：虽然黄氏三期论与牟氏三期论都沾了"三"这个数字，"但实质上却是截然不同的"①。反而与李氏四期论近一些。

从表层看，李氏四期论中第二期是汉儒，黄氏三期论第二期的开端也是汉儒。（黄氏三期论是"明三暗九"，每一期内部又分三期，例如，第二期内部分为汉儒与玄学时期、宋明理学时期、朴学或汉学时期。②）

从深层看，黄氏分期的依据同样是"情"。例如，黄氏三期论划分的"原创时代"提到孔子强调《诗》的本源情感意义，③黄氏三期论中"转进

---

① 黄玉顺：《儒学当代复兴的思想视域问题——"儒学三期"新论》，《儒家思想与当代生活——"生活儒学"论集》，第80页。
② 黄玉顺：《儒学当代复兴的思想视域问题——"儒学三期"新论》，《儒家思想与当代生活——"生活儒学"论集》，第84页。
③ 黄玉顺：《儒学当代复兴的思想视域问题——"儒学三期"新论》，《儒家思想与当代生活——"生活儒学"论集》，第87页。

时代"特征是"本源的生活情感被降格为关于形而下存在者的事情"①，黄氏三期论划分的"再创时代"的任务是重返情境本源。

（二）黄玉顺生活儒学对"情""生活"的思考

"情""生活"在梁、黄、李的思想中都具有核心地位，前文已有详述，此不赘述，本小节仅点明几个值得注意的小细节：（1）李泽厚《说文化心理》序说此书讲文化心理结构，即"情"与"理"的关系，② 巧合的是黄玉顺与其师兄弟编辑过一部研究其师蒙培元的思想的论文集也叫《情与理》，这就佐证了上一章说的李泽厚与蒙黄一系的理路相通；（2）李泽厚曾经阐述儒家的巫史传统中即有情理交融，可追溯至周孔（见第一节第二小节引文），③ 蒙培元的代表作《心灵超越与境界》《情感与理性》也用过历史追溯的方法讲儒家情理交融的传统；（3）李泽厚的一些表述不及蒙培元深刻，"人生的意义在于情感"④ 是一个能够集中体现李泽厚思想的命题，"人是情感的存在"是一个能够集中体现蒙培元思想的命题，明显前者更近于日常生活中初步的哲学感悟，而后者有存在论的意义，也许此处启发了其弟子黄玉顺提出"生活存在"；（4）黄玉顺思想的体系性、内在逻辑性更强，这在上一节那个表格中尤为直观。李泽厚对自己思想中居于重要地位的"情""生活"是这样描述的：

> 这个"情本体"即无本体，它已不再是传统意义上的"本体"。这个形而上学即没有形而上学，它的"形而上"即在"形而下"之中。⑤"西体"……实乃指现代化的人民大众的日常现实生活。⑥

李泽厚有意识地突破传统形而上学，想贯通形而上至形而下；但是，他的表述容易导致观念层级混乱。他想突破传统形而上本体论，方法却是把原先属于形而下层级的东西硬套上形而上学的术语（"情本体""西

---

① 黄玉顺：《儒学当代复兴的思想视域问题——"儒学三期"新论》，《儒家思想与当代生活——"生活儒学"论集》，第92页。

② 李泽厚：《说文化心理》序，无页码。

③ 李泽厚：《世纪新梦》，第205～206页。

④ 李泽厚：《世纪新梦》，第243页。

⑤ 李泽厚：《该中国哲学登场了?》，第75页。

⑥ 李泽厚：《说西体中用》序，上海译文出版社，2012。

体"），传统的形而上的性理本体建构莫名其妙地被取消了，令人不禁质疑：难道传统形而上学建构全都没用，可以直接用世俗的"情""生活"取代？然而，传统形而上学当然有自己的价值，从形而下的日常生活之情提炼到形而上的性，这是从特殊到普遍、从具体到抽象的思想史的进步（黑格尔），所以黄玉顺"情→性→情"架构中为形而上的"性"保留了一席之地。传统形而上学的错误在于执着于本体、主体，遮蔽了前主体性的本源存在，所以，正确的解决方式是首先应当具备前主体性的观念层级，而非把形而上、形而下硬套在一起。黄玉顺的"情→性→情"结构把"情"分成两层，既有主体性形而下的世俗之情，又有前主体性的大易生生之情，避免了李泽厚那种表述造成的观念混乱，同时还安置了"性"。虽然二人都想突破主体性形而上学，但黄玉顺的"生活情境大本大源"是前主体性的"存在"层级的，李泽厚的"情本体""西（生活）体中用"是后主体性的形而下层级的，虽然李泽厚自称这是"形而上即在形而下之中"，但这实则取消了形而上，只是把形而上的术语（"本体"）硬套进了形而下。

（三）黄玉顺对新儒家若干人物的评判

黄玉顺认为梁漱溟是当代儒学"生活论转向"的先声，① 他说：

> 这不禁使我们把目光投向梁漱溟先生，并且为之惊叹：在现代新儒学的诸家之中，似乎唯有梁先生能够以其特具的颖悟，早已率先独步于时代观念的这个崭新的思想视域——他的"新孔学"就是以"生活"为基本观念的……是出于对儒家所固有的生活观念的当下领悟。②

由这段引文可见，黄玉顺对梁漱溟评价极高。文末，黄玉顺使用了他"生活儒学"理论中重视的"当下领悟"把梁漱溟贯通到原始儒家，这等于是宣告了梁漱溟的道统合法性（而李泽厚说宋明理学与牟宗三"相当脱离甚至背离了孔孟原典"，等于是李泽厚认为他们不具有道统合法性）。此外，

---

① 黄玉顺：《当代儒学"生活论转向"的先声——梁漱溟的"生活"观念》，《儒家思想与当代生活——"生活儒学"论集》，第149页。
② 黄玉顺：《当代儒学"生活论转向"的先声——梁漱溟的"生活"观念》，《儒家思想与当代生活——"生活儒学"论集》，第149页。

黄玉顺的"生活给出一切"与梁漱溟"只是生活，初无宇宙"① 的表述极其类似，但二者仍有不同，黄玉顺认为梁漱溟的"生活"仍未突破存在者层级，他另一篇文章梳理了梁漱溟意欲、生活、情感、文化等若干观念的关系，发现梁漱溟这一串观念以"意欲"为奠基源头。"意欲"具有先验主体的性质，黄玉顺把梁漱溟的这一体系调整为以前主体性的"生活"为源头。② 进而，黄玉顺提出："冯蒙一系与熊牟一系之区别的关键所在便是情感"，"熊牟一系或可称之为'心性派'……冯蒙一系则可称之为'情理派'"，"这种'生活论转向'、'情感论转向'甚至可以追溯到梁漱溟先生"③。上一节的情生论谱系在此处得到了支持。所以说，其实梁、蒙、黄等学者已经突破了李泽厚所谓第三期儒学，进入了第四期，只不过李泽厚没发现。黄玉顺"心性论""情理论"的划分，与李泽厚"心性论""情欲论"的划分何其相似。黄玉顺说牟宗三虽然"苦心设计"却没有真正解决问题，④ 唐君毅亦未能突破"心灵的前设"，⑤ 这与李泽厚说他们是"现代宋明理学"的代表人物异曲同工。

五 "情生论"的定位

黄玉顺用"情理论"评述冯蒙一系的思想，但若将黄玉顺自己的生活儒学、梁漱溟宇宙生命论、李泽厚生活本体（"西体中用"）都加入考虑范围，则"情生论"更为合适。"情生论"的表述，比李泽厚"情欲论"更具备前主体性视域，它可以直追儒家核心的"生生之谓易"，宣告自己的道

---

① 梁漱溟：《东西文化及其哲学》，商务印书馆，1997，第 56 页。

② 黄玉顺：《梁漱溟文化思想的哲学基础的现象学考察——重读〈东西文化及其哲学〉》，《面向生活本身的儒学——黄玉顺"生活儒学"自选集》，四川大学出版社，2006，第 337 ~ 353 页。"意欲先验主体"与宋明至熊牟的"心性先验主体"不同，心性论之中，"欲"是形而下的，但先验主体是形而上的，虽然黄玉顺从梳理出的梁漱溟若干观念中分出了"意欲"与"情感"两个词，但是，梁氏"意欲"本就有"情"的味道，梁氏"意欲"有一种"生发"的感觉，已经与黄玉顺"生活儒学"很近了，可惜梁漱溟没形成这种清晰的观念层级。这种"可惜"在李泽厚那里同样适用。

③ 黄玉顺：《存在·情感·境界——对蒙培元思想的解读》，《儒家思想与当代生活——"生活儒学"论集》，第 165、169 页。

④ 黄玉顺：《"伦理学的本体论"如何可能？——牟宗三"道德形而上学"批判》，《面向生活本身的儒学——黄玉顺"生活儒学"自选集》，第 360 页。

⑤ 黄玉顺：《唐君毅思想的现象学奠基问题——〈生命存在与心灵境界〉再探讨》，《面向生活本身的儒学——黄玉顺"生活儒学"自选集》，第 372 页。

统合法性。所以笔者认为"情生论"可以囊括并深化李泽厚的"情欲论"、"情本论"和黄玉顺的"情理论"。

（一）"情生论"的含义

"情"，即儒家"性情论"中所谓的"情"，但此处"情生论"的价值立场与历史上很多儒家不同：孔子之后的儒学史中，儒家有褒性贬情的倾向，而此处"情生论"与现当代许多儒者的性情论价值立场一致，更关注"情"而不是"性"。

"情生论"的"情"是对梁漱溟"意欲"、冯友兰情理交融、李泽厚"情本体"、蒙培元"情感儒学"、黄玉顺"情→性→情：三级架构"、林安梧"情理之性"的归纳总结。他们之中有人明确提出前主体性的情，有人略领悟到了前主体性却没明确提出，有人讲的是形而下者的情，有人是把情与先验主体联系在一起……为了把上述几种"情"进行条理化归纳，我们在"情生论"的语境下，把"情"分为两种：前主体性的"情"（对应"大易生生"）与主体性的"情"（世俗之情）。这种划分直接继承于黄玉顺的"情→性→情"三级架构。虽然上述学者的"情"有所不同，但其源头都是原始儒家由生活本身感悟到的情。上述学者都在现当代哲学"情感论转向"的大趋势中，都想突破传统性情论，甚至是突破传统形而上学，并且都有意无意地选择"情"作为突破口之一，所以用"情"归纳起来。

此处"生"，是对"生生之谓易"，梁漱溟"宇宙生命力""只是生活，初无宇宙"①，李泽厚"日常现实生活"，蒙培元"生态儒学"，黄玉顺"生活儒学"，林安梧"生命儒学：存有三态论"的归纳概括。上述学者有的是在世俗层面谈"生"，有的是在本体论的层面谈"生"，有的是在前主体性的层面谈"生"……所以"情生论"语境中的"生"是多层次的。虽然上述学者的"生"有所不同，但可以说他们这一思想的源头都是"生生"，都在现当代哲学"生活论转向"的大趋势中，都想突破宋明理学，都自觉不自觉地把"生"作为突破口之一，而且把"生"与"情"相结合。

（二）"情生论"的三重性质

李泽厚在讲"情"的时候，既有"情本体论"又有"情欲论"，后者

---

① 　梁漱溟：《东西文化及其哲学》，第 56 页。

是他对第四期儒学的预言，有时间限制，而前者是哲学本体论建构，没有预言性质，没有时间限制，是对人生意义、对哲学史的总结。前者可以联系到林安梧把中国古代的"理性"本体理解为"情理之性"，以及黄玉顺以"情"展开的基础存在论。① 另外，黄玉顺以"情理派"概括冯友兰蒙培元学派（见前文）。由上述内容，本文提出了"情生论"，它具有三重性质。

其一，"情生论"是儒学史划分出的一个时期。这是对李泽厚说的作为第四期儒学的"情欲论"换了一种表述，但是改动了两点：一是在"情欲论"的表述中，第四期儒学还没到来，而在"情生论"的表述中，第四期儒学从梁漱溟就已经开始了；二是增加了"生"的精神。

其二，"情生论"是哲学存在论建构。抛开"第四期"这个时间限制不谈，"情生论"也可视为对孔子思想的总结与继承，并且，大众日常生活也体现着"情"与"生"。

其三，"情生论"（或"情生派"）是从清末民初到当代的一个儒学派系。该学派代表人物以及代表人物之间的关系、思想差异详见本文第三节后半部分，此不赘述。

结　语

本文从"儒学四期论""情本论""现代宋明理学"三个角度阐述了李泽厚的儒学思想，认为李氏儒学观总体上是值得肯定的，但他用"现代宋明理学"来定位"现代新儒学"是有待商榷的，冯友兰、熊十力、牟宗三在一定程度上突破了宋明理学，梁漱溟则走得更远。梁、冯思想深层都涉及"情"，这一理路在蒙培元"情感儒学"里彰显，并在黄玉顺"生活儒学"那里进一步发展。熊十力、牟宗三一系传到林安梧的时候也更明显地体现出了"生"的精神。

最终，在梁漱溟的"宇宙生命力""只是生活，初无宇宙""意欲"，李泽厚的"情欲论""情本体论""日常生活"，蒙培元的"情感儒学""生态儒学"，黄玉顺的"情理派""生活儒学"，林安梧的"生命儒学""情理

① "存在论""本体论"是我国学术界对于西哲相关词汇的不同翻译方式，所以很多人认为二者可等同。但黄玉顺认为，翻译成中文之后，能看出"本体论"仍在"存在者"层面，未能突破主体性，即便是形而上者，而"存在论"则是"前主体性"的。在李泽厚那里没有这种区分。

之性"的启发下，笔者提炼出了"情生论"这一观念，它具有儒学史分期、存在论建构、学派传承谱系三方面的含义。"情生论"表述了从 20 世纪到 21 世纪儒学的一个大趋势，是几千年来儒家较为依赖的传统农耕文明社会基础解构、现代化市场经济工商业文明建构的历史巨变时期的儒学思想，并且是具有"道统合法性"的，可以上溯至孔颜之乐、"生生之谓易"。

Construction of "Confucianism of Emotion and Life" from Liang Shuming to Huang Yushun —From Li Zehou's Theory of "Four Periods of Confucianism"

Wang Shuo

(Party School of Changqing District Committee of
Jinan City, Jinan 250000, China)

Abstract: Li Zehou's theory of four periods of Confucianism, the ontology of emotion and his view that "modern Neo-Confucianism" is just "modern Neo-Confucianism in Song and Ming Dynasties" are extremely enlightening. In fact, modern Neo-Confucianism broke through Neo-Confucianism in Song and Ming Dynasties, especially Liang Shuming's thought. However, people tend to pay more attention to Liang Shuming's other thoughts and neglect his understanding of "emotion". The philosophical thinking of "emotion" has developed to Meng Peiyuan and Huang Yushun, and from Liang to Huang, we can sort out the academic pe-digree of "emotional turn" and "life turn" of modern Neo-Confucianism. If Li Zehou's four-period-Confucianism is established, then Huang Yushun's "Life-Confucianism" is just the typical result of the fourth-period. Both Li Zehou and Huang Yushun want to break through the traditional metaphysical ontology with "emotion", however, Li Zehou's "emotion" is subjective, while Huang Yushun's "emotion" has dual identities of pre-subjectivity and subjectivity, and Huang Yushun focuses on pre-subjectivity.

Keywords: Theory of Four Periods of Confucianism; The Theory of Life and Desire; Emotional-Confucianism; Life-Confucianism

学人访谈

以一多关系构建中国哲学话语体系

——马序教授学术专访

蔡 杰[*]

蔡 杰[*]

[人物名片] 马序（1930～2019），山东省德州市平原县人。兰州大学哲学系副主任、哲学史教研室主任，中国哲学史学会理事。1948年就读华东大学。1950年任察哈尔日报编辑、记者。1963年，任兰州大学教务处干部。1972年，任兰州大学马列主义教研室资料员。1978年起先后担任兰州大学哲学系讲师、副教授、教授。著作有《马克思主义哲学原理》（合作）、《中国古代哲学史新编纲要》、《颜元哲学思想》（合作）、《王夫之哲学思想评述》等。

马序先生是中国哲学的专家，对中国哲学具有精深的研究，尤其是以"一多"关系考察与构建中国哲学史；同时，也是20世纪70年代兰州大学哲学系建系的重要参与者。本人曾于2017年6月飞赴兰州，对马序先生进行学术专访。此次专访获得山东大学翟奎凤教授、兰州大学陈声柏教授及其弟子李声昊女士的热情帮助，在此特致谢忱！然而事过二载，惊闻马序先生已弃世，怅然若失，愧疚不已。故将与先生的生前访谈整理面世，以寄哀思。斯人已逝，思想永存！

一 选择"一多"关系作为研究视角的起因

1. 中国哲学可以如何表达？

蔡杰：作为兰州大学哲学系的创始人之一，您对兰大哲学系所做出的

---

* 蔡杰，福建漳州人，清华大学哲学系博士生，主要从事宋明理学、中国经学史研究。

贡献应该说是不言而喻的；而且，您是中国哲学史学会第一、二、三届理事，堪称改革开放以来中国哲学领域的元老级人物。在您的中国哲学研究方面，我发现您的一系列论文广泛地运用"一多"关系，对中国古代思想家的哲学思想进行梳理与建构，包括孔子、墨子、老庄、荀子、王弼、郭象、张载、朱熹、王阳明、王廷相、王夫之、颜元等，可以说是对中国古代重要的哲学家的一次思想巡礼。① 那么，您能否谈一谈"一多"关系的问题？

马序：所谓"一多"关系，首先的一个问题是，中国哲学从发展的过程来看，包括发展的线索与发展的路数，到底是什么东西？就是说，用什么东西可以表达出来？最普通的说法，就是所谓清气说，即清气一步一步地发展，从最开始的道家如何主张，到后来如何一步一步地发展。大概在20世纪50年代中后期开始，后来的一些说法包括原来的教材，基本都按照这种观点。不知道现在你们的教材有没有一个统一的东西？后来有一个研究中国哲学的逻辑发展，是上海华东师范大学的冯契，他是清华毕业的老先生了，他从逻辑发展的角度来说中国哲学发展的逻辑和线索。② 我觉得他们那些说法，尤其是清气说，都是很难讲的。原因在于谁继承了谁？一步一步是如何发展过来的？并且，跟时代如何挂钩？中国哲学中每一个人的思想是怎么过来的？其认识的层次又是如何？就很难讲出道理来。但是中国哲学的发展，必然有一个一步一步往上的台阶，那么这一所谓"台阶"到底是什么？其中又包含什么东西，或者说与外国哲学的发展有没有共同之处？

---

① 见马序《孔子一多思想疏证》，《孔子研究》1988年第1期；《论墨翟的二重化世界观》，《河北大学学报》1989年第4期；《论荀况的一多关系思想》，《学术月刊》1988年第4期；《论王弼与老庄一多思想的差异》，《兰州大学学报》1986年第1期；《论〈庄子注〉的二重化本体论》，《兰州大学学报》1985年第1期；《论张载的"神"》，《齐鲁学刊》1983年第4期；《朱熹"理一分殊"辨析》，《社会科学战线》1983年第2期；《论王守仁的心物二重化世界观》，《齐鲁学刊》1991年第5期；《论王廷相哲学的基本范畴》，《兰州大学学报》1988年第3期；《王夫之世界观新论——从一多关系研究王夫之哲学》，《兰州大学学报》1992年第3期；《论颜元哲学思想》，《社会科学》1988年第6期。

② 冯契（1915~1995），原名冯宝麟，出生于浙江诸暨。中国现当代著名哲学家与哲学史家。1935年，冯契考入清华哲学系，师从金岳霖、冯友兰等。20世纪50年代初，冯契到刚成立的华东师范大学，成为哲学系创始人。代表作有"智慧说三篇"（《认识世界和认识自己》《逻辑思维的辩证法》《人的自由和真善美》）和"哲学史两种"（《中国古代哲学的逻辑发展》《中国近代哲学的革命进程》）。

2. "理一分殊"：以"一多"关系作为视角的缘起之一

蔡杰：可以体会到，您对中国哲学有一种自身的思考，重视中国哲学发展的内在线索。于是，您能够找到一个与其他人不同的观察视角，也就是"一多"关系的角度，那么您当初选择这一观察角度有什么原因或动机吗？

马序：我们讲中国哲学的人在讲"一多"关系时，大都认为这是西方哲学在讲的。"一多"关系在西方哲学确实是经常讲的，比如亚里士多德。但是其实中国哲学在春秋战国的时候，就已经在讲"一多"关系，孔子、孟子这些人和道家已经都讲了。特别是到了宋明理学时期，亦即中国哲学的发展到了高层的时候，比如宋代一些哲学家就注重"天几"，所谓"天几"就是最高的东西。那么，我之所以有一点感觉，其实也是从宋明理学来的，特别是像朱熹一些人。

蔡杰：朱熹讲"理一分殊"。

马序：事实上，理一分殊就是在讲"一多"关系。"理一"和"分殊"不就是"一"和"多"吗？"一"是什么？"多"是什么？"一多"的关系如何？这一时期也就是20世纪80年代，我在一次会议上发表一篇文章，忘记是中国还是世界哲学的一个学会的负责人，他讲："你们中国文化一直到现在，还是少数人指定，要求多数人负责。"就是这一意思，也就是说，文化的潜质就在于强调统一性，强调一个"一"。

3. 汤一介带来的书：以"一多"关系作为视角的缘起之二

马序：后来我又看到一篇文章。当时，汤一介是我请他来给咱们讲中国哲学的一些体会。①

蔡杰：请来兰州大学吗？

马序：对，请来咱们学校，在兰大待了一个多月。因为中国哲学的教

---

① 汤一介（1927~2014），出生于天津，原籍湖北省黄梅人。1951年毕业于北京大学哲学系。曾任北京大学哲学系资深教授，中国哲学与文化研究所名誉所长，博士生导师，北京大学儒藏编纂中心主任，教育部哲学社会科学重大攻关项目"儒藏编纂与研究"首席专家。学术兼职有中国文化书院创院院长、中国哲学史学会顾问、中华孔子学会会长等，还任南京大学、兰州大学、山东大学等大学兼职教授。"文革"结束后，汤一介因种种原因，接受审查；1978年，汤一介被平反，并于1980年恢复讲课资格。从1980年开始，汤一介的"魏晋玄学与佛教、道教"课在北京大学讲了三轮，1982年汤一介赴兰州大学，为哲学系学生讲了一个月的"魏晋玄学与佛教、道教"，在此基础上，整理出版他的第一部专著《郭象与魏晋玄学》。

研室主要是由我管理，我就采取一个办法，就是从外面请来名师，比如复旦的主要任课老师，我们当时把他找来讲上一两个月，还有把北京大学的汤一介也找来帮忙讲讲。这是我们哲学系在 1978 年刚建系就进步得比较快的重要原因。尽管我们哲学系不是最好的，但是让全国最好的学校派出一两个来，我们把他们请来做我们的老师，而且他们住在我们院，一天到晚地跟我们在一起，包括大课小课、座谈都在一起，这样一下子就带动起来，所以进步得很快。

蔡杰：那时候兰大哲学系确实很厉害。

马序：还像那么回事儿。汤一介给我带来一本书，是他的父亲汤用彤他们当时的同仁刊物。里面有一篇文章，是原来清华国学研究院的吴宓写的。① 那一篇文章很早了，大概是 20 世纪三四十年代，吴宓在文中说中国哲学、外国哲学包括耶稣宗教、《圣经》等，都可以用"一多"关系统一起来。他据此列了一个表格，我觉得挺有意思。这也是我的一个动机，因为在中国哲学当中，我们就可以证明其发展的过程与线索究竟如何，前后之间有没有关系。

二 "一多"关系的内涵与优势

1. "一多"关系的内涵的展开

蔡杰：您所说的不仅具有珍贵的史料价值，还能促使我们后辈学人不断地思考。我们能够在诸多学术期刊上拜读您的论文，也就是您用"一多"关系对中国历代思想家的哲学思想的梳理与建构，那么，您能不能谈一谈对"一多"关系本身的理解？

马序：我们常说外国人的思想比较混乱，缺乏统一的说法，其实一个东西产生之后，是不是对的，或者哪一个是对的，首先总有一种固定的说法。从这一角度看，我觉得在政治上、在认识上、在哲学上，政治的进步或者认识的进步就是"一"和"多"的关系，也就是最高本体和世间万物

---

① 指吴宓的《一多总表》，发表于 1947 年 8 月《哲学评论》第 10 卷第 6 期。汤一介曾评价此文："吴宓先生是一位文学家、文学理论家、诗人和教育家，但是很少有人知道他也是一位哲学家，……吴宓先生是一位很有造诣的哲学家。"见汤一介《读吴宓先生的〈一多总表〉》，王文、蔡恒、刘家全编《第四届吴宓学术研讨会论文集》，西安地图出版社，2005年，第 117 页。

的关系。在政治层面，体现为最高的正确，也就是在于"天地君亲师"当中统一的帝王以及帝王之下的统治者，与老百姓之间的关系。在认识层面，就是统一性和多样性、共性和特殊性之间的关系。这种关系，最早在所谓奴隶制时代——我们过去讲奴隶制，也有人称之为东方专制主义——中央的专制特征就体现了统一性，或者说共性。而在哲学上，就可以称之为本原，就是所谓本体，是无限大的、本原的"一"。所谓"大一"并不是一般的"一"，而是一以贯之的"一"。而普通老百姓与世间万物则是下面的体现特殊性、部分的个体，也就是所谓"多"。那么，"大一"的本体是绝对的，亦即"一"没有独立存在的价值。"道生一，一生二，二生三，三生万物"，说的就是这一特征，一切的存在、万物的本体，到底都是"一"所决定，离开"一"就没有任何独立存在，因为"一"是绝对，如同在政治上对应于奴隶制的绝对的人身依附。

蔡杰：这就意味着"一"本身不是独立存在的？

马序："一"是无所谓独立的。"一"作为本体，是无限大的一个东西。一方面，所谓绝对就是没有东西与之相对，而且"一"不能进行分割，因为所谓绝对就是不能给它分割切块。另一方面，"一"在时空上是无限大的，所谓无限当然包括一切。在这里面，世间万物都是本着"一"，从"一"产生出来。

2. "一多"关系在中国历史进程中的体现

蔡杰：根据这些解释，能够对您那些论文中的"一多"关系的内涵，有更加深刻的把握。那么，您所看中的"一多"关系这一角度的优势是什么？或者说，我们如何运用"一多"关系对中国哲学的发展进行更好的表达？

马序：你看，随着人们的认识的不断深入，随着人类的不断进步，就不断地强调个体的特殊性。这就意味着，人的进步不断地对神权、对帝王的权力构成挑战。比如孔子，在他那个时代对绝对的"一"、对政治的上层仍是比较强调的。到了孟子，就强调民众的权利多一些，而对君权有些限制，这就体现了人的不断地进步。到了魏晋以及之后的隋唐与宋明，对原来绝对的君权一步步地不是那么强调。这就是"一多"关系，这就是根据完整的大时代背景，根据人类的进步、人们的认识的深入，在历史进程中去呈现其发展的线索。你看，都在"一多"关系的基本框架里面。所以这样的划分中国哲学的进步和中国哲学的逻辑线索，在我看来就比用所谓清气论似乎更为可行。

　　蔡杰：那我们能不能这么讲，就是整个历史下来，对个体性的强调是越来越大。

　　马序：越来越大。就像现在一样，我们是 20 世纪 30 年代生的，经历 40 年代、50 年代、60 年代到 90 年代，所谓"90 后"这些娃娃，虽然不敢说是完全否定权威，但基本上就不大承认权威。是吧？你们也是 90 后，反正我的孙子就是不大承认原来固定的那些说法。这是一个很有现实感的问题。

　　蔡杰：在现在中国哲学界有一种说法，就是认为整个中国哲学尤其是先秦，缺乏对个人主体性的重视。您怎么看？

　　马序：如果说完全没有人的主体性，比如在儒家的思想当中，还不能说完全没有。孔子讲"仁者爱人"，所谓"仁者爱人"虽然不能说根本不包括"一"，因为爱应该有等级，但是这并不是完全否定个体的。所以要说完全没有人的主体性，恐怕不一定合适。

三　从"一多"关系的角度反思气本论与唯物论

1. 对气本论的批评

　　蔡杰：您刚才说朱熹讲"理一分殊"是一种"一多"关系，但我们一般会讲张载只强调气，而您在《论张载的"神"》一文中还提到神，那么神和气是"一多"关系吗？

　　马序：其实张载的东西，我现在记不太清楚了，别人都说是气本论，是吧？有人说他最高的东西，就是所谓唯物论，这是从气的角度说的。其实在他的思想中，形、气和神并不是区分得那么清楚，也就是说，他的思想中最高的"一"并不是气。在一些中国哲学史的书本上，所谓最高的范畴是气，这种说法都很难说是对的。

　　蔡杰：我们在一般的中国哲学史教材里面，讲成是气本论的除了张载，较为著名的思想家就是明末清初的王夫之。

　　马序：在中国哲学里面，主张理和气不能分开，但是说得清清楚楚的，大概到王夫之才是。王夫之说的是理和气的最高范畴的特征是"什么也不是"，其根本特征其实就是"无中生有"的模式。老子、庄子说"无中生有"，其中的"无"并不是绝对的"无"。如果说出绝对的"无"，那么就已经认识得相当高了。其实，庄子已经说得比较接近，但是他还没达到王夫之的程度，也就是理学发展到了最后的阶段。后来很多书上讲王夫之是唯物论者，实际上不是。

蔡杰：我看您写过两三篇王夫之的论文，还出版了一本《王夫之哲学思想评述》的专著。

马序：王夫之的东西，我做了一个教材。其实王夫之不是气本论者、不是唯物论者的。中国的传统哲学的认识论上的一个根本问题，涉及我不太讲的二重化的问题。我们在现实世界，也就是在"多"的层次上，说气是产生万物的，但是气如何生万物？在气、在道的层次上，就是"无中生有"，就是"无"产生，也就是道产生一，一产生万物。在万物之气前面，是在认识论层面讲的，即为了说明其性质，而在"为学日益、为道日损"，这就意味着不能进行二分，即把形而上和形而下割裂开来。所以，在道的层次上，像孔子所说的是关于统一性的认识，这一方面他是比较强调的，而且从先秦开始基本都是这样，即相对来说比较强调这一方面。其实宗教也是，西北有一些伊斯兰教的教职人员，他们也教"一"，讲一个绝对的一神论。所以在这一层次上，现在讲唯物、唯心，根本达不到这样的哲学境界。

蔡杰：但是我们在教材上会讲，明末清初众多思想家比较侧重气的层面。

马序：明末清初那一批人真像一些类似西方比较早的一些科学家，就是格局比较大的科学家，也就是近现代的一些大科学家，他们在研究自然科学当中，确实是说具体的都是物质，但是他们对最高的这个东西的思考，可能设置一个第一推动力，那基本上是摆出一个神来。

蔡杰：那就还是上帝？

马序：叫不叫"上帝"不一定，反正摆出一个神，是吧？中国人关于这一方面的思考，最后就是设置一个什么都没有的东西，亦即设置一个"性"，或者其他的名称。

2. 对唯物与唯心的分判标准的批评

蔡杰：不过我们现在似乎不大区分唯物、唯心。

马序：现在不大这么分，也几乎没法分清。之所以讲气本论的原因就是在于他们的基本线索是唯物主义与唯心主义。我觉得唯心、唯物的分法在中国哲学里头就很难说，讲不出道理来。譬如王充，过去说他是唯物论者，其实他所说的体现了中国老百姓的观念，比如说天上有颗星，人在出生的时候，天上的星如何变化，下面的人也产生相应的变化，包括对应于人的身体、人的骨象等，所以所谓天上的星就是一个绝对的东西，同时也有物质的特征。其他比如说山上有什么精怪，你如何说王充是唯物论者？所以也有人把他的气视为一种精神性的东西。总之，我有个想法，就是传统的东西没有真正讲唯物论的，而绝对的唯心论也没达到那种程度。

蔡杰：我也认为不宜如此绝对地将唯心、唯物区分开看。

马序：你看，现在我会把现代人的一些说法记下来。比如河北的一个老太太，她女儿上了大学，她女儿说学校里有一些家里比较富有的同学看不起她，她的妈妈就说："不是我们活在他们的眼里，是他们活在我们的心里。"这句话说得非常深刻，是吧？"他们活在我们的心里"，那句话的意思是不是像理学家说的心有多大或者心包宇宙？实际上，这就是说你怎么看待他们的，不是他们看不起我们，我们就失去价值了，而是他们活在我们的心里，是你怎么看待他们、你怎么认识他们。

像王阳明，有人说王阳明是主观唯心论者，但是王阳明怎么可能是主观唯心论者？他首先是一位军事家，在军事方面有着很重要的功绩；而且，他急切要做的事情是救国救民，所以也是一位实干家。虽然王阳明是哲学家，但他是从实干当中去思考问题，那如何是主观主义？如果他是主观主义者，又如何会打仗？他能够而且他也使用手段、使用计谋，取得军事胜利。值得注意的是，在其周围很腐朽、周围很无能的时代，王阳明试图起来救国，所以他认为做学问要先立一个"大"，也就是先要有一种精神。就像孙中山一样，当初在鼓动跟随者时就强调信念，那么能说他是唯心主义者吗？先要有信念或者信仰，这不是迷信，所以所谓唯心论其实不过是说，在认识上不要过于主观而已。

尤其是中国哲学当中，讲道德、讲个人修养是主要内容。讲个人修养的时候，是说在独处的时候、在静悄悄一个人的时候，靠自己的认识进行修养，这种时候怎么说是唯物？是怎样的唯物法？在家庭之中，个人修养要求谨慎，这种时候也很难说是唯心。甚至有的书上是这么说的，说一个人不承认是他父母生的，这可能吗？唯心主义到这种程度，那不可能。

四　中西、古今视野中的中国哲学

1. 中西哲学比较存在的问题

蔡杰：气本论、唯物论或者逻辑分析，似乎都是运用西方的方法来处理中国的传统哲学。也就是说，都借鉴了西方哲学的方法。那么学界就存在一种现象，就是比较轻视中国哲学，或者说对中国的传统哲学持批判的态度。您怎么看这一问题？

马序：批判的态度也没差，我也是。现在很多在讲传统文化，你说要达到一个大致框架尚且可以，但要想完全作为一种精神去继承，那恐怕就有问题。因为文化必然有时代性，而且有地域性，也就是具有中国还是外国的区分。当然，对于我们的民族，自然希望拥有我们的特色，否则就没有民族性。但是如果要完全继承中国的传统，就是相当于西方的中世纪，那么将中世纪的东西放在现代来继承，就不好。其实这一问题像当时冯友兰讲的，存在民族化的问题与时代性的问题，就是不同地域的传统之间的关系问题。如果说保护传统、继承传统，那么是要继承谁？继承先秦时代吗？但先秦时代更弱，你看希腊、罗马的民主程度就比较高一些。当然，那个时代的民主和现在的民主也不一样，当时是奴隶制的民主。

蔡杰：是，冯友兰谈过中西问题与古今问题。

马序：就是不同地域的不同文化，还有一个时代的比较的问题。因为中国哲学跟西方哲学一比较，会发现西方在十五六世纪已经开始进入资本主义，就是相当于我们现当代了。那么将中国大概到宋明的东西，和西方哲学的 14 世纪以后 15、16、17、18 世纪的东西，怎么比较？西方已经进入资本主义，已经讲个人自由的问题了。那就是说，如果要用中国哲学和西方哲学比，那就用西方哲学的中世纪和中国的宋明以前，这样比才合适。

2. 在西方哲学的框架内套入中国古人的语录

蔡杰：是的，中西哲学比较的尺度往往不好把握。不过现在研究中国哲学的人，有相当部分是先掌握一套西方哲学的理论体系，再反过来研究中国哲学。

马序：你看我们中国哲学的课本，他们按照西方哲学的一些范畴与框架，将中国哲学那些思想家的语录装到里面，比如用来跟朱熹的思想、朱熹的认识论、朱熹的方法论对接，但其实那是用自己固有的思想组装起来的。朱熹他在论述什么问题的时候，他有他自己的一套东西，所以要恢复他本来的东西，因为他自身是拥有一个思想体系的。

蔡杰：就是借用西方哲学的框架去处理中国哲学？

马序：所谓框架就是为了将古人的语录套进去，这种方法最典型的就像南京大学孙叔平写的《中国哲学史稿》两大本。① 他说他读过哪些书，然后就记录下来做成卡片，因为原来他是讲马克思主义哲学的，于是就根据马克思主义哲学的框架，将卡片内容放进去。后来真的组织一部分人去做，书就这样产生了。其实基本上都是这样，不过胡适和后来的冯友兰他们不是这么做的，因为当时他们不可能这么做。尽管胡适他们也是根据在西方哲学学的知识，大致能将中国的东西安上去，但是其中他们也有想象地来，你看像冯友兰在国外留学一共才几年，他要把中国哲学的人物都说一遍，那是很难的。他如何能够将每一个人的思想都按照他自己的框架整理出来，然后再理出一个共同的东西？所以他们基本上不是这样做。比如说情和理的讨论，他们对情和理都有专门的论述，能不能将他们的论述按照他们的说法证明出一个东西？实际上他们都不是这样。所以如果他们要做比较、发展，就比较难。

3. 将中国哲学进行数字化处理

蔡杰：那您对中国哲学的处理方法有什么设想？

马序：关于"一多"关系，用一个哲学家的说法，就是自然科学、社会科学要达到数学的那种抽象程度，才算可以。我觉得这一理解有道理。数字化就是把电视从模拟信号变成数字信号，那么就不会损坏，这就是达到数学的程度。而整个中国哲学如何处理，达到数字化的程度去分析，就能够比较精准。那么我想，"一多"关系是不是可以这么说：虽然具体和那一位哲学家的说法不太一样，但是在"一多"关系的视野下，看集体、个人有没有关联，用数字的方式去分析不同时代中的问题，比如专制的思想和现代的思想，如此一看就比较清楚。

---

① 孙叔平（1905~1983），原名颛孙叔陶、颛孙均。江苏萧县人（今属安徽）。中国当代哲学家、教育家、哲学史家。1928 年，孙叔平毕业于武汉大学外文系。毕业后先后担任徐海蚌总行委宣传部部长、新四军抗大四分校教育长、南京市教育局局长、南京大学第一任党委书记兼第一副校长、第一届国务院学位委员会哲学学科评议组成员等职。孙叔平主要有《哲学学习琐谈》《孔丘思想评析》《中国哲学史稿》等著作。

五　从"一多"关系的视角看政治哲学

1. 集体主义与个人主义

蔡杰：通过您刚才的叙述，我的一个强烈的感受就是您对政治的关切与思考，这一点是否与"一多"关系有关？

马序：是的，"一多"关系还有一个特点，就是在政治上，是一个十分有利的理论武器。比如说集体主义和个人主义，我们老是批评个人主义，但是个人主义并不是不要集体。关注个人主义是为了反思个体和集体的关系，究竟哪一个是主体？哪一个是最基本的？这在我们现在的观念看来，当然是有了个体才行。而所谓集体就是包括群众团体与国家政权，以此作为最高领导，依赖于所谓个体的契约制度。所以只有代表具体个人的利益，才拥有集体的实在性。如果只是空洞的一个集体，那么这一集体从何而来？从哪来一个学校、一个学会、一个政治组织、一个党派、一个国家、一个经济体、一个权力机构？要说这些具有实体意义，那么实体首先就在于个体。所以集体和个人的关系，到底需要如何处理？如果只是讲了一大堆所谓集体，而不是将个人放在一个基本的位置上，那么就有可能走向"少数人统治多数人"的思路。

2. 如何理解"以人为本"与"为人民服务"？

蔡杰：现在常常讲"以人为本"，也是这一思想的体现吗？

马序："以人为本"的问题是这样：20世纪80年代讨论过这一问题，所以过去也讲"以人为本"。就是说将人视为最宝贵的，但是这个"人"是哪一个人？是一个一个活的人，像海德格尔说的包括他的信仰、他的宗教、他的声音等等，是这一个活的具体的人，还是抽象的人？类似"为人民服务"的说法，有一种解释就是为人民大众服务，而不是为你服务。比方说我在卖给大家菜，坏菜你是不买的，但是我专门挑坏的给你，我就说："我是'为人民服务'，把坏菜挑出来卖给你，因为你不吃的话，大家就得吃。所以，你不吃坏的，谁吃坏的？"这一种说法就是把"人"抽象化。

像中国古代的"天地君亲师"就是讲神是一切，帝王是一切。意思是说，国家的主体是神或者帝王，那么一旦离开帝王的思想，普通民众的个人就是错的。甚至有人认为，一个人要有某种思想，这一思想就必须是帝王的思想。也就是说，一个人要是真的有某种思想，那么这一种思想是正确或者错误，就是以帝王的思想作为衡量。如果不是帝王的思想，那就不能称之为思想，或者说就是错误思想，理由是正确的是帝王的思想。那就意味着个人就没有价值，或者是负价值。所以其中有一个很尖锐的问题，就是如果某人声称能够代表人民，那么集中指导下的"民主"和民主集中制的"集中"，到底哪一个是主要的？也就是说，"一"是主要的，还是"多"是主要的？用"一多"关系来看，这就是"多"不能离开"一"。但是如果能够离开，那么"多"离开"一"是能够离开多少？以上问题，在中国历史上的看法都不一样，某种具体的说法是属于哪一个层次、哪一个时代，一眼就能把它看出来。

六　从"一多"关系的视角看诸子百家的思想

1. 物质、信息、动力：对道家形而上之"道"的理解

蔡杰：马老师，能不能请您继续谈一些"一多"关系在中国哲学中具体运用或者表达？

马序：我简单说一下先秦诸子百家的内容。先秦法家、道家、墨家、兵家在方法上有一个基本的东西，就是用道家的那一套讲政治，也就是将"道生一，一生二，二生三"当中的"一"看成是绝对的。他们的思想特别是在政治上，是很不一样的，例如道家与法家就差别很大，但是方法上却是一样的。道家的"道"是绝对的，"道"无处不在，正如一切都是在"一"之中。但是道家"道"是空洞的，是完全形而上的。所以在现实世界当中，道家主要是追求绝对的精神自由，是一种"无待"的状态，所谓"无待"的意思就是独与天地精神往来，或者说是在现实层面追求精神自由。

具体来说，"道"在他们书上有的是说具体事物的"道"，另外尤其是我们现在用的"道"是道理的"道"，还有一个最高的本原的"道"，这些都不是简单的清气。老子、庄子说气，是说气中有道、气中有物、气中有象、气中有情，所以将他们一会儿说成唯物主义者，一会儿说成唯心主义者，让我来看也没见有多少道理。"道"用现代的话来说，既包含有信息的那种东西，也就是理；也包含有物质性的东西，属于清气；其中还有动力，就是作为一种运动的机制在里面，而这三者是统一的，是不能分别的。我想，这种说法是目前说过老子和庄子最合理的。我不知道你们本科生的书

在讲唯物论，是不是把物质视为第一性特征，也就是先有物质，而且物质的运动是绝对的，物质的运动产生规律与产生作用等等。也就是说，物质在中国哲学理论之中就是强调清气是第一位的，清气氤氲而产生理。其实不是这样，中国哲学不是这个意思。"道"按照老子、庄子的说法，其本身是有物质的，也就是有气有物，并且"道"本身"周行而不殆"，所以其本身也是在运动，里面也有情，按现在的说法就是信息、物质、能量三者都有，这不是最合适吗？物质本身不可能没有能量，而且二者可以互换，是吧？物质本身不可能没有所谓信息，就是说具有一定的道理、一定的依存关系，因为既然存在，就肯定有运动，肯定有道理。所以怎么能将物质与信息、能量分开呢？这三者是统一的。

2. 严刑峻法：对法家的绝对现实之"法"的批判

蔡杰：那么，如何理解法家在方法上与道家是一样的？

马序：法家是绝对的现实，也就是绝对的专权、绝对的神化，其君主拥有绝对权力，而下面的人、下面的大臣都是爪牙走狗，这是法家的书里说的。[①] 所以法家和道家在方法论上是一样的。大概在改革开放以后，反对韩非子、批评韩非子的思潮当中，我是比较早的，而且是比较严厉的。韩非是把专制、君权绝对化，把人和君权绝对对立。用现在时髦的话，可以说他们是反人类的。所以除了法家自身的东西以及其他关于农牧的、医学的之外，一切都被排除，也就是"焚书坑儒"。

蔡杰：韩非是不是将荀子的礼制片面化？

马序：可以说是极端化。他们是绝对不讲道德的，而不是对道德进行辩论或批判，所以他们说仁义是最大的错误。你看法家自己，比如李斯、韩非子的下场是怎样？首先，他们没有所谓自己的国家。尽管当时的诸侯国和现在的国家不是一回事，不是统一的民族国家，是吧？但是当时还是有国家观念的，比如孔子本人仍然有国家观念。而法家却离开自己的国家去作为客卿，也就是说，他们首先是把自己的国家否定掉，或者说背叛。这么说是没问题的，因为那样就可以把他们的祖国消灭。然后他们到了秦国，主要还是为了自己的权力、自己的权势。韩非跟李斯是同学，他们都

---

① 参见《韩非子·二柄第七》："夫虎之所以能服狗者，爪牙也。使虎释其爪牙，而使狗用之，则虎反服狗矣。"《人主第五十二》："虎豹之所以能胜人执百兽者，以其爪牙也。当使虎豹失其爪牙，则人必制之矣。今势重者，人主之爪牙也。"

是荀子的学生，两个人却争夺权势。李斯将韩非看成一个挡在他前面的绊脚石，于是想尽办法取代他，就将韩非陷害至监狱里，又害怕韩非将来出来，就假冒秦王用毒药将韩非害死。所以法家那些人物的经历，你看他们如何起家，你看李斯最后的下场也是让人杀掉。李斯后来得到绝对的权力，堪称一人之下、万人之上，最后也被关进监狱，被人杀死。他一直在秦王朝运用严刑峻法那一套，这样一个人如何说他的贡献很大？

很多人说，法家好像是讲法律平等，其实不是那么回事。法家的"法"是在最高的绝对统治之下的严刑峻法，也就是用重罚。从商鞅变法开始，法家就走上了一条绝对化的道路，就是要消灭其他的学派，而且他们的"法"是为了镇压其他人，比如严刑峻法是以"法"来治人、来控制人、来强制人。也就是说，统治者可以独裁专制，可以进行极端的非人类、非人道主义的统治，同时他又有明文，又可以讲"法"，可以讲出他们的道理。这就绝对不是法律面前人人平等，跟现在讲的"法"不一样。

所以法家看似是讲法的，其实不是，而且法家的"势"是主要的，就是为了得到权势。李斯有一句话说得好极了，他说君王"恣无不得"。咱们山东方言有个词：一个"次"与一个"心"合为"恣"，比如说"你恣不恣"，是吧？就是这种"恣"的态度，如果不是山东人，可能体会不来。①（此处的）"恣"就是放纵私欲，即你心里最放纵的私欲可以无所不得。你想，秦始皇可以搞那么大的兵马俑，其地下宫殿在当时的生产条件下，在那样一个落后的生产力的情况下，他能够搞出那么大的工程。秦始皇上台15年，这一工程15年就完成。15年的时间他把中国人口消灭一半，而且他在位的时候，所谓罪人有占全国十分之一还要多。还有白起在赵国一次坑杀40万，把投降的都杀了。

前不久还有一篇文章统计秦国从开始到最后杀了几百万人口，这样一个国家能够说它对中国有空前绝后的贡献？这个贡献怎么算的？难道将把六国灭掉，就是推动历史前进？一个朝代在15年里把中国人口消灭一半，其功过到底如何评价？李斯统一文字、造出小篆，实际上李斯可以说当时是宰相，他可能挂着名字，可能有一定的贡献，但绝不是他一个人的功劳。而且说要统一，中国从儒家、道家当时各个学派都是要统一，后来在秦王

① 在山东方言中，"恣"具有高兴、畅快、放松、随意、舒爽的含义，是褒义词。

朝之后，汉朝不是统一时间更长吗？汉朝是实行休养生息那一套，也采取了郡县制。那么，如果没有秦朝，——当然讲历史不能讲"如果"——没有秦王朝的话，还是不是以这样的手段来统一？自然还是要统一的。所以我想，所谓有很大的贡献，跟杀掉这么多人去统一，其实并没有必然关系。

也就是说，战争是采用什么手段？要考察其基本动机。秦国的目的是消灭别国，消灭敌人，而且消灭有生力量，包括军队之外的其他劳动力。将一个国家的劳动力消灭一半，还剩一半就再消灭一半，那么整个军队就没有后备军了。用这样的战争，用这样的手段，就是法家思想的特点。

3. 形同法家：对兵家目的的质疑

蔡杰：现在有些人说到战争，是站在某一个高度上，说战争如何可行，甚至将日本侵华战争合理化，或者说战争本身没有对错。但是我觉得战争似乎必然是有问题的，孟子也说"春秋无义战"，您怎么看？

马序："春秋无义战"的问题是这样的，春秋五霸、战国七雄，其争霸的意义在于要求其他国家在政治上听从本国的统率即可，也就是目的就已达到，不是说一定要把其他国家消灭。但后来秦国是要把其他国家消灭，使其都归属于我，而且采取的手段是一次要达到杀多少人的目标。采取这种办法，会导致一个国家在猛然之间就人口减少、国力衰弱。秦国多次杀掉上万人，当时一共才几千万人，一共杀几百万而且不只是几百万，——那个数字我记不太清楚了，就是不止40万，40万说的是在一个国家。

从这一角度，我想法家、兵家的目的可以考察。兵家的哲学我没有好好地研究过，但是我有些想法，就是兵家是否有相应的这种思想？要不然为什么杀这么多人？你看，孙武是比较早的，在我的印象当中，一些课本讲的基本上是"知己知彼"那一套，但是除此之外，他似乎特别强调最高的决策者的将领、将帅的作用。我想在政治上，他是不是特别强调忠于主权，是不是？那就是说，你看他的后代孙膑，好像是重视权势的"势"，所以在我的印象当中，军队主要是依靠这样的权势，那么这一点就值得重视。在"文化大革命"期间的"评法批儒"，将兵家归到法家里去，这不是没有道理的。我们不说他们将兵家如何处理，是说我的这样一种观点。

你看，孙膑为什么叫孙膑？孙膑和庞涓也是同学，孙膑也是被关进监狱里，也是争权夺利。总之，我说兵家和法家思想似乎是比较接近的，他们之间的关系就是不太讲道德。所以尽管兵家在学术上有很大贡献，在兵法方面有很大贡献，但我从他们的简单经历和他们所重视的东西，以及他们当时在战争当中的主张、在他们的思想指导下的战争的结果，看到兵家的思想也可能接近于绝对权势。

4. 严格统治：对墨家组织的独到认识

蔡杰：那墨家如何？

马序：墨家也是这么说，墨家最高的是他们的领袖，那是绝对权威，要求绝对服从上面，也就是绝对的单一、绝对的专制。我想这一点与兵家是统一的。还有一个我觉得很有意思的地方，我要是年轻的时候，一定要做这个题目。你看，墨家早在秦献公时期，也就是在秦始皇大一统之前，就已经在秦国当"雇佣兵"，为秦国做出很大贡献。雇佣兵的特点是超越自身，而且实行绝对的统治。我认为墨家当时是一个团体，其所作所为是超越国界、超越诸侯国的。就是说，他们可以是任何国家的，比如他们在秦国做事情，但又不是客卿。像韩非、李斯，他们是从别的国家前往秦国，但墨家所去的不止一个国家。他们做的是什么事情？类似于现在美国派出的那些部队，到其他国家定期做教官或者其他，掌握了一定的实权，但又不属于所在国家，这样会起到很大的作用。也类似于明代的东厂西厂，也就是当时的特务机构。

蔡杰：我看过您一篇专门写墨子的论文《论墨翟的二重化世界观》。

马序：一些课本讲墨家是反对战争，实际上他们也帮助打仗。还有一些对墨家的认识，说墨家、墨子是科学家，《墨子》这本书里面确实有科学的东西，但是墨家的组织是另外一回事。墨家的组织是要求下面从事者服从命令，其家法极其严格。而且他们的思想让人觉得，下面的从事者如何做事，均须向上层报告，那样的统治很厉害。并且，他们主要是依据自身狭隘的经验，将此视为绝对的东西，也就是说他们从事过的那些东西是绝对的，如果与之不同就不成立。但实际上，他们自身狭隘的经验是不科学的，或者说是假装科学，这正是墨家的一个绝对化的特征。

蔡杰：谢谢马老师！您的分析和点拨让人有一种恍然大悟的感觉，我对中国哲学有了更深的理解。

马序：其实中国有好多思想，我们都没大理解。你看课本上介绍这些人物，不讲他们的个人经历，那就不够。刚才暂且说到王阳明，王阳明那么一个人如何说成是主观主义者？要是讲一些他的个人经历，那么结论就没法那么写。我们这一代的人有一个优势就是，改革开放以后，我们觉得干劲比较大，而且在写的文章中，思想比较开放。当年兰大哲学系刚刚建立的时候，我们都是在所谓全国一级刊物、二级刊物上，一个人每年大概都能发七八篇论文，因为在改革开放之初，一切的思想都很活跃，甚至有可能不次于你们现在的思想。当然，别把你迷惑了，你且姑妄听之。

学界动态

"中华优秀传统文化的传承与创新"专题研讨会暨甘肃中国传统文化研究会2021年会员代表大会会议综述

田宝祥*

2021年5月9日下午14：30～18：00，"中华优秀传统文化的传承与创新"专题研讨会暨甘肃中国传统文化研究会2021年会员代表大会于兰州大学大学生活动中心顺利召开。会议由甘肃中国传统文化研究会、兰州大学哲学社会学院联合主办。甘肃中国传统文化研究会会长王晓兴主持本次会议，甘肃省人大常委会教科文卫委员会主任范鹏、甘肃省社会科学界联合会学会管理部部长孟广成、兰州大学副校长沙勇忠出席会议。

范鹏主任首先代表甘肃省人大常委会教科文卫委员会与甘肃省敦煌哲学学会对本次大会的召开致以热烈庆贺。范鹏主任指出：要用哲学社会科学的繁荣包括中国传统文化研究的成功，助力国家社会主义现代化进程和中华民族伟大复兴。沙勇忠副校长代表兰州大学祝贺本次大会成功召开，并指出：当前我国正面临百年未有之大变局，我国千年优秀传统文化未曾断绝，在当代需要我们创造性转化和创新性发展，增强国家文化软实力，提升国际话语权。面对国内外形势，甘肃中国传统文化研究会应更好地践行担当使命，兰州大学也将进一步加强与甘肃中国传统文化研究会的合作。

之后，孟广成部长代表甘肃省社会科学界联合会宣读"关于同意甘肃中国传统文化研究会召开第五次会员代表大会"的批复，同意甘肃中国传统文化研究会提名换届干部人选名单。研究会副会长陈声柏作工作报告，

---

* 田宝祥，甘肃庆阳人，哲学博士，兰州大学哲学社会学院讲师，主要从事先秦哲学研究。

研究会副会长梁一仁作财务报告。会长王晓兴根据民政厅指示，向参会人员宣读新修订的研究会章程，获得参会人员一致通过。大会通过无记名投票方式选举陈声柏为第五届甘肃中国传统文化研究会会长，选举牛龙菲、杨利民、王晓兴、范鹏、王金生、陈文江为甘肃中国传统文化研究会名誉会长，选举朱林、梁一仁、谢继忠、姜宗强、屈直敏、成兆文为第五届甘肃中国传统文化研究会副会长，选举彭战果为第五届甘肃中国传统文化研究会秘书长，选举田宝祥、杜海涛为第五届甘肃中国传统文化研究会副秘书长，选举陈声柏、成兆文、郭吉军、姜宗强、刘琳丽、柳之茂、罗怀玉、梁一仁、李君才、李国红、李晓春、莫兴邦、彭战果、屈直敏、邱锋、尚建飞、万远新、韦明、谢继忠、薛小林、杨晓霭、阎秀华、朱林、赵俊、张堡、张美宏、张言亮为第五届甘肃中国传统文化研究会常务理事。

颁发聘书及合影留念环节结束之后，"中华优秀传统文化的传承与创新"专题研讨会正式开始。主题发言阶段，由兰州大学李晓春教授主持。甘肃省人大常委会教科文卫工作委员会主任、兰州大学马克思主义学院范鹏教授作题为《关于"创造性转化创新性发展"的几个基本问题》的报告。通过界定与辨析创造性转化创新性发展的内涵，范鹏指出：创造性转化、创新性发展是执政党最新的文化建设方针，对待传统优秀文化的创造性转化、创新性发展也是学术界长期以来坚持的方法论原则。"两创"既是一种理念，也是一种方法。相较于传承，对于传统文化的转化发展更加突显文化建设者积极主动的态度。同时"两创"必须以"两有"（有鉴别地对待、有扬弃地继承）为前提，以"两相"（与当代文化相适应、与现代社会相协调）为标准。创造性转化与创新性发展是以理性批判的态度和革命的精神对待传统文化。转化不是一般的继承，发展更应推陈出新。紧接着，兰州大学哲学社会学院王晓兴教授作题为《孟子哲学中的"孝"与"善"》的报告。关于孝的内涵，王晓兴分别从"养口体者"与"养志"，"不顺乎亲，不可以为子"，"不得乎亲，不可以为人"三个视角进行解读。对于孟子而言，"善"根源于"心"。唯有去除"心"之"所蔽"、"所陷"、"所离"和"所穷"，达到"心"之本然，"心"之所欲才可谓"善"。这一达到本然的"心"之所欲，即"心"之"可欲"，所以说"可欲之谓善"。区分"心"之本然与非本然，从"莫知其乡"的"心"之所欲中挺立起一个"心"之"可欲"，堪称孟子哲学的精髓。"心"之所欲乃是孟子视为人之所以为人的"分定"，也即"父子"和"兄弟"之间的亲情或"孝悌"。之后，西北师范大学哲学院院长姜宗强教授以"鸠摩罗什'破戒'原因探析"为题发表演讲。通过多种史料分析，姜宗强认为，鸠摩罗什"破戒"事件背后所隐含的，是鸠摩罗什所代表的佛教外来文明与迫使其破戒的国王姚兴所代表的本土文明，这两种异质文明的相遇、冲突、交锋与融合。对于鸠摩罗什"破戒"这一宗教典故，不能仅从鸠摩罗什与吕光、姚兴的个人恩怨进行评价。鸠摩罗什作为印度僧人，因久居中土受到当时儒家文明的间接影响以及国王姚兴身体力行、耳濡目染的直接影响，故顺应当地习惯、接受中土文明居家生子观念而破戒也是极为可能。这也就意味着对此问题应从中外文化沟通的文化交流史角度加以理解。三位主讲嘉宾分别从马克思主义哲学、中国哲学和宗教学的视角对中华优秀传统文化如何实现创造性转化、创新性发展这一问题进行了解答。

自由讨论阶段，由新任会长陈声柏主持。谢继忠、屈直敏、彭战果围绕传统文化的传承问题以及研究会的发展问题做了发言。谢继忠结合甘肃民间碑刻所记载的保护林木、保护水源、保护草场、植树造林等史实，展示了明清以来甘肃人民的生态环境保护思想。谢继忠认为，甘肃人民长期与严酷的生态环境为伴，这使得他们更加重视生态保护，在与严酷的自然环境的斗争实践中，甘肃人民总结出了对当今依然具有启示意义的环境保护思想，这些思想是中华优秀传统文化的重要内容。屈直敏围绕《国学论衡》杂志的发展提出了几点建议。《国学论衡》自1998年创刊以来，如今已经发展到第九辑。未来两年，杂志需高质量连续发表两辑才有机会成为核心期刊。研究会每年应当组织主题性的研讨会，由此产生高质量的学术成果。彭战果指出，中华优秀传统文化的创新性发展与创造性转化更应该面向问题，当今时代面临的最大问题便是"人与非人"的问题。一种优秀的文化，应当从各个角度参与信息时代、大数据与人工智能的时代问题。

会议最后，陈声柏作总结发言。他表示研究会未来几年将以学术研究工作为重点，因为只有拥有突出的研究成果，研究会才有传播力和影响力。诸位同仁需身体力行践行中华优秀传统文化，研究会的工作也欢迎各界人士参与其中。甘肃中国传统文化研究会将始终秉持"觉民行道、立本求真"之精神，以弘扬中华优秀传统文化、加强学术交流、广泛联系国内外相关学术团体和友好人士、推动甘肃文化发展为宗旨，广泛听取各方宝贵意见，从而推动中华优秀传统文化的创造性转化与创新性发展。

先秦哲学的隐喻世界与道家之思

——第三届"预流"的中国哲学研究工作坊综述

李　宇　李　巍[*]

依存于中国思想之中的中国哲学，在经历了五四运动时期的学科化阶段之后，一方面其研究论域逐渐明朗化，另一方面，由于深受西方思潮的冲击，其研究方式呈现出以西释中的倾向，以西方哲学思维、术语等来解释中国哲学的路径日趋盛行。然而，吾国思想长河已流淌几千年之久，发端之初，鼎盛之时，挣扎之际，不断更迭，激荡不断，又何曾是以西方哲学术语建立起来的！中国哲学研究今日之大问题，不在于频繁使用的思想资源已失去了活力，而在于缺乏适合"中国"哲学自身的语言体系。如何以哲学的标准来审视中国思想，如何以中国语言来言说中国哲学，这两个问题正是现代研究者亟待思考与解决的问题。前者需要"走出去"，将古往今来各个地区的哲学思想尽可能地纳入自我的视野，确立能称之为"哲学"的标准；后者则需要"走回来"，以哲学的方式来探讨中国思想，充分关注中国哲学中涉及的文本是如何"言"其"所言"的，并由此来探索其言说方式及其隐含的思维方式。这种诉求，并非是为了标新立异、夺人耳目，而是切实地基于中国哲学独特的言说方式，即几乎不以抽象"概念"而更多地以经验的、具体的现实图景来作为运思基底。其中，"隐喻"就是一种典型的体现。吾辈同仁谨遵陈寅恪先生"预流"之学术精神，以激荡起思想巨大涟漪的先秦为时间限度，以拥有丰富隐喻资源的道家文本为典范，

---

[*] 李宇，陕西咸阳人，中山大学哲学系博士生，主要从事早期中国哲学研究。李巍，甘肃兰州人，武汉大学哲学学院教授、博士生导师，主要从事中国古代思维方式、道家思想、战国名辩思潮和中国哲学方法论研究。

于 2021 年 5 月 15～16 日，由中华孔子学会、兰州大学哲学社会学院和深圳大学国学院共同主办，在深圳发起了"第三届'预流'的中国哲学研究工作坊"研讨会。

会议开幕式上，深圳大学国学院景海峰教授在致辞中即对会议主题中的关键词"隐喻"进行深刻学术阐发，将此话题置于中国古代和希腊的传统之间，置于传统的文学学科和哲学学科之间，也同样置于口头的传统和文本化的经典文献的不同传统之间，于以上三重张力间揭示了"隐喻"的话题对于当前中国哲学研究的启示意义。兰州大学哲学社会学院陈声柏教授在致辞中则回顾了往届工作坊的举办情况，在强调工作坊的开放性同时亦对本次主题研讨会对中国哲学研究视野的扩展意义给予厚望。

此次会议仍由分组发言和圆桌讨论两个环节构成，在分组发言中，深圳大学哲学系李大华教授首先以《老子》为例，探讨了隐喻作为言说方式对揭示道家思想的不可替代的意义及其限度。随后华东师范大学哲学系贡华南教授、西北师范大学哲学学院姜宗强教授、北京大学儒藏编纂中心李畅然副研究员也对"隐喻"这种言说方式本身进行了探讨，并且分别以道家非常规的表述方式、故事哲学的建构以及中国哲学中的"道"为具体论点展开了分析。这些讨论，皆敏锐地觉察到了中国哲学及其研究被质疑"不讲逻辑"的问题，而试图以"隐喻"的角度来揭示中国哲学中的言说方式以及由其显示的思维特征。

深圳大学国学院王兴国教授、深圳大学哲学系问永宁教授、广州美术学院马克思主义学院宋德刚博士、深圳大学马克思主义学院蔡卓博士、澳门大学李庭绵助理教授、湖南大学岳麓书院陈之斌博士、西南财经大学人文学院李国斌博士、中山大学公共与政治事务学院徐翔博士则选取了《庄子》《老子》《易传》《尸子》以及黄老学等具体文本中的"隐喻"类型进行分析。从而展现出了先秦诸多文本中"言"与"道"之间的互动模式。

安徽师范大学戴兆国教授、北京师范大学历史学院刘亮副教授则分别觉察到了孟子性善论、《韩非子·解老》论"道"的言说方式的经验性与模糊性，因此前者以杨国荣先生倡导的具体形上学为路径来重新分析上述论题，后者则以模糊性的解释方式来试图填补文本语言的模糊性与思维的精确性之间的鸿沟。

上海财经大学哲学系郭美华教授、华东师范大学哲学系朱承教授、北京师范大学哲学学院崔晓姣博士皆探讨了先秦道家文本中的论题，天津社会科学院哲学研究所张永路副研究员、上海大学社科学部袁晓晶博士发表了与经学相关的论述，中国社会科学院哲学研究所任蜜林研究员则说明了《洪范五行传》构建的新的阴阳体系及其对后世的影响，暨南大学哲学研究所刘依平副教授、深圳大学饶宗颐研究院王顺然博士分别以熊十力的哲理小说和先秦的"乐"的审美形态的嬗变为论题展开了讨论。这些论述，也部分地涉及"隐喻"的认识，尤其是在评议者与发言者的交流过程中，不同的学者谈及自身对于哲学研究中"隐喻"的不同认识与疑惑。

会议最后的圆桌讨论中，参会者就此次会议主题展开了进一步的交流，中国社会科学院哲学研究所匡钊副研究员作为主持人，指出了本次工作坊以"隐喻"为话题的初衷，即希望在探讨此种修辞手段作为特殊的中国式说理方式对于古代文本的解释价值的同时，亦有可能探讨其本身不同于西方式论证模式的运作对于理解中国哲学之特性的意义，且现阶段中国哲学中关于"隐喻"的研究，许多均着眼于对"本喻"的探讨，但此话题中实质上存在着许多值得质疑之处。这一点，武汉大学哲学系李巍教授也有所提及，并且他还指出，"隐喻"涉及的其实是"比喻"这种修辞方法，"类比"才是"隐喻"所彰显的逻辑关系。

带着分组会议与圆桌讨论的诸多收获与疑问，在兰州大学哲学社会学院陈声柏教授的主持下，武汉大学哲学院李巍教授的学术总结中，深圳大学哲学系问永宁教授致辞里，第三届"预流"的中国哲学研究工作坊圆满结束。

此次会议将"隐喻"这种中国哲学独特的言说方式、论证过程，作为中国哲学现代化研究的一种重要途径标示了出来，而此种探讨哲学文本的方式，则是由文本本身的特征来决定的。文本选取经验中的事物，以隐喻的方式来言说道理，那么研究者则需要反思以往以西方哲学术语来阐释中国思想的可行性与可靠性，并由此尝试开辟出适合中国哲学的研究方式。

然而，意识到中国哲学研究方法在现代转变的必要性与急迫性之后，更重要的则是如何正确地认识与掌握此种方式，本次会议带来的启发价值就存于此。首先，与会者对于"隐喻"的认识存在不同意见，这里涉及的实质是"隐喻"的定义问题，或者说，判断"隐喻"关系的成立是否有一个明确的标准，除了修辞上诸如"譬""犹""若"等这样的标志词，其是否还有逻辑层面的规定；其次，现阶段国内关于"隐喻"的研究，很大程度上依赖于汉学家的研究成果，这些研究成果虽然提示了中国哲学研究的新路径，然而，这些研究者的著作也并非全然无错，其中的多处细节需要国内研究者深思并作出自己的判断；最后，关于文本中"隐喻"的研究似乎只更多地停留在分析文本的层面上，那么，以文本研究一样的方式来探讨实际生活中的人、事、物的存在是否必要。这是两种方式还是两个阶段，分析文本的语义是目前研究工作的重点还是联系现实同样重要，需要言说文本之外的东西吗？这些都是此次会议留给与会者待以思考、研究、解决的问题。

"一带一路视域下的文明对话"学术
研讨会会议综述

王亮亮[*]

2021 年 6 月 26~27 日,"一带一路视域下的文明对话"线上学术研讨会成功举办。本次研讨会由兰州大学哲学社会学院和武汉大学文明对话高等研究院联合主办,武汉大学哲学学院、湖北省重点人文基地武汉大学比较哲学与文化战略研究中心、《科学·经济·社会》编辑部等协办。在两天的会期中,来自北京大学、中山大学、中国人民大学、武汉大学、暨南大学、深圳大学、温州大学、西安外事学院、西北师范大学、西北民族大学、扬州大学、兰州大学等 20 多个高校和研究单位的 50 多名专家学者、研究生及嘉宾参加了会议,38 位与会者就大会主题作了精彩的学术报告,兰州大学哲学社会学院院长陈声柏主持了会议开幕式,兰州大学哲学社会学院党委书记孙立国、武汉大学文明对话高等研究院院长吴根友分别致开幕辞。本次研讨会分四场专题会议与两次学术对谈。与会学者围绕会议主题,运用不同的专业领域知识、研究方法进行了精彩的发言,展开了热烈的讨论。

第一场会议于 6 月 26 日上午举办,由武汉大学哲学学院李巍、刘沁主持,共有 9 位学者发言。本场会议的研讨主题集中于文明对话理论,两场主题报告分别从"天下主义"与"代差种差"的概念切入,从中国古代的文化交流理念和世界历史下的文明交流两方面阐释了"文明对话何以可能"的问题。北京大学哲学系王中江作了题为《世界公正和协同信念——中国"天下主义"精神》的学术报告,认为"天下"一词最初是一个地理、空间

---

[*] 王亮亮,甘肃通渭人,兰州大学哲学社会学院中国哲学专业研究生,主要从事中国哲学研究。

概念，在此基础上衍生出了对最大"共同体"的承诺，其实质是共享和共有。"天下共同体"涉及秩序以及相爱和平等的问题，其在文化和价值上关注普遍性和共同性的特点在文明对话中依然具有可鉴价值。武汉大学哲学学院吴根友在《马、恩对资本主义"文明"内在张力的揭示及其当代意义》一文中提出文明的"代差"与"种差"概念，文章从马克思、恩格斯对资本主义"文明"内在张力的揭示入手对文明对话进行了分析，他认为，必须充分尊重不同文明对人类的正面意义和价值，逐步消除文明的代差，保留人类文明的种差。

接下来的三篇报告分别从哲学差异、文明差异和知识分类模式差异三方面阐释了文明对话的必要性。武汉大学中国传统文化研究中心王林伟的论文《形而上学的东西分野：哲学与智慧》从东西方形而上学的根源出发对文明对话进行了思考，他认为，从海德格尔对西方哲学的诊断来看，西方的形而上学研究存在者的存在，而东方哲学重视虚灵心开创出来的生活形态，但这两种形态所追求的均是一种知和行双重完善的形而上学。最后，他借用佛教术语"定慧双修"提出了两种超越方式的一种可能的会通之道。兰州大学历史文化学院敏敬的报告《文明冲突的类型划分与意义》认为，从词源学来看，"冲突"指矛盾，有潜在差异和公开对抗之分，相应的，文明冲突可分为观念的冲突和利益的冲突。文明对话不仅有助于促进交流，也能避免隐性的观念冲突向显性的利益冲突发展。武汉大学哲学学院刘思源的报告《明清之际的知识分类模式及其互动》从中西方不同的知识分类传统入手，选取明清之际考察了西方知识分类模式传入中国后产生的影响，并对其所造成的西方知识中国化和中国知识西方化的现象进行了探究。

接下来的两篇报告围绕如何开展文明对话的主题做了陈述。大连理工大学人文与社会科学学部姜含琪以《"和"视域下的"同"概念研究》为题的报告认为可以尝试在"同"的基础上探讨"和"的可能性，文章从史伯的"和同之辨"出发，从三个层次对"同"进行了概念的解析，阐发了"和"的内涵即多样性，并提出中西方因为不同的时空观而对"和"有不同的理解。华中科技大学哲学院王博在《试论王夫之的"通"论思想》一文中认为，"通"这一概念不仅是哲学观念也是认识世界的方法，更是一种高明的精神境界。王夫之以创造性的精神诠释了"通"所包含的天人之通、古今之通、人（物）我之通、知行之通四个方面的含义，这对反思中国传统中的"合一"思想以及现代视域下成人成物的群己关系具有众多启迪意义。

　　接下来的两篇报告从抽象的生存之道和具体的日常饮食两个方面说明了文明对话的问题指向，文明对话可能有多重面向，但绝不能回避人的存在这一至关重要的问题。兰州大学哲学社会学院张美宏以《中国古代哲学关于生存问题的说理》为题，以中国哲学中"类情"的说理方式为视角，从生存方式的认定、生存依据的普遍确立、真善美统一的生存实践三个方面入手，探究了中国哲学儒道两家在这几个方面的异同，总结了中国古代哲学在生存问题上的智慧。兰州大学哲学社会学院方锡良以《中国饮食伦理要义》为题，对中国传统饮食文化的内涵与伦理意蕴进行了解读，并对现代化冲击下饮食伦理面临的挑战进行了思考。他认为，大道不离人伦日用，新时代下，构建新型的中国饮食伦理文化大厦，要遵循扩容增量、提质增效和交流融通三大原则。

　　第二场会议于 6 月 26 日下午举办，由暨南大学哲学研究所黄燕强、扬州大学社会发展学院樊沁永主持，共有 10 场报告。本场会议的主题是中国社会的宗教交流、对话。3 场主题报告展现了中国佛教与基督教、亚洲各国佛教文明的互动状况。中山大学哲学系龚隽以《译经中的政治——李提摩太与〈大乘起信论〉》为题探讨了文化重构中的政治现象，他认为，从李提摩太译经的历史背景来看，其选择《起信论》并运用大乘佛教来讲基督教，是为了强调基督教的优越性，并借鉴佛教在中国传播的经验，此种做法值得引起文明对话研究的注意。武汉大学哲学学院沈庭以《近代中国与南亚佛教交流网络的形成与"原始佛教"概念的引入》为题介绍了晚清以来中国佛教与亚洲佛教的交流情况，以 1893 年芝加哥世界宗教大会为契机，达摩波罗、纳啰达等人为此交流网络的形成奠定了基础。"原始佛教"这一概念来自日本，本指初期佛教，后在太虚、法舫等人的语境中成为界定锡兰系佛教的术语。他认为，在文明交流中，交流意愿与实践才是最重要的。西安外事学院国学系张丰乾在《丝绸之路与文明互鉴——以〈大唐西域记〉为例》一文中指出，广义的"西域"泛指河西四郡及其以西，丝绸之路不仅是中原与西域进行商业和文化交流的渠道，也与沿线国家的互相征伐相关。以《大唐西域记》记载为切入点，他认为丝绸之路上的这次对话内容丰富，甚至超出了文明互鉴的范围。最后他提出西域文明能否作为一个独立的文明体系存在这个问题供与会学者们讨论。

　　接下来的三篇报告是对儒道释对话经验的反思。北京大学哲学系王颂的报告《华严与庄子——读〈齐物论释〉札记一则》以章太炎使用华严与唯识的思想阐释庄子这一研究方法为切入点，认为章太炎通过语言找到了会通庄学与佛学的钥匙，主张破除了对语言的执着即破除对是非的执着，可以达到"齐是非"的境界。他用佛教思想史对语言问题的阐述说明了章太炎的论证依据，并指出，在这两种文明对话中既要看到佛教的非中国属性，也要看到其对中国古代思想的借鉴。兰州大学哲学社会学院彭战果的报告《内在超越：儒道佛功夫修持的一个共同模式》通过比较儒家的德性主体内在超越、道教的内丹学自然生命内在超越和佛教奢摩他内在超越三种内在超越之路，认为儒道佛均强调功夫的修持，从而以功夫论的角度对儒释道三家融合的基础进行了探讨。武汉大学哲学学院徐衍的论文《憨山德清三教合一的本体论建构与反思》提供了一种本体论角度的儒释道三家融合的可能。憨山德清的本体论融摄了佛教诸宗的本体学说，包括唯识宗的唯识本体、禅宗的自性本体以及中国佛教的佛学本体，其以生死问题作为建构本体论的逻辑起点，但在解释人们的现实生活时存在困难。

本场报告的另一主题则集中于"一带一路"视域下宗教对话的专题研究。温州大学马克思主义学院孙邦金的论文《多元现代性视域下的"地方"理论与文明对话》、兰州大学哲学社会学院田宝祥的论文《"一带一路"视域下陇东文化的拓展与转化》讨论了一带一路视域下，地方文化与其他文化的交流以及自身发展问题。兰州大学法学院马明贤的论文《"一带一路"视阈下文明对话的意义与价值——西方文明、中华文明、伊斯兰文明的全球性对话》、甘肃省委党校马桂芬的论文《"一带一路"建设中的宗教文化互鉴与交流》探讨了一带一路上的文明对话的深厚历史渊源和强烈的现实必要。

第三场会议于6月27日上午举办，由温州大学马克思主义学院孙邦金、武汉大学哲学学院沈庭主持，共有9位学者发言。本场会议为伊斯兰教与中国传统文化对话的专题报告，包括伊道、伊儒、伊佛、伊耶对话四部分。深圳大学哲学系问永宁以《试论回教苏菲与全真道的互动》为题，从教义与功修两方面解析了伊斯兰教一神论（苏菲）与道教多神论的对话。苏菲的宗教身份是穆斯林，但其哲学思想非常复杂，有泛神论的倾向，与道家有对话基础；从中国古代民间故事当中可以看到道教功修受到的苏菲主义影响。回教苏菲与道教的互动成果集中表现在清代道士刘一明的思想当中。兰州大学历史文化学院周传斌在报告《全真道龙门派宗师刘一明与伊斯兰教的对话》中通过对清代全真道龙门派宗师刘一明的生平、著述以及其与苏菲教修士如仙留丈人的交集的考察，总结了刘一明对伊斯兰教的道教化解读，提供了一个回教与道教对话的案例。兰州大学哲学社会学院丁士仁的报告《阿拉伯新柏拉图主义与宋明理学的交融》认为，受到阿拉伯伊斯兰哲学、波斯伊斯兰哲学、中国宋明理学等的影响，中国学者在面对伊斯兰哲学时，创造性地提出了"三一说"，它具有新柏拉图主义的框架、波斯照明主义的倾向、万有一体论的特点以及宋明理学的表述，是一个独立的哲学体系，故在哲学意义上"中国伊斯兰哲学"的概念可以成立。在《伊儒会通　殊途同归——一带一路视域下的文明对话与互鉴》一文中，兰州大学历史文化学院杨文炯运用田野调查的方法，从伊斯兰教本土化、民族化、哲学会通三方面阐释了伊儒会通的可能性，并介绍了现代的伊儒会通情况。他认为，中国传统文化是儒释道伊四教合一互补的"一室四间"结构，伊儒会通揭示了明清时期中国传统文化的转型与重构。西北师范大学哲学学院贺更粹以《论"以儒诠回"的历史语境与意义生成》为题作了报告。"以儒诠回"是指回教学者汲取儒家思想阐释回族信仰的做法。在明清特殊的政治文化背景下，精通儒释道伊的回族学者以儒家仁德之天诠释回族真主信仰，以宋明理学"天地之性"与"气质之性"解释其人性论，以儒家五常会通回族宗教仪式五功，为民族团结、文化认同作出了巨大贡献，为当今的文明交流提供了启迪。西北民族大学法学院敏振海的论文《儒伊文明交流的当代启示——以儒释经对伊斯兰法中国化之借鉴》从法学角度出发，以《天方典礼》为例，提供了一个伊斯兰法文化中国化的典范，这对当前中国文明和伊斯兰文明的对话具有启示意义。中国人民大学佛教与宗教学理论研究所张雪松以《民国时期伊、佛两教社会公益事业经验比较》为题，对民国时期伊斯兰教与佛教在公益事业方面的实践进行了比较。他认为，在构建现代化国家、培养现代国民性的特殊时代背景下，传统宗教通过重视慈善事业来向普通民众说明宗教的有用性，同时，传统宗教发展为能与现代化民族国家对话的具有组织的宗教。兰州理工大学经济管理学院马建威从经济哲学的角度出发，在其《关于伊斯兰教与基督教经济思想的几点思考》一文中从多方面详细地比较了伊斯兰教和基督教的经济思想。伊斯兰教认为人应当运用安拉赋予的思辨能力去观察宇宙万象，并使自己的一切行为服从安拉的意愿，《古兰经》制定的组织人类经济生活的框架体现出公平、公正的价值观，意在从经济上引导人们向善。基督教与伊斯兰教对利息均持负面看法，这与西方经济学形成鲜明对比，值得反思。西北民族大学历史文化学院买合苏提以《雅琳收藏中的察合台文文献及其研究概况》为题作了报告。"雅琳收藏"中共有 600 多部文献，涉及文学、宗教、经济、历史等多方面内容，这些文献对我们了解当时的伊斯兰教与中国文化的对话，外国人的民间习俗、各种仪式以及当地人们和传教士的关系具有重要价值。

第四场会议于 6 月 27 日下午举办，由武汉大学中国传统文化研究中心王林伟、兰州大学哲学社会学院彭战果主持，共有 10 场报告。本场报告以文明对话中的比较哲学为主题。暨南大学哲学研究所高华平在《墨学与西学（或耶教）对话或是中西文化交流的新渠道》一文中指出，文明交流应在双方皆认可的价值标准下进行，不应以同化对方为目的。他注意到中国文化中除儒释道之外的因素，认为墨学重视"器"与逻辑，或可与西方文明对话，并以佛教入侵中国最后反被中华文明同化为例，再次强调文明对话既要拒绝自我中心主义，也要拒绝拿来主义。深圳大学国学院景海峰的报告题目是《从〈圣经〉释义学看经学》，他认为，世界文明均存在从古典向现代知识形态的转换问题，西方对《圣经》的释义和中国对古代经典的解释前提虽然不同，基督教以宗教信仰形态为基础，儒家经典是历史文化的集体记忆和价值共识，但两者都是在围绕经典展开阐释活动，在转化方式和面临的问题上有共通之处，例如需要对更大的普遍性做出解释，且儒家经典可能更容易做到这一点。兰州大学哲学社会学院张睿明的论文《对熊十力新唯识思想的实存主义之神学转变》以熊十力在"量论"中论述心成物的作用为出发点，指出熊十力关涉"意义"的部分在康德那里是目的论的至善；胡塞尔将康德目的论的至善实现为一种存在论的至善；海德格尔进一步揭示出形而上学神学的历史性处境。由此，她阐述了一种实存主义的神学的实现方式。以上报告在比较哲学的视域下，对文明对话中应持有的立场和态度、中西哲学对话的共同点以及如何实现等方面进行了探讨。

武汉大学哲学学院李巍的报告《从"有（）"表达看何物存在——兼论西方哲学的汉语研究》从语言的角度，提供了一个比较哲学视野下使用研究工具的反思。他认为，虽然本体论是西方哲学的专属门类，但本体论的基本问题，即何物存在，是各大文明所思考的普遍的问题。他以"Being"的翻译为案例，认为以中文为工作语言的西方哲学研究，要对中文本身进行探讨，建立清晰的学术语言。武汉大学哲学学院刘沁的论文《论朱熹哲学与黑格尔哲学对话之可能》以朱熹与黑格尔的比较为例，对以中释西和以西释中的研究方法作了反思。她认为，超越中西的对立会发现一元论的辩证体系是普遍的，朱熹与黑格尔在论述逻辑上完全不同，朱熹重视经验归纳，黑格尔看重基于概念自身的演绎，这导致了两者的本体论差异，这种差异归根结底在于不可言说的"不测"和可言说的"必然"。在进行比较哲学研究中，超越中西哲学的概念术语，丰富彼此的哲学内涵，或许是一种可能。以上两篇报告讨论了文明对话中比较哲学在使用研究工具如语言时遇到的问题。

武汉大学哲学学院廖璨璨的报告《中西文化交流中的文本诠释与哲学表达——以明末方氏学派对西学的借鉴与批判为例》讨论了"在文化交流中进行借鉴和批判时如何面对中西方哲学层面的不同思想"的问题，她选取方氏学派对西方四行思想和中国五行思想的调和、对岁差（闰年）产生的原因的分析、对太极和天理的去神学讨论等例，总结出在中西不同的表达方法下，方氏既调和，又批判的哲学表达方式。武汉大学哲学学院祝捷的论文《"反因"思想与方以智的三教汇通》考证了"反因"思想的源流，并对其在方氏思想中的地位进行了探究。她从相反相因、摄用归体、体用双泯三个角度总结了方以智的"反因"思想，并指出方以智的辩证法思想与黑格尔的辩证法有根本不同之处。武汉大学哲学学院刘旭在论文《在阿奎那的目光下：利玛窦身魂关系评述》中认为，利玛窦的灵魂论并非是亚里士多德式的，而是经过阿奎那改造的，他为亚里士多德灵魂学说注入了基督教神学思想，确立了上帝天主的存在和灵魂的不朽。晚明时期，利玛窦运用阿奎那的灵魂学说对中国的祖先祭拜等行为展开了讨论。以上三篇文章选取明末汇通中西的哲学家作了细致的研究，提供了比较哲学个案研究的典范。

暨南大学哲学研究所黄燕强的论文《熊十力"原儒"及其经子关系论》认为，熊十力把儒学探源提升到关乎价值和信仰的高度，其重要性等同于探讨中国文化的血统。熊十力认为儒学既不是宗教学也不是历史学，而是哲学，并把儒学的溯源与学统的重建相统一，开启了儒学现代转型之路。在溯源过程中，他确立了《易》是中国哲学之源的思想，并认为诸子是儒学的流裔。扬州大学社会发展学院樊沁永以《徐梵澄先生精神哲学三系绍述》为题作了报告，他认为，徐梵澄的精神哲学探讨的是宇宙和人生的哲理，其求知的目的落实在人生的体证和实践上。从概念隶属关系看，"精神哲学"不是"哲学"的下位概念，它不同于宗教信仰，也不同于神秘主义。徐先生的思想是对古希腊罗马、印度、中国三系思想的反思，归根结底是三系归儒。以上两篇报告对文明对话影响下文化和哲学的现代性转化贡献了视角。

最后，兰州大学哲学社会学院张美宏、武汉大学哲学学院沈庭、兰州大学哲学社会学院丁士仁、武汉大学哲学学院廖璨璨代表各小组作了总结发言。研讨会在武汉大学文明对话高等研究院院长吴根友的闭幕辞中落幕。吴根友表示，感谢主办方对本次研讨会作出的努力，此次会议的与会人员来自全国东西南北中，探讨议题涉及儒释道伊耶，自己受益良多。吴根友认为，我们需要对祖国丰富的文化遗产进行更深的认知和发掘，以文明对话的纽带、以学术交流的方式把不同地区、不同学科、不同学术领域的学者联系起来。吴根友援引兰州大学哲学社会学院丁士仁在总结发言中提到的儒伊对话"教不同道同、教不同理同"的说法，认为中国文化当中的"道""理"概念或许可以成为不同文化交流时异中求同的精神遗产。最后，兰州大学哲学社会学院院长陈声柏再次表示感谢所有工作人员和与会人员，欢迎各位学者来到兰州进行线下交流。

会议期间，6月26日、27日晚，北京大学哲学系王中江教授、武汉大学哲学学院吴根友教授、北京大学宗教学系王颂教授、深圳大学国学院院长景海峰教授、中山大学哲学系龚隽教授、暨南大学高华平教授，六位专家学者在学术志和腾讯会议两大平台，分上下两场，举办了以"儒释道融通的历史经验与启示意义"为题的线上学术对谈。对谈由兰州大学哲学社会学院院长陈声柏主持。共千余海内外学界同仁在线收听了本次讲座。

编后语

　　《国学论衡》第十辑，即将付梓，这是一个新的开始，自 2021 年起本集刊改为半年刊，正是从第十辑开始，才真正成全了一年两辑的夙愿。本辑内容由 10 篇论文和 5 篇其他文稿组成。本辑"圆桌会谈"收录的是第三届"预流"的中国哲学研究工作坊针对"先秦哲学的隐喻世界与道家之思"议题的讨论成果，期待就此问题的专题研讨能对推进用中国语言讲中国哲学、以哲学的方式讨论中国思想有所助益，这是本辑特别想向读者推荐的。"哲思论道"栏目由刘春雷《"卦－气"含义与卦气思想发源考》、孙铁骑《论〈周易〉"太极"的空间属性——以〈庄子〉与〈太极图说〉为理论参照》、唐东辉《孟子对〈五行〉天人之际思想的继承与超越》、尚文程《儒学之超越性——任继愈"儒教是教"论再省察》4 篇论文组成。"经史考辨"栏目由袁法周《乾嘉诸儒治〈汉书·古今人表〉——兼谈乾嘉〈汉书〉表志研究的特点》、范一丁《〈北齐律〉与儒家伦理的制度化困结——和士开案反映的"礼法"对社会伦理关系规范的失序》2 篇论文组成。"文化视点"栏目由黄交军与李国英《与牛共舞：徽州牛文化探秘》、林志鹏与朱宇航《善书〈了凡功过格〉思想意蕴探析》2 篇论文组成。"当代思潮"栏目由李海超《当代儒学研究中的"情理"概念及其反思》、王硕《从梁漱溟到黄玉顺的"情生论"建构——从李泽厚"儒学四期"论切入》2 篇论文组成。本辑还专辟"学人访谈"刊登蔡杰《以一多关系构建中国哲学话语体系——马序教授学术专访》访谈一文，以纪念辞世不久的兰州大学哲学系马序教授。"学界动态"栏目刊登了田宝祥《"中华优秀传统文化的传承与创新"专题研讨会暨甘肃中国传统文化研究会 2021 年会员代表大会会议综述》、李宇与李巍《先秦哲学的隐喻世界与道家之思——第三届"预流”的中国哲学研究工作坊综述》、王亮亮《“一带一路视域下的文明对话”学术研讨会会议综述》3篇文章。

兰州的新冠疫情尚在，家事更是不断，85岁老父亲在江西老家医院的病床上，失智之后连进食都困难了；兰州身边的80岁岳母也是越发无法自行起身了，日夜离不开人照料。因为不得已的疫情管控，生活的不便难免加剧，感情的遗憾或许终生。除了家事国情，还有一点不一样，在甘肃中国传统文化研究会同道的抬爱下，2021年5月召开的会员代表大会选举我接任新一届的会长，于是，按照惯例，我也就开始担任本集刊的主编，肩负更大的责任与期许，深感德才难配，唯愿与同仁一起砥砺前行！

本辑的编辑工作，一如既往地依靠同仁和朋友们的厚爱和支持。除了论文作者、审稿人以及参与编校工作的编委会成员，特别感谢青年才俊杨虎老师的援手，邀得他担任本辑执行主编，广约佳文，具体负责编校以及与出版社的接洽工作；与本辑组稿密切相关的还有深圳大学文学院问永宁教授及诸位同仁的大力支持，一起举办了第三届“预流”的中国哲学研究工作坊；在此一并致谢。

感谢甘肃中国传统文化研究会及其同仁给予我个人的信任和支持，特别是以前任会长王晓兴为代表的编委会诸位顾问及副会长们，再加上王金生先生对研究会及编辑出版本刊一如既往的支持，才有了这个新的开始。本辑的出版有幸获得了兰州大学“中央高校基本科研业务费专项资金”（项目编号：211zujbkydx055）与兰州大学哲学社会学院“明达同泽”学科建设基金资助，借此向兰州大学社会科学处杨林坤处长及其团队一直以来的支持致以衷心的感谢，向北京明达同泽科技有限公司董事长张劲松师兄对学院的深情厚谊和大力支持表示敬意和感激。面对殷切希望和持续支援，唯有心怀感激，继续努力。

感谢社会科学文献出版社，尤其是人文分社宋月华社长及其团队的持续支持和高水平的编审工作，才成就了这个刊物高水平高质量的出版，这是我个人的幸运，也是甘肃中国传统文化研究会和《国学论衡》的幸运。责任编辑胡百涛老师、文稿编辑王亚楠老师认真细致的编校工作，更是本刊水平和质量的最后保障，在此向两位老师致以诚挚的谢忱。

还是那句老话，稿已成书，集刊论文的论点自是属于作者的，但编纂方面难免有所疏漏，诚请读者批评指正。

　　同时，期待研究会与海内外同仁以及社会各界朋友给予《国学论衡》持续的支持和帮助，以承续中国传统文化的慧命！

陈声柏

兰州大学哲学社会学院教授/院长

甘肃中国传统文化研究会会长

2021 年 10 月 31 日

《国学论衡》稿约

　　甘肃中国传统文化研究会、兰州大学哲学社会学院主办的《国学论衡》系 1998 年创刊的不定期学术集刊，计划从第十辑开始编辑出版成一年两辑的半年刊，刊登国学和中国传统文化研究的学术论文及书评札记、学界动态等文稿。诚邀研究会会员及海内外同仁赐稿。

　　1. 本集刊旨在为从事中国传统文化、国学研究学者提供学术交流之平台，通过学术研究增进对中国传统文化和国学的理解和诠释，推动中国传统文化、国学与世界文化、文明之间的对话，以理性考量塑造未来中国文化和学术思考。

　　2. 本集刊欢迎有关国学及中国传统文化的不同学科的各种议题的学术论文，尤其欢迎跨学科、就具体问题进行基础性或前瞻性、探索性的学术论文。亦欢迎中外比较视阈的学术论文，以及相关内容的书评札记与学界动态。

　　3. 本集刊每辑设一主题，欢迎同仁自行组织专题投递本集刊。本集刊将根据稿件情况进行专题组稿。专题通常由 2 篇（含 2 篇）以上论文组成，学术论文不少于 10000 字，书评札记不超过 8000 字，学界动态不超过 10000字。特别欢迎就具体问题进行系统研究的大论文，字数上不封顶。

　　4. 本集刊学术论文格式：标题、摘要、关键词、正文、注释（脚注，每页重新编号）。并请另页附作者简介（姓名、出生年月、籍贯、任职单位及职称职位、研究领域及方向，邮寄地址、电邮、电话等）。本集刊论文注释体例及格式请参考社会科学文献出版社《编辑手册》的有关规定。

　　5. 本集刊采取匿名评审制度。先将来稿送由两位专家进行匿名评审，若两位专家评审通过，将予以刊登；若两位专家不予通过，则予以退稿；若只有一位专家通过评审，则将文稿及评审意见返回作者修改，3 个月之后再予评审，评审通过则予刊登，若不通过，则予退稿。

6. 稿件刊登后，本集刊不设稿酬，编辑委员会赠送两本当辑集刊以示酬谢。

7. 请勿一稿两投或多投，凡来稿 3 个月后未见回复，可自行处理。作者如不同意对稿件进行修改，请在稿件前特别注明。

8. 来稿之前，请仔细核对文稿是否符合本集刊体例及格式，以免耽误审稿进度。

9. 本集刊已为中国知网与中国集刊网（www. jikan. com. cn）收录。著作人投稿本集刊，经收录刊登后，视为同意授权本集刊再授权中国知网与中国集刊网收录，同意授权本集刊再授权其他出版物或资料库进行复制、通过网络提供服务等权利。

10. 本集刊出版周期为半年，急于发表另投他刊之文稿，敬请及时告知，以免重复发表。

11. 本集刊只接受电子邮件投稿，投稿信箱为：gsgxlh@ 163. com（此为本集刊投稿唯一信箱，之前任何邮箱都已失效）。

图书在版编目（CIP）数据

国学论衡. 第十辑／陈声柏主编. -- 北京：社会
科学文献出版社，2021.12
ISBN 978 - 7 - 5201 - 9563 - 8

Ⅰ. ①国…　Ⅱ. ①陈…　Ⅲ. ①国学 - 中国 - 文集
Ⅳ. ①Z126.27 - 53

中国版本图书馆 CIP 数据核字（2021）第 274360 号

国学论衡（第十辑）

主　　编／陈声柏

出 版 人／王利民
组稿编辑／宋月华
责任编辑／胡百涛
文稿编辑／王亚楠
责任印制／王京美

出　　版／社会科学文献出版社·人文分社（010）59367215
　　　　　地址：北京市北三环中路甲 29 号院华龙大厦　邮编：100029
　　　　　网址：www. ssap. com. cn
发　　行／市场营销中心（010）59367081　59367083
印　　装／三河市尚艺印装有限公司

规　　格／开　本：787mm × 1092mm　1/16
　　　　　印　张：16.75　字　数：270 千字
版　　次／2021 年 12 月第 1 版　2021 年 12 月第 1 次印刷
书　　号／ISBN 978 - 7 - 5201 - 9563 - 8
定　　价／138.00 元